数字图书馆

管理与服务深化的全面探索

高俊杰 著

SHUZI TUSHUGUAN

GUANLI YU FUWU SHENHUA DE QUANMIAN TANSUO

中国农业出版社
北 京

图书在版编目（CIP）数据

数字图书馆管理与服务深化的全面探索 / 高俊杰著.
北京 ：中国农业出版社，2025. 7. -- ISBN 978-7-109
-33496-0

Ⅰ. G250. 76

中国国家版本馆 CIP 数据核字第 2025Q0U186 号

中国农业出版社出版

地址：北京市朝阳区麦子店街 18 号楼

邮编：100125

责任编辑：全　聪　　文字编辑：赵冬博

版式设计：李　文　　责任校对：张雯婷

印刷：中农印务有限公司

版次：2025 年 7 月第 1 版

印次：2025 年 7 月北京第 1 次印刷

发行：新华书店北京发行所

开本：700mm×1000mm　1/16

印张：14

字数：266 千字

定价：88. 00 元

内容简介

本书属于数字图书馆方面的专著，由绪论、数字图书馆的基本认识、数字图书馆管理的基础、数字图书馆信息资源建设与管理、数字图书馆特色资源建设、数字图书馆安全管理、数字图书馆的服务模式、数字图书馆的信息服务创新、数字图书馆人力资源管理及其创新等部分构成。全书从数字图书馆管理的基础理念出发，逐步深入探讨信息资源的配置与利用、创新服务模式的开发、团队的管理与人力资源的配置等具体问题，力求为数字图书馆的发展提供全面系统的知识体系和方法指导，对图书馆研究者和图书馆从业者具有一定的参考价值。

前 言

随着信息技术的迅猛发展，信息获取、传播和利用的方式都发生了根本性变革。图书馆作为社会知识的重要集散地，如何顺应这一时代潮流，实现服务模式和管理模式的转型，成为全球图书馆界共同面临的重要课题。数字图书馆作为传统图书馆的创新延伸，已成为知识管理和信息服务的重要组成部分，并逐渐成为现代图书馆发展的新方向。随着大数据、人工智能、物联网等前沿技术得到深入应用，数字图书馆逐渐具备信息存储容量大、信息获取便捷、服务智能等显著优势，彻底改变了传统图书馆的资源管理方式和服务方式，提升了公共信息服务的深度与广度。数字图书馆是信息资源的存储和检索平台，更是知识传播与服务创新的重要枢纽。在快速发展过程中，数字图书馆面临管理模式、资源配置、用户服务等多方面的挑战，需要不断探索并深化管理和服务策略。

本书共分九章，从多个维度解析了数字图书馆的构建与运营，为图书馆从业者提供了丰富的理论支持和实践指导。第一章绪论首先介绍了数字信息时代的到来，从社会变革和技术驱动的双重角度出发，分析了数字化趋势对图书馆的影响，阐述了数字图书馆发展的必然性和紧迫性。第二章从数字图书馆的内涵与特点、体系结构、发展趋势与建设方向这三个方面展开，帮助读者全面认识数字图书馆的本质属性和建设方向。第三章聚焦数字图书馆管理的理念与职能，深入剖析数字化管理在图书馆中的应用，阐述了管理流程的优化与提升。第四章重点探讨了数字图书馆信息资源的开发、利用、配置、采集、检索、组织、管理等核心环节，明确了信息资源在数字图书馆建设中的重要性，提出了资源管理的创新举措。第五章对数字图书馆特色资源建设进行了深入分析，对数字图书馆特色资源的相关知识进行了阐述，并对特色资源建设的原则与意义、方法、内容与重点等方面进行了详细论述。第六章主要探讨了数字图书馆安全管理，从网络安全管理、信息安全管理、知识产权保护三个方面进行了深入探讨。第七章系统分析了信息推送服务、个性化信息服务、定题服务、虚拟参考咨询服务、用户培训等多元化的服务方式，阐述了数字图书馆实现用户需求精准对接和服务模式灵活变通的方法。第八章从知识服务创新、信息获取服务创新、网络信息资源导航服务创新三个方面深入讨论了信息服务的多样化路径，介绍了基于用户需求的个性化、智能化信息服务策略。第九章围绕数字图书馆人力资源管理及其创新展开，探讨了团队管理、人力资源管理评价等内容，指出了人才在推动数字图书馆创新发展中的核心作用，并提供了优化团队建设和提升管理效率的策略。

本书旨在提供一个全面、系统的数字图书馆管理与服务指导，为从业人员在数字信息时代的图书馆实践中提供有效参考，助力数字图书馆实现管理创新和服务升级。

山西农业大学　高俊杰

2025年5月

目录

第一章　绪　　论

第一节　数字信息时代的到来

数字信息时代的到来标志着全球进入了信息化和数字化的全新阶段。随着信息技术的迅猛发展，各行各业发生了翻天覆地的变化，特别是在图书馆领域，传统的资源管理模式和服务方式逐渐为云计算、大数据、物联网、人工智能等数字技术所取代。

数字信息时代的到来是信息技术飞速发展和社会需求不断变化的必然结果。20 世纪中叶，计算机技术的诞生使通信技术和信息处理技术获得了长足发展，信息在各个领域中的重要性日益凸显，成为推动社会进步的重要力量，其在经济、科技、文化等各个领域中的重要性日益增强。

经济全球化加速了各国之间的互动和联系，促进了国家之间的经济交流和文化传播，也使得信息打破了地域和群体方面的限制，实现了全球共享。随着互联网技术的普及，云计算、大数据、人工智能等多项技术的突破，使得信息的采集、存储、处理、传播能力不断提高。随着知识经济的崛起，信息成为生产力的核心要素，传统的物质资源逐渐让位于无形的信息资源，经济的发展越来越依赖知识以及技术创新，现代社会的教育、医疗、金融、商业等几乎所有领域都离不开信息的流动和应用。信息不再是某些特定群体或特定行业的专属资源，而是社会大众获取知识以及进行交流和创新的基础资源。

经济全球化和经济结构的转型进一步加速了数字信息时代的到来。全球化带来了更加紧密的国际联系，信息成为连接各国经济和文化的重要纽带。跨国企业的兴起、国际贸易的繁荣以及全球合作的加深都依赖信息的快速传递与共享。全球化背景下经济结构发生了重大变化，信息产业逐渐成为国民经济的重要组成部分，知识以及技术创新成为推动经济发展的关键力量。

一、数字信息时代的主要特征

作为一个全新的时代，数字信息时代有其鲜明的特征，主要可以概括为信息量的爆发式增长、信息的高度互联性和共享性、信息的个性化和智能化等方面（图1-1）。

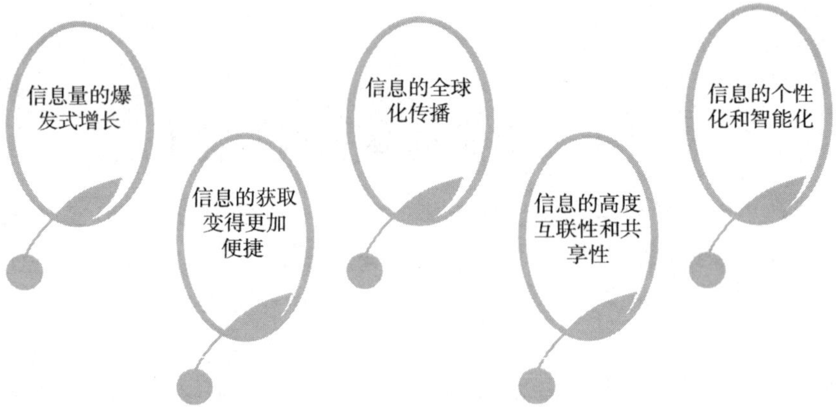

图1-1　数字信息时代的主要特征

（一）信息量的爆发式增长

随着网络技术的进步，信息的生成速度达到了前所未有的水平。人类社会每天产生的数字信息量呈指数级增长，从社交媒体上的短消息到复杂的科学数据，信息的形式和内容呈现出多样化的特征。信息的这种爆发式增长不仅体现在信息的数量上，也体现在信息的多样性和复杂性上。图文、音视频、互动数据等各种类型的信息交织在一起，形成了一个庞大的信息网络。

（二）信息的获取变得更加便捷

数字信息时代的信息获取方式与传统方式有着根本性的不同。过去，人们获取信息的途径相对有限，通常依赖书籍、报纸、电视等传统媒体，而在数字信息时代，信息获取变得更加即时和便捷，无论是通过互联网搜索引擎，还是通过智能设备上的应用程序，用户都能够在几秒钟内找到所需的信息。这种即时性的信息获取方式改变了人们的阅读习惯和学习习惯，使得知识的传递和应用变得更加高效。

（三）信息的全球化传播

传统的信息传播模式下，信息的流通通常受到地域和时空的限制，而数字技术的应用打破了这些限制，使得信息能够在全球范围内自由流动。通过互联网，用户可以轻松获取来自世界各地的资源，进行跨国界的学术交流与合作。信息的全球化传播不仅加快了知识的扩散速度，也促进了文化的交融与碰撞，形成了一个更加多元和开放的社会。

（四）信息的高度互联性和共享性

网络环境中，信息不再孤立存在，而是通过多种方式相互关联和融合。这种互联性体现在多个层面：一方面，信息通过互联网和云计算技术实现了跨平台、跨设备的无缝共享，用户可以随时随地访问相同的资源；另一方面，信息的传播不再是单向的，而是呈现出多向互动的特征，用户不仅是信息的接受者，也可以成为信息的生产者和传播者。信息不再仅仅是科技领域的产物，它已经深刻影响了经济、政治、文化等各个领域的运作方式。企业利用大数据分析进行市场预测，政府通过信息技术优化公共服务，教育机构采用在线学习平台扩展教学方式，这些都是信息技术与社会深度融合的具体表现。

（五）信息的个性化和智能化

随着人工智能技术的广泛应用，信息的传播和获取不再是千篇一律的。通过算法分析用户的行为数据，系统能够根据用户的兴趣和需求，自动推荐相关的信息内容。这种个性化的信息推送不仅提升了用户的体验，也提高了信息传播的效率。在智能化方面，人工智能技术的应用使得信息处理和分析变得更加高效和精准。通过机器学习和自然语言处理等技术，系统能够从海量数据中快速提取有用的信息，帮助用户解决复杂的问题。

二、数字信息时代带来的机遇与挑战

在数字信息时代，图书馆不仅需要应对信息爆发式增长带来的挑战，还应当把握信息技术发展带来的机遇。数字技术为图书馆提供了更加先进的工具和平台，使得信息的管理和服务得以进一步提升。数字图书馆可以通过大数据技术对用户行为进行分析，从而提供更加个性化的服务；可以通过云计算技术实现全球范围内的信息共享和资源整合；可以通过人工智能技术提升信息的检索和筛选能力，从而帮助用户更快、更精准地找到所需的信息资源。机遇总是伴随着挑战。数字信息时代的复杂信息环境对图书馆的管理方式提出了更高的要求。传统的图书管理模式已经难以应对信息的复杂性和多样性，数字图书馆需要在资源组织、信息检索、用户服务等方面进行全面的升级与创新。信息安全和隐私保护问题也越来越突出，数字图书馆必须采取有效的措施，确保用户信息的安全，并建立完善的隐私保护机制，以应对数字时代的各种潜在风险。

信息技术迅猛发展的背景下图书馆将继续扮演信息管理和知识服务的重要角色。通过积极拥抱技术创新，数字图书馆可以在信息爆发式增长的时代背景下，不仅提升自身的服务水平，还可以为社会的进步与发展做出更大贡献。

第二节　数字信息时代的技术

数字信息时代的背景下，大数据技术、云计算技术、人工智能技术和物联网技术是重要的技术支撑，提升了图书馆的资源管理效率，为用户带来了更为智能化、个性化的服务体验。

一、大数据技术

大数据技术指的是一种新的处理架构，主要以过去分布式处理架构以及非结构化数据处理为核心内容，能够从大数据中发现新规律和新知识，也能够结合人工智能等其他技术创造出新的产品和提供新的服务。大数据技术能够采集海量数据，并对这些数据进行存储、处理、分析和挖掘，并将最终的结果以可视化方式呈现给用户。

（一）大数据的定义

大数据并不是指传统意义上的“大量数据”，还包括了数据的处理技术和应用方法。与传统数据相比，它具有多样性、快速性和复杂性，使用元数据处理、智能算法、机器学习等先进技术来优化数据的获取、存储和分析过程。大数据技术致力于处理结构化、非结构化和半结构化的数据集合，其目的是通过对海量数据进行存储、处理、分析和挖掘，帮助企业和组织从中提取有价值的信息，提升决策水平。

大数据技术的发展使得信息管理进入了一个新的阶段，尤其对于图书馆而言，大数据是提升服务质量的工具，也是优化管理流程、提高资源利用效率的重要手段。随着大数据技术的进一步成熟，图书馆将能够更加精细化地管理和利用其庞大的信息资源。

（二）大数据的特征

大数据作为数字信息时代的标志性现象，与传统数据有着根本差异。其主要特征主要表现为数据量巨大、数据多样化、数据处理速度要求高、数据的价值密度低（图 1－2）。

图 1－2　大数据的特征

1. 数据量巨大

随着社交媒体、智能设备、互联网应用的快速发展，全球数据量呈指数级增长。数据量的迅速增长要求存储系统具备更大的容量和实时数据处理能力，能够有效管理这些数据。传统的数据处理系统在处理巨大规模数据时，往往显得力不从心。因此，大数据技术开发了分布式存储系统，如 Hadoop 数据库和 NoSQL 数据库可以应对海量数据的存储需求。分布式存储技术通过将数据分散到多个存储节点，实现数据的并行存取，大幅提升了数据存储和读取的效率。

2. 数据多样化

大数据具有数据多样化的特征，数据来源主要是网络日志、社交媒体内容、互联网搜索记录、通话记录、传感器数据等，除了数据库中的数值和文本等结构化数据，还包括视频、图像、音频、文档等非结构化数据。除此之外还包括介于结构化数据和非结构化数据之间的半结构化数据，这种数据具有一定的格式，但是又并非完全结构化。大数据技术需要对不同类型的数据进行处理，这要求大数据平台具备强大的数据整合和分析能力，以便挖掘其中的价值。

3. 数据处理速度要求高

随着数字化的快速发展，数据的产生和传输速度达到了前所未有的水平，这对数据处理能力提出了相应的要求，实时数据处理成为大数据的核心要求之一。大数据技术需要广泛采用流式处理、内存计算等高效计算方法，在较短时间内完成数据的分析和反馈。流式处理技术通过对数据流的实时分析，实现了数据的边接收边处理，适用于传感器数据、网络日志等应用场景；内存计算技术则通过将数据加载到内存中进行处理，大幅提高了数据分析速度。这两种技术的进步使得大数据能够在数据产生的同时对其进行分析，提供即时的反馈和决策支持。

4. 数据的价值密度低

虽然大数据的体量庞大，但其中的有效信息比例相对较低，只有少部分具有实际价值，这就是所谓的低价值密度。因此，发掘和提炼这些海量数据中的有价值信息，成为大数据技术需要解决的主要问题。为了从大量的数据中提取有用的信息，大数据技术需要借助数据挖掘、机器学习等技术对数据进行深度分析。数据挖掘可以识别数据中的模式和趋势，机器学习则通过构建预测模型，实现对未来数据的预估……。这些技术在大数据中扮演着关键角色，通过提取数据中的有价值信息，提升数据的实际应用价值。

二、云计算技术

随着信息化进程的加速，传统的数据处理模式已无法满足现代社会对资源灵活调配和海量数据存储的需求。云计算技术通过网络提供计算资源和服务，让用户无需关注底层硬件配置，仅通过简单的接口调用即可享受计算、存储等服务。云计算的广泛应用推动了数据处理和信息传输方式的转型，而云计算技术也成为现代技术基础设施不可或缺的一部分。

（一）云计算技术的定义

所谓云计算技术，是指对并行处理、分布式处理、网格计算等方式的进一步拓展与延伸，在网络运行的环境中，与相关虚拟技术相结合后，通过网络支持，使计算能够高效地分布到计算机网络设备当中的技术。云计算技术并非一种单一的技术，而是一种通过网络资源提供服务的计算模式。用户可以通过互联网访问计算资源，不需要具备高性能计算设备，即可使用强大的计算能力和海量的存储空间。云计算技术具有提供按需自助服务、广泛网络接入、资源池化、快速弹性扩展和计量服务等特征。这种服务模式打破了传统计算机和服务器的物理限制，用户可以根据实际需求，随时获取和释放资源，从而实现资源的最优化配置。

云计算的资源包括计算、存储和网络等不同方面，用户可以根据需求选择不同类型的云服务，包括基础设施即服务（IaaS）、平台即服务（PaaS）和软件即服务（SaaS）。基础设施即服务主要提供底层硬件资源，用户可以根据需求灵活配置和扩展；平台即服务为开发者提供软件的开发和运行环境，帮助开发者更高效地构建应用；软件即服务则将应用程序以网络服务的方式提供给用户，使其能够随时随地访问应用和数据。云计算的这些服务模式大大简化了用户的资源管理流程，降低了信息化建设的成本，使得资源利用效率得到显著提升。

（二）云计算技术的优势

云计算技术的优势体现在多个关键方面，具体如下（图 1－3）。

图 1－3　云计算技术的优势

1. 成本效率的显著提升

云计算技术通过其分布式系统结构提供了比传统集中式系统更高的性价比。企业可凭借较低的投资获得高性能的计算服务。云计算技术通过使用 PC 集群进行分布式处理来替代传统的小型机和盘阵的集中处理方式，降低了建设成本，也减少了运维开销。更重要的是云计算技术使得在硬件更换和升级时无需全面更换系统，节省了显著的长期维护费用。硬盘等组件即使出现故障也可以简单地替换而不影响整个系统的运行，避免了数据迁移的繁琐和产生额外成本。

2. 系统可靠性的提高

云计算技术的设计强调高可靠性和容错。例如，控制核反应堆的系统主要采用分布式设计以保证操作的安全性和可靠性。云计算环境中数据和应用程序可以在多个服务器和位置自动备份与同步，极大地降低了数据丢失或系统故障的风险。

3. 系统的弹性扩展

云计算平台支持资源的动态扩展和缩减，能够根据业务需求快速调整资源分配，适应了业务增长的需求，也能应对突发的高峰流量，保证应用性能的稳定性和响应速度。在需要时增加资源，在不需要时减少资源的使用，实现了资源利用的最大化和成本的最小化。

4. 高设备利用率与节能效果

通过虚拟化技术，云计算显著提高了硬件设备的利用率，一个物理服务器上可以虚拟运行多个应用和服务，显著降低了企业对物理硬件的需求，减少了设备投资和能源消耗。在能源资源日益紧张的今天，通过云计算实现的高效能源使用和设备冗余降低，对于促进企业的绿色发展具有重要意义。

（三）云计算的关键技术

云计算作为一种新的超级计算方式和服务模式，涉及云编程模型、海量数据分布存储技术、海量数据管理技术、虚拟化技术、云计算平台管理技术等多种关键技术（图 1-4）。

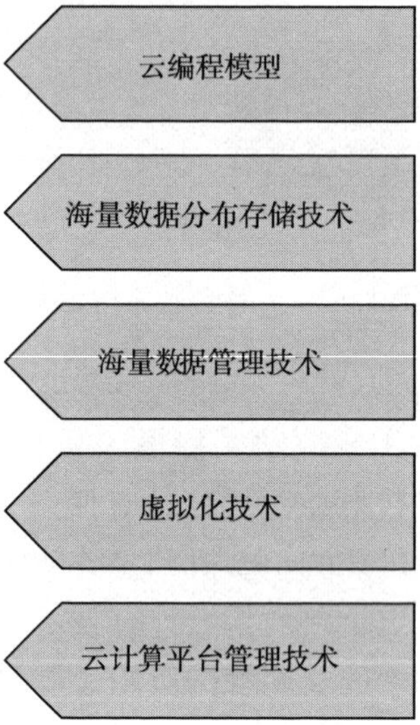

图 1-4　云计算的关键技术

1. 云编程模型

MapReduce 是云计算中广泛应用的编程模型，由 Google 开发，它极大简化了分布式计算。这个模型分为两个主要步骤：映射（Map）和化简（Reduce）。在映射阶段，输入数据被切割成不同的块，这些块并行处理；在化简阶段，处理的结果汇总成最终输出。通过这种方式，MapReduce 允许大规模的并行计算，处理如社交媒体数据、商业交易记录等复杂数据集。例如，在气象预报领域，MapReduce 能够有效处理由气象站点收集的海量数据，支持实时天气模拟和预测，使地方气象部门能够在没有高端硬件支持的情况下，实现复杂的气象计算。

2. 海量数据分布存储技术

分布式存储系统如 Google 文件系统（GFS）和 Hadoop 分布式文件系统（HDFS）采用冗余存储来增强数据的可靠性，并通过分布数据在多台服务器上来提高访问速度。GFS 和 HDFS 允许存储 PB 级别的数据，通过优化数据块的存放和访问策略，显著提高了大数据处理的效率。例如，在电商平台上，这种存储技术可以支持对数亿用户的点击数据进行实时分析，帮助商家优化广告投放和产品推荐系统。

3. 海量数据管理技术

云计算技术使得分布式数据可以得到有效和可靠的处理与分析。例如，Google 的 BigTable（BT）以及 Apache Hadoop 项目开发的开源数据管理模块如 HBase 和 Hive，都是专为处理和存储海量结构化数据而设计的。BT 是建立在 GFS、Scheduler、LockService 和 MapReduce 技术之上的大规模分布式数据库系统，它通过对象化处理所有数据，将海量结构化数据存储在一个庞大的、分布式的表格中。社交网络平台是 BT 技术的一个应用实例，通过地区级或行业级的共享平台集成，实现了数据的广泛共享和优化利用，通过专用宽带网络，确保了数据共享的高效和安全。

4. 虚拟化技术

虚拟化技术是云计算的核心，允许在物理硬件上创建、运行和管理多个虚拟实例。它通过高度抽象化的方式，将物理资源（如服务器、存储和网络设备）转化为可管理和分配的虚拟资源。系统级虚拟化、应用级虚拟化和桌面虚拟化是计算虚拟化的 3 个主要形式，它们分别关注操作系统、单个应用和个人工作环境的虚拟化。云计算的虚拟化技术提高了数据中心的运营效率，减少了物理硬件的需求，降低了能源消耗，有力支持绿色计算。通过动态资源管理，虚拟化技术还确保了应用性能的最优化和弹性伸缩。

5. 云计算平台管理技术

云计算平台管理技术是实现大规模云环境可靠运作的关键。这项技术使得数以千计的服务器和应用可以协同工作，实现资源的最优配置和应用的快速部署。云计算平台管理技术通过自动化和智能化的管理手段，帮助云服务提供者快速识别和修复系统故障，优化资源配置和能源使用，提供连续不断的服务。通过实施先进的监控和管理策略，云计算平台可以在全球范围内动态调度资源，响应不同地理位置用户的需求变化，实现全天候、无间断的运营和服务。

三、人工智能技术

（一）人工智能的概念

人工智能，即 AI，旨在研究如何使机器表现出人类智能的特征。具体来说，人工智能技术通过计算机程序来模拟人类的认知过程，使计算机具备学习、推理、感知、理解语言以及运动控制等能力。人工智能的概念早在 20 世纪 50 年代就已提出，在过去几十年中，得益于计算能力的提升、海量数据的积累以及算法的改进，人工智能技术取得了显著成果。如今的人工智能系统不仅能够完成复杂的计算任务，还可以通过自主学习不断优化自身性能。

人工智能可以分为狭义人工智能和广义人工智能。狭义人工智能，也称弱人工智能，专注于解决特定任务，并不具备全面的智能。例如，推荐系统、语音助手、图像识别等应用均属于狭义人工智能。广义人工智能，也称强人工智能，旨在实现类似人类的通用智能，使计算机能够理解和完成广泛的任务。目前，广义人工智能尚处于理论研究阶段，狭义人工智能已在多个领域得到广泛应用。人工智能技术的长期目标是创造具备自我学习和创新能力的广义人工智能系统，使其能够在人类指导下协同完成多种任务，推动社会进步和技术创新。

（二）人工智能的关键技术

人工智能的关键技术包括机器学习、深度学习、自然语言处理、计算机视觉等，能够处理复杂的信息和任务（图 1－5）。

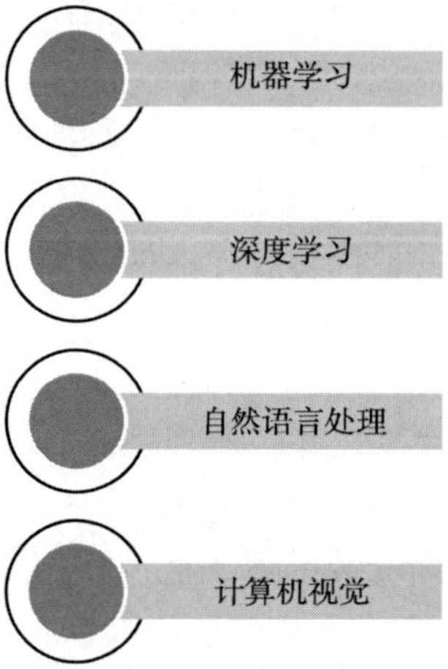

图 1－5　人工智能的关键技术

1. 机器学习

机器学习是人工智能的心脏，人工智能通过计算模型从大量数据中学习得到知识，并用学到的知识改善自身的执行效能。机器学习融合了统计学、计算机科学、神经科学和心理学等多个领域的理论和技术，核心任务是通过算法来解析数据，学习数据中的规律，并使用这些规律预测未来事件。学习过程中根据算法的不同大致分为监督学习、无监督学习和强化学习等方法。监督学习指通过标记数据集进行训练，使模型能够识别和分类新数据；非监督学习指在没有标签的数据集上进行训练，挖掘数据中的模式和结构；强化学习则通过试错和反馈优化策略，应用于自动驾驶、游戏人工智能等领域。机器学习广泛应用于预测分析、推荐系统、语音识别等领域，为数据驱动的决策提供支持。

2. 深度学习

深度学习以人工神经网络为基础构建多层网络，模拟人脑的学习过程。深度学习通过构建多层神经网络，实现对图像、文本、语音等类型数据的复杂模式识别。卷积神经网络（CNN）在图像处理和计算机视觉领域表现出色，通过多层卷积操作实现特征提取，使得图像识别、目标检测等任务取得突破性进展；循环神经网络（RNN）在自然语言处理和时间序列分析方面表现出色，通过记忆信息序列的上下文，完成语言翻译、情感分析等任务。深度学习的兴起推动了计算机视觉、自动驾驶、语音识别等领域的发展，使得人工智能技术得以在各个行业中广泛应用。

3. 自然语言处理

自然语言处理结合了语言学和计算机科学的知识，通过机器学习和深度学习算法，实现对文本和语音的处理。自然语言处理包括文本分类、情感分析、机器翻译、对话系统等任务。文本分类通过对文本内容进行分类和组织，广泛应用于新闻推荐、垃圾邮件过滤等；情感分析用于识别文本中的情感倾向，为用户反馈、市场分析提供参考。机器翻译是指利用计算机技术实现从一种自然语言到另一种自然语言的翻译过程；对话系统则使计算机能够理解用户的意图并形成回应，应用于虚拟助手和客服系统。自然语言处理推动了人与计算机之间的沟通，使得人类能够通过语音和文本更自然地与计算机互动。

4. 计算机视觉

计算机视觉通过图像处理、模式识别和深度学习算法，完成图像分类、目标检测、图像分割等任务。图像分类通过神经网络对图像中的物体进行识别和分类；目标检测则在图像中识别出特定的物体并标注其位置；图像分割将图像分为若干区域，用于精细化分析。计算机视觉技术广泛应用于自动驾驶、医疗影像分析、人脸识别等领域，为工业和生活带来了重要变革。

四、物联网技术

物联网技术已成为现代数字化社会的重要组成部分，它通过将物理设备与互联网连接起来，使得信息的采集、传输和分析更加便捷，它通过连接各类设备，实现了数据的实时传输与交互，为现代信息社会提供了全新的应用场景和商业模式。

（一）物联网的概念

物联网是指通过射频识别、红外感应器、全球定位系统、激光扫描器等信息传感设备，按约定的协议，将任何物品与互联网相连接，进行信息交换和通信，以实现智能化的识别、定位、追踪、监控和管理的一种网络技术。这一概念最早由IBM在20世纪末提出，并已经发展为一种全球性的技术趋势。物联网利用射频识别（RFID）、红外传感器、全球定位系统（GPS）、激光扫描器等信息传感设备，使得日常物品能够发送和接收数据，从而创建一个普遍相连的世界。物联网的核心在于通过数据的流动实现万物互联，为用户提供全新的信息获取和决策支持方式。物联网技术依赖传感器、无线通信、数据处理等技术以实现对环境的实时监测，它包括设备间的数据传输以及数据的存储、分析和应用。通过数据的分析，物联网系统能够识别环境中的变化并及时响应，为用户提供更加智能的服务。物联网的应用场景广泛，覆盖了从家庭自动化到工业控制的多个领域。

（二）物联网的关键技术

物联网的关键技术包括传感器技术、网络通信技术、数据处理技术和安全技术（图1-6），它们是构成物联网的基础，使物联网能够在不同的场景中发挥作用。

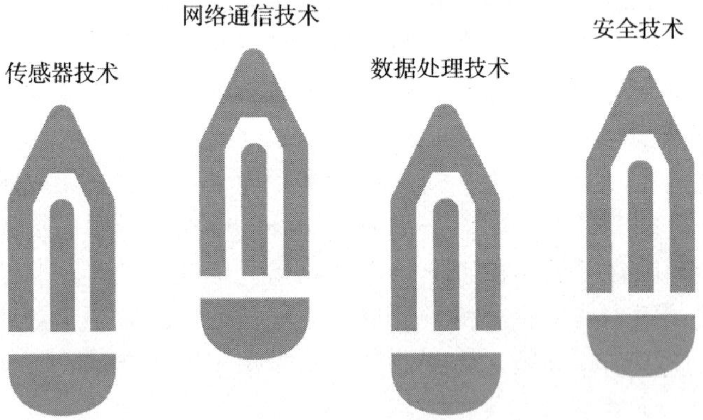

图1-6　物联网的关键技术

1. 传感器技术

物联网的感知层主要由各类传感器构成，传感器用于感知外界环境中的物理量和化学量，并将其转化为电信号，常见的传感器类型包括温度传感器、湿度传感器、压力传感器、光学传感器等。传感器通过数据的采集和转换，实现对环境的实时监测，并将数据发送到物联网系统中进行处理。传感器的精度、灵敏度和可靠性直接影响物联网系统的整体性能。通过传感器技术，物联网系统能够获取来自不同环境的信息，从而实现智能化控制。

2. 网络通信技术

网络通信技术包括无线局域网（WLAN）、蓝牙、蜂窝网络和低功耗广域网（LPWAN）等，不同的通信技术适用于不同的应用场景。无线局域网通常应用于家庭和办公环境中的局域网连接，适合数据传输速率高且功耗较大的应用；蓝牙主要应用于短距离通信，广泛用于可穿戴设备和家庭自动化设备；蜂窝网络通过移动通信基站覆盖大范围区域，适合需要广域连接的物联网设备；低功耗广域网则适合需要低功耗和长距离传输的物联网设备，如智能抄表、环境监测设备等。通过多种通信技术的协同应用，物联网系统能够实现广泛的设备互联。

3. 数据处理技术

数据处理包括数据的存储、分析和挖掘。物联网系统采集的数据通常是结构化和非结构化的混合体，需要通过数据处理技术进行整理和分析。云计算为物联网提供了强大的数据处理能力，通过分布式存储和计算，能够快速处理大量数据。边缘计算则将数据处理任务放置在设备附近的边缘节点上，降低了数据传输的延迟，适合对实时性要求较高的应用场景。数据处理技术使得物联网系统能够在短时间内响应环境变化，为用户提供精确的决策支持。

4. 安全技术

为确保数据的安全性和隐私性，物联网系统需要采用多层次的安全防护措施，常见的安全技术包括数据加密、身份认证、访问控制等。数据加密技术通过对数据进行加密处理，防止数据在传输过程中被窃取；身份认证技术通过验证用户身份，确保只有授权用户能够访问特定设备或数据；访问控制技术通过限制数据的访问权限，保护数据的机密性。

第三节　数字信息环境对图书馆管理的影响

数字信息环境对图书馆的管理理念、体制、服务模式和信息资源组织方式产生了深远影响。图书馆必须重新审视自身的职能和结构，以应对信息量的激增、用户需求的多样化以及信息管理技术的快速迭代，更好地适应数字信息时代的要求。

一、图书馆管理理念的变革

传统图书馆的管理模式通常以资源为核心，主要关注文献的存储、保护以及信息资源的管理。数字信息环境下，用户对信息资源的获取方式和信息服务的需求发生了显著变化，图书馆管理理念逐渐转变为以用户需求为中心，更加注重个性化服务和知识共享。数字信息环境的出现促使图书馆管理者重新审视资源的功能，思考如何通过数字化服务满足用户的多样化需求，图书馆成为知识传递和共享的枢纽，致力于将资源转化为用户所需的知识。

一方面，数字信息环境促进图书馆的管理理念向开放性与共享性方向的转变。传统图书馆的管理理念中，资源以馆藏为主，且多为物理载体，资源之间的共享和交流较为困难。数字信息环境使得资源的存储、检索和传递更加便捷，图书馆的资源也能够突破空间和物理限制，实现信息的广泛共享。图书馆的管理者逐渐认识到，图书馆资源的价值不在于其物理存储量，而在于信息资源能为用户提供的知识服务和信息增值。共享理念的引入使图书馆更加注重资源的跨馆、跨地域、跨领域整合，通过资源整合和开放共享形成丰富的信息资源网络，为用户提供更加广泛的信息获取途径。

另一方面，信息技术的普及使得图书馆的管理理念逐步向知识服务方向转型。现代用户需要高质量的知识支持，以解决复杂问题和支持决策。为了实现这一目标，图书馆开始关注知识管理和知识服务，通过对信息资源的整理和分析，为用户提供系统化和个性化的知识服务。图书馆的管理者逐渐认识到，信息资源的价值在于其内容的利用效率以及能够为用户提供的知识增值服务。图书馆从单纯的“信息资源提供者”转变为“知识服务提供者”，推动了图书馆管理理念的深刻转变。知识服务理念要求图书馆为用户提供精确、及时的知识支持，帮助用户更好地理解、利用信息资源。

二、图书馆管理体制和组织结构的改变

传统图书馆的管理体制相对层级化，决策流程较为复杂，信息流通也相对缓慢。随着数字技术的发展，信息的快速传递和瞬时获取使得图书馆的管理体制必须更加灵活和高效，以应对不断变化的信息需求和用户行为，新的信息环境下图书馆的组织结构逐步趋向扁平化。通过减少中间层级，决策过程变得更加快速和高效，有助于图书馆在信息技术的支持下做出及时的反应。这种扁平化结构的建立不仅减少了管理成本，还提升了组织的灵活性和响应速度。特别是在面对信息技术的快速迭代时，灵活的组织结构能够更好地适应技术更新和资源配置的变化需求。管理体制的调整不仅体现在内部结构上，还包括对外部资源的协同与整合。数字信息环境下，图书馆的职能不再局限于管理馆内的资源，而是通过与其他机构、数据库的合作，实现信息资源的跨界整合与共享。图书馆需要构建一个更加开放的协作体系，通过与不同领域的合作，提升信息

资源的丰富度和利用效率。这样的协同创新机制不仅能够提升图书馆的资源管理效率，还能够为用户提供更为广泛的信息服务。

图书馆的管理体制和组织结构在数字信息环境下呈现出更加开放的特点。信息化和数字化使得图书馆能够与外部的组织和机构实现资源共享和信息交流，图书馆的管理体制逐渐从封闭式转向开放式。开放的管理体制使得图书馆能够与其他图书馆、高校、科研机构、社会组织等建立合作关系，增加资源获取渠道，实现资源的互通和共享。通过与外部机构的合作，图书馆丰富了自身的资源库，拓宽了服务领域，能够为用户提供更广泛的知识服务。在信息技术的推动下，图书馆管理体制的另一个重要转变是资源的集成化管理。现代图书馆需管理大量的数字资源和网络资源，这使得图书馆的管理体制逐渐向资源集成化管理方向发展。资源集成化管理要求图书馆通过统一的管理系统对各种资源进行整合，以实现对不同类型资源的集中控制和高效管理。通过资源集成化管理，图书馆可以更好地实现资源的共享和利用，为用户提供无缝的信息访问体验，提升了图书馆的资源管理效率，还为资源的跨部门共享提供了技术支持，推动了图书馆组织结构的进一步优化。

三、图书馆服务模式的变革

传统图书馆的服务主要基于馆藏资源的物理借阅和参考服务，用户需亲自到图书馆才能享受各类服务。数字信息环境赋予了图书馆新的服务模式，使得服务不再受限于馆舍和物理资源，用户可以随时随地访问图书馆资源，享受数字化、网络化、个性化的服务体验。图书馆服务模式由传统的被动提供转向积极的个性化推荐和交互式服务，充分满足用户在不同场景下的信息需求。数字信息环境下，用户对远程及网络信息的利用需求不断增加，图书馆虚拟参考服务模式不断创新发展，虚拟参考服务模式能够通过网络平台为用户提供实时的参考咨询和信息服务。

随着信息技术的不断发展，图书馆服务模式的智能化和个性化特点日益突出，它能够根据大数据对用户的行为和偏好进行分析，从而为用户提供量身定制的推荐服务，展示相关的文献、电子书和学术资源。通过推荐系统，图书馆能够将用户可能感兴趣的内容精准推送给他们，增强了用户的互动性和参与感，有效提升了用户体验，提高了图书馆的资源利用率。用户不必亲临图书馆现场，通过网页或移动应用即可与图书馆员互动，获取所需的信息和咨询支持。虚拟参考服务大大延展了图书馆的服务范围，打破了时间和空间的限制，使得用户能够随时享受到专业的信息服务，增强了便捷性，扩大了图书馆的服务对象群体。传统图书馆的服务模式以物理借阅为主，用户需到馆借阅纸质图书或期刊。数字信息环境下，用户可以通过电子图书馆访问电子书、学术期刊、视频、音频等多种形式的数字资源。电子资源的广泛应用丰富了图书馆的服务内容，为用户提供了多样化的知识获取途径。图书馆在服务模式上逐渐向多渠道、全媒体方向发展，通过整合纸质资源和电子资源，满足用户在不同情境下的知识需求。

四、图书馆管理方式的变革

传统图书馆的管理多依赖法律、行政命令和规章制度的约束，辅以奖惩措施进行日常管理。然而，随着“以人为本”的管理理念和“以用户为中心”的服务理念得到广泛接受，图书馆的管理重心正在向激发馆员的主动性和创造性转移。现代图书馆越来越多地运用目标管理、团队管理以及绩效评估等现代管理方法来激励馆员，极大地提升了馆员的工作效率和图书馆服务的质量。

信息技术的应用使图书馆管理系统更加自动化和数字化，资源管理、数据分析等各个方面的工作流程更加流畅和高效。资源管理方面，借助自助借（还）书系统、RFID技术和智能书库管理系统等，图书馆能够高效地实现资源的管理和调配。RFID技术能够大幅度减少图书借还和库存清点的时间，并有效降低图书丢失的风险；智能书库管理系统能够通过计算机自动调度书籍和获知书籍位置，提高书籍查找和归还的效率。数据分析方面，数据分析技术通过深入了解用户行为、资源利用率和服务效果，帮助图书馆管理者识别出用户的需求和偏好，为资源配置和服务创新提供数据支持。通过数据分析，图书馆能够优化资源分配，识别热门资源和冷门资源，从而更有针对性地管理馆藏。数据分析技术还应用于服务评估中，使得图书馆能够量化服务效果，识别服务中的不足并加以改进。数据分析技术不仅为图书馆管理提供了科学依据，还增强了图书馆在服务创新中的决策能力。

数字信息环境下图书馆与读者的关系也发生了很大变化，图书馆开始探索利用现有信息环境与读者建立新型互动关系，通过社交媒体、即时通信工具等平台加强与读者的沟通和互动，增强读者的忠诚度和对图书馆的依赖。随着网络教育和远程服务的发展，图书馆需要采用新的用户管理模式，结合IP验证、防火墙隔离与用户认证、访问授权等技术手段，增强服务的安全性和可靠性。

五、图书馆信息资源组织、管理的改变

数字信息环境影响下，图书馆需要对大量的电子资源和网络资源进行整合、分类，利用元数据、知识图谱等技术使其更加灵活、高效，方便用户查找

和利用。元数据通过描述资源的标题、作者、关键词等基本信息，使图书馆能够对不同类型的资源进行快速组织和分类，实现资源的高效管理和共享。元数据还可以帮助图书馆对资源进行多维度的分类和标引，帮助用户通过关键词、主题等方式更精确地找到所需资源，有效提升图书馆的资源管理效率，提高资源的利用率。知识图谱通过构建资源之间的语义关系，使资源的组织方式更加灵活和智能。知识图谱能够显示资源之间的关联，帮助用户更全面地理解资源内容，实现资源的自动化分类和语义检索，用户可以通过语义关联搜索到相关资源。知识图谱的资源推荐系统能够为用户提供相关资源，为用户提供更加丰富和立体的知识服务，提升用户的体验感。

现代图书馆需要对大量的数字资源进行有效管理，包括资源的存储、维护、格式转换和备份等工作。数字资源的存储和管理依赖分布式存储系统，以确保资源的安全性和长期保存。通过数字化资源管理系统，图书馆能够高效地进行资源的分类和整理，为用户提供快速的检索和访问服务，为资源的跨平台共享提供技术支持。跨平台资源共享是数字信息环境下图书馆资源组织管理的重要趋势，它使图书馆的资源不再局限于馆内，能够借助网络与其他图书馆、科研机构、社会组织实现资源的共享。跨平台资源共享通过信息系统整合不同来源的资源，让用户有更加丰富的资源选择，极大丰富了资源的多样性并增强了资源的深度，为用户提供更加全面的知识服务，推动信息资源的流动和传递。

第二章　数字图书馆的基本认识

第一节　数字图书馆的内涵与特点

一、数字图书馆的内涵

数字图书馆使用数字化技术实现对纸质文献的数字化加工与存储，其实质是一种基于多媒体技术的分布式信息存储系统。数字图书馆是伴随着信息技术的快速发展和数字化进程的推进而产生的一种新型信息服务模式，它是信息资源的集成平台，也是知识交流与创新的重要载体。其核心在于将信息资源通过数字化手段进行管理、存储并提供服务，使信息的获取、管理和利用更加高效。数字图书馆的信息资源经过数字化处理，形成了电子书、期刊、图片、音视频资料等多样化的数据集合。与传统图书馆需要实体空间存储书籍等资料不同，数字图书馆的虚拟化特性使得大量资源能够在云端存储，实现了资源的统一管理和有效利用。借助现代信息技术，数字图书馆能够对用户的行为数据进行分析，满足个性化需求，提升用户的知识获取体验。

二、数字图书馆的特点

数字图书馆作为数字信息时代的产物，具有一系列与传统图书馆截然不同的特点，主要体现在以下方面（图 2－1）。

（一）信息资源数字化

数字图书馆中，数字是信息的载体，信息需要依附于数字存在，没有数字化的信息资源，数字图书馆就是无源之水、无本之木。不同于传统图书馆的实体书籍，数字图书馆中的电子书、电子期刊、数据库、多媒体内容等信息资源完全以数字形式存在，数字化改变了信息的存储方式，也极大地提升了信息的可访问度和传播速度。数字图书馆将大量文献资料进行数字化处理，确保这些

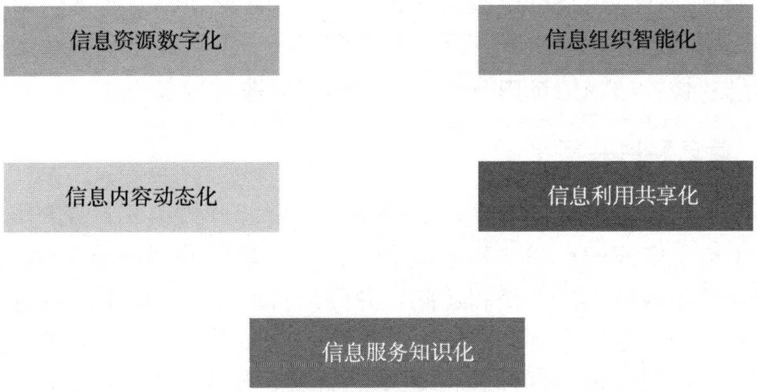

图 2－1　数字图书馆的特点

文献资料可以被广泛地访问和利用，形成了一个持续更新、易于访问的知识库。

信息资源数字化为信息的二次加工与应用提供了广阔的空间，用户可以通过电子文本、图像、音频、视频等多种形式获取内容更为丰富的资源，进一步提升了用户体验，满足了用户的多种学习与研究需求。数字化资源易于存储在云端或分布式存储系统中，这也使得信息的保存和备份更为高效、安全。

（二）信息组织智能化

数字图书馆中的信息通过引入人工智能、自然语言处理等智能化技术进行组织和管理，极大增强了其在信息检索和推荐方面的能力，使信息的组织过程更加精准高效。信息组织智能化不但能够对已有资源进行分类、标引与索引，还能对新资源进行自动分类与元数据生成，并且能够运用机器学习算法识别用户的行为模式和兴趣倾向，为用户提供更为个性化的推荐服务。智能化的组织过程确保了信息的实时更新与优化，用户在访问数字图书馆资源时能够第一时间获得最新、最相关的内容，使用户及时获得知识支持。信息组织智能化还体现在资源的知识图谱构建上，借助知识图谱，用户可以更为直观地理解资源之间的关联性，形成对知识体系的整体认知。

（三）信息内容动态化

信息爆发式增长的时代，前沿研究成果、科技进展和社会动态不断涌现，数字图书馆通过内容的动态更新，其图书、期刊、网页、数字数据库和多媒体资料等各种信息载体都能够得到有序整合和实时更新，并且通过信息内容的动态化，数字图书馆能够将不断变化的知识内容有效地组织起来，确保每位用户都能根据自己的需要获取最新的信息和数据。信息内容的动态化增强了数字图书馆服务的互动性，用户可以参与内容的评价、评论和分享，推动资源的进一步优化和完善。动态化的内容管理系统使数字图书馆能够适应不断变化的用户需求和信息环境，增强信息内容的相关性和时效性。

（四）信息利用共享化

数字图书馆通过资源共享平台能够将信息资源开放给更广泛的用户群体，大大提升了信息资源的利用率和影响力。信息资源的共享不限于地域或行业，涵盖了全球范围内的广泛协作和访问，允许来自世界各地的用户通过互联网访问并使用数字图书馆的丰富信息资源。无论是个人用户还是研究机构，都能够在任何时间、任何地点访问所需的数据和资料，满足了用户日益增长的信息需求。

共享化的实现离不开知识产权的保护机制和资源的标准化处理，数字图书馆通过合法的版权协议和技术手段确保资源的共享在安全与合规的前提下进行。数字图书馆的共享化促进了知识的普及和传播，推动了跨学科的学术交流与合作。通过开放式的资源共享，学者、研究人员和普通用户都能够参与知识的创造与应用，实现社会知识的积累和创新。共享化的特点体现了数字图书馆在促进知识流动和文化传播方面的独特作用，使得信息资源能够在全球范围内得到更高效、更广泛的利用。

（五）信息服务知识化

数字图书馆中的信息服务知识化随着技术进步而日益成熟，其提供的信息服务远超传统信息服务的功能和范围，数字图书馆成为提供数字服务的核心平台。除了提供新闻摘要、博客搜索等日常信息检索，数字图书馆还能够提供情感计算、热点发现和倾向性分析等更为复杂的功能，能够满足用户对于高质量、高价值信息的需求。

知识服务强调服务的终极目标是解决用户的实际问题，而不是单纯提供所需信息，知识服务评价的核心是“服务是否帮助用户解决了问题”，而不只是“是否提供了所需信息”。这表明知识服务更加关注用户的实际需求和满意度，而非单一的信息提供。与传统的基于直接查询的信息服务不同，知识服务更注重对用户需求的深入分析和逻辑理解。通过对问题及其背景的深入分析，定制化地提供解决方案，而这一过程往往涉及信息的综合处理和重新组织，以形成完整的知识产品。知识服务还会对所提供的知识产品的质量进行评估，确保其能有效解决用户问题。知识服务能够为用户提供整体解决方案，其关心的重点是如何使信息和知识转化为可操作的解决方案，通过不断的信息查询、分析和组织，形成完善的解决策略。

知识服务不是简单的点对点的交付，而是涉及用户问题解决全过程的服务模式。从用户需求的捕捉开始，到知识的分析、重组乃至最终的应用，知识服务在整个过程中持续参与，确保信息服务的连续性和动态性。数字图书馆的知识服务显著提升了自身在信息社会中的作用和价值，在为用户提供深层次、高价值的知识解决方案方面发挥了重要作用。知识服务的发展和完善是与信息技术的持续进步密不可分的，它代表了数字图书馆服务向更高层次的演进。

第二节　数字图书馆的体系结构

体系结构是数字图书馆建设过程中应首先考虑和解决的问题，是数字图书馆建设的基础和难点之一。数字图书馆科学的体系结构是其能够有效运作的核心要素，具有多层次性、复杂性的特点。不同层次的体系结构在数字图书馆中发挥着不同的作用，它们相互依赖，形成一个有机的整体，为用户提供优质的信息获取途径（图 2-2）。

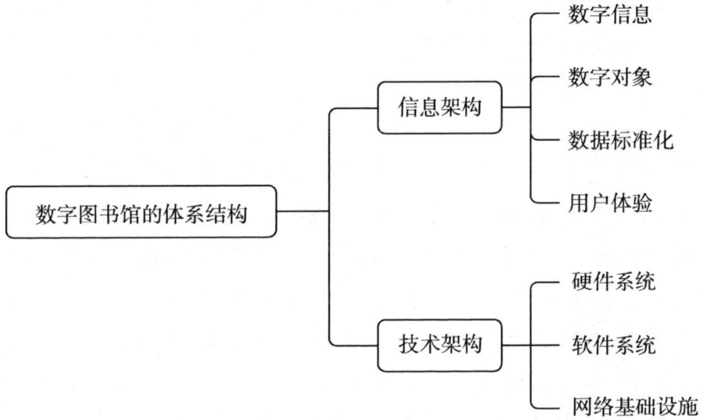

图 2-2　数字图书馆的体系结构

一、信息架构

数字图书馆的信息架构是其资源组织和信息服务的基础，它决定了数字图书馆内资源的管理方式、信息的存储结构和用户的检索路径。信息架构通过科学化的资源组织方法和标准化的管理流程，确保资源在逻辑上具有清晰的层次结构和系统性，提升信息获取的便捷性和资源的可利用率。信息架构主要由以下几个关键部分组成。

（一）数字信息

数字信息包括文本、音频、视频、图像等多种类型，这些类型的资源是数字图书馆资源的基础。数字信息在信息架构中需要进行合理的组织，进行分类和分层处理，以便实现信息的有序管理，提升资源访问的便捷性和用户体验。例如文本类信息可以进一步细分为电子书、学术论文、报刊等，视频类信息则可能包括讲座、纪录片、课程视频等，通过细分信息架构能够更加有效地组织资源，使用户在搜索过程中更快速地找到所需信息。

信息架构在对资源进行组织时要充分考虑资源之间的关联，构建一个相互联系的信息网络体系，使得资源的各个层次都能够相互补充。这样数字图书馆才能够在用户进行某一信息的查询时，将关联资源推荐给用户，为用户提供多维度的信息检索服务，增加信息的呈现维度和使用场景，提升用户的信息获取效率。

（二）数字对象

数字对象是数字图书馆信息架构中的基本单位，所有的信息资源都以数字对象的形式存在，构成了数字图书馆的资源系统。数字对象通过唯一标识符和结构化的描述信息得以识别和管理，为了便于信息架构对数字对象的精准描述和组织，数字图书馆在信息架构中使用元数据来管理这些数字对象。元数据是信息架构中的重要组成部分，通过对数字对象的结构化描述，元数据使得资源的分类、检索和维护得以实现。元数据可以分为描述性元数据、结构性元数据和管理性元数据等不同的类型。描述性元数据对资源的内容特性进行详细描述，包括资源的标题、主题、作者等信息；结构性元数据则支持信息架构中数据层次的构建，帮助数字图书馆对资源进行更细致的分类和分层；管理性元数据则关注资源的存储和访问权限，增强资源的安全性和合法性。元数据在信息架构中提供了资源的分层依据，为用户的资源检索提供了路径。有效的元数据管理使得数字图书馆能够准确地定位资源并分析资源的属性，而且能够提供更具针对性的检索选项。通过合理的元数据设计和分类，数字图书馆能够优化信息架构，实现资源的高效组织和智能化检索。

（三）数据标准化

数字图书馆通过标准化的数据管理，保障资源在数据格式、文件命名、元数据描述等方面具有一致性，避免数据冗余和信息冲突。数字图书馆通过统一的标准，对数据对象和元数据的格式、存储方式、命名规则等进行系统化管理，使信息架构在资源分类、检索和存储等方面形成统一规范。不同类型文件有具体的格式标准，如文本资源采用特定的格式标准，视频、音频资源则有特定的播放格式要求，以确保不同设备和平台对资源的兼容性。通过制定资源的统一命名标准，使信息架构中的资源能够被快速识别和定位。元数据的标准化通过制定一致的元数据描述格式，为数字图书馆的信息架构提供结构化的资源分类和管理。元数据的标准化不仅在信息检索中提供了统一的索引支持，还在信息架构的层次结构中提供了资源分层的依据。通过元数据的标准化管理，数字图书馆能够实现信息架构在资源描述、定位和分层等方面的规范性，使信息架构具备较强的兼容性和可扩展性。

（四）用户体验

数字图书馆的信息架构以用户需求为中心，通过界面设计、资源展示和检索功能的优化，提升用户的使用便捷性和满意度。通过信息检索系统，用户能够按需查询资源，实现高效的信息获取。信息架构在检索系统中提供了关键词检索、分类检索、全文检索等多种检索方式，以满足用户多样化的查询需求。关键词检索通过文本匹配实现对资源的快速定位；分类检索则通过资源分类层次帮助用户按类别查找信息；全文检索能够深入资源内容，使用户在搜索过程中获取更精准的信息。信息架构中的用户体验优化还体现在信息展示的层次性和信息的导航功能上，数字图书馆通过信息架构中的导航设计为用户提供清晰的资源访问路径，信息架构的层次性使得资源能够按主题、类别和层次进行分布，便于用户进行快速浏览和深入查找，使用户获得更流畅的使用体验。

二、技术架构

数字图书馆的技术架构是其资源管理和用户服务的核心支撑，涉及硬件系统、软件系统、网络基础设施等多个方面。通过合理的技术架构设计，数字图书馆能够实现信息的高效存储、处理和传输，并为用户提供稳定、安全、便捷的访问体验。

（一）硬件系统

硬件系统是数字图书馆技术架构的基础支撑，主要包括服务器、存储设备和计算机设备等部分，它为数字图书馆数据的存储、处理和传输提供了硬件保障。数字图书馆在硬件系统的配置上需要考虑资源的容量需求、访问的响应速度以及系统的扩展性，以确保在应对大量用户访问时系统的稳定和高效。

服务器是硬件系统的核心部分，负责处理数字图书馆的各种数据请求和操作。数字图书馆通常采用集群服务器配置，以分担不同类型的工作负荷，提升系统的响应速度和稳定性。集群服务器能够在用户访问高峰期均衡负载，避免单一服务器超载或故障带来系统风险。数字图书馆的服务器配置还包括数据库服务器、应用服务器和内容服务器等多种类型，每台服务器都有特定的职能，通过分布式管理确保资源管理和用户服务的高效开展。存储设备是数字图书馆的重要组成部分，数字图书馆的资源以电子书、期刊、图片、音频和视频等多媒体信息为主，数据量巨大且多样化。为此，数字图书馆需要配置大容量存储设备，并建立数据冗余备份机制，增强数据的安全性和可恢复性。数字图书馆多采用网络存储（NAS）和存储区域网络（SAN）等方式进行数据管理，通过集中式存储实现资源的高效管理和数据的快速传输。

（二）软件系统

软件系统是技术架构的核心内容，为数字图书馆的资源管理和用户服务提供了功能支持。数字图书馆的软件系统通常包括图书馆管理系统、内容管理系统、数据库管理系统和用户接口系统，它们能够确保数字图书馆中的信息资源系统化和高效性地保持。图书馆管理系统具有资源管理、用户管理、权限控制等功能，通过与数据库管理系统进行集成，实现对资源的采集、分类、借阅等全面管理；内容管理系统主要负责资源的上传、编辑、分类、发布等，通过对不同类型信息资源的分层管理，实现数字图书馆信息资源的动态更新和多渠道发布，为用户提供丰富的内容选择和高效的检索体验，内容管理系统能够使信息架构和技术架构的联系更为紧密，二者相辅相成，实现对信息资源的结构化管理；数据库管理系统主要负责数据的存储、查询、更新和备份等，确保资源的存储和查询高效有序，现代数据库管理系统通过关系数据库、文档数据库和图数据库等多种形式对不同类型的数据进行管理和优化，确保数据的灵活性和扩展性，保证资源的存储效率，提升用户的检索体验；用户接口系统是数字图书馆与用户交互的核心模块，负责将资源与功能可视化呈现。其核心功能包括多维度检索（支持关键词、主题等检索方式）、个性化推荐（基于浏览记录智能推送资源）、多终端适配（兼容 PC、移动端并优化操作体验）及用户中心管理（借阅记录、收藏夹等功能）。它通过 API 与后台系统联动，比如，从数据库获取检索结果、同步数字图书馆管理系统的权限数据，同时以友好的界面来提升用户的资源获取效率，是技术架构与用户需求之间的关键桥梁，直接影响服务体验。

（三）网络基础设施

网络基础设施主要包括局域网（LAN）、广域网（WAN）、互联网（Internet）接入以及防火墙配置等部分，它为数字图书馆的技术架构提供了数据的高速传输和稳定连接，确保了数字图书馆在不同网络环境下能够保持较高的访问效率。局域网通过高带宽连接，确保数字图书馆内部资源在不同设备间的快速传输，数字图书馆的局域网配置通常包括交换机、路由器和网络存储设备，通过它们的合理配置，实现数据的高效流通和管理；广域网通过远程连接实现资源的跨区域访问，支持用户在不同地点访问数字图书馆资源，数字图书馆的广域网通常基于 VPN 技术实现数据的加密传输，确保在远程访问过程中数据的安全性和隐私性；数字图书馆在互联网接入中通常采用高速宽带接入或光纤接入，确保用户的访问体验，互联网接入配置还包括负载均衡和内容分发网络（CDN），通过它们，数字图书馆能够优化网络流量分配，提升用户的访问速度和系统的响应能力；防火墙配置通常包括入侵检测、访问控制和数据包过滤等，这些功能可以形成有效防御，避免数字图书馆遭受外部网络的攻击，从而确保资源安全和用户隐私。

第三节　数字图书馆的发展趋势与建设方向

一、数字图书馆的发展趋势

数字图书馆的发展趋势展现了其在技术进步和用户需求变化驱动下的全面转型，体现了资源管理方式的变革（图 2-3）。

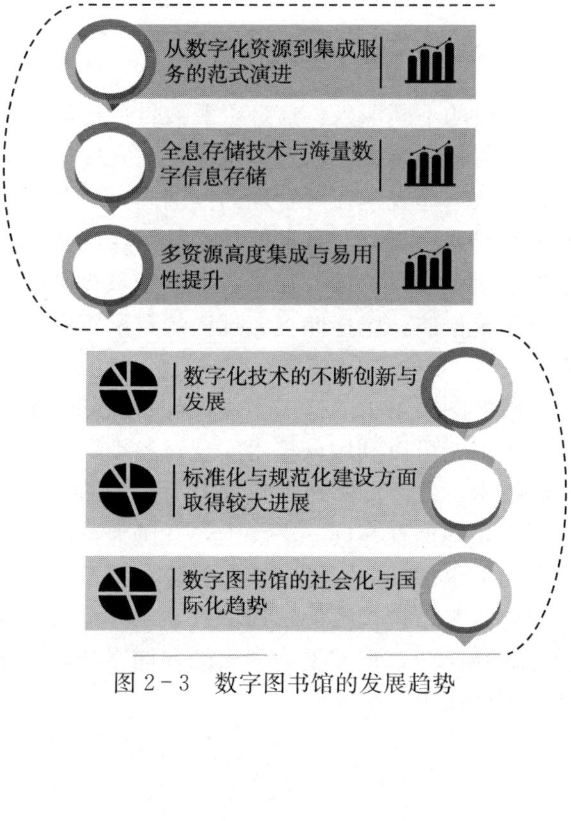

图 2-3　数字图书馆的发展趋势

（一）从数字化资源到集成服务的范式演进

数字图书馆经历了从数字化资源到集成服务的范式演进，其服务和技术能力都得到了明显提升。从演进过程来看可以划分为以下阶段。

第一代数字图书馆以文献资源的数字化为核心，主要任务是构建数字信息资源系统，并将这些系统作为独立单元整合到传统图书馆系统或更广泛机构的信息系统中，便于用户进行跨时空访问。第一代数字图书馆的主要任务是完成传统资源的数字化并支持远程检索与传递，它更侧重于资源的储存与管理，服务功能还较为单一。第二代数字图书馆的重点为支持分布式数字信息系统之间的相互操作性，包括无缝的信息交换和共享，在此基础上构建了基于集成信息服务的数字图书馆。第二代数字图书馆通过服务集成形成了统一的信息服务系统，不再局限于单一文献或资源库的数字化，涵盖了广泛的、多样化的数字信息资源。这一代数字图书馆的服务功能得到了有效提升，通过信息服务的集成和自动化处理大大提升了用户的访问体验，使得资源利用效率得以提升。当前数字图书馆正逐步迈入第三代，而第三代数字图书馆则致力于构建以用户信息活动为核心的集成信息服务体系。这一代数字图书馆不再满足于提供数字化资源，而是围绕用户的信息需求来组织、集成并嵌入数字信息资源和服务，以更加灵活的服务模式满足用户在信息获取和利用方面的需求。

（二）全息存储技术与海量数字信息存储

随着数字图书馆建设的不断深入，信息资源数量快速增长，这对信息存储技术提出了新的挑战。海量的多媒体信息资源需要在入库前进行有效的压缩处理，以降低成本并保持数据库规模在可管理的范围内，因此，适应快速访问需求的海量存储技术成为研究重点。全息存储技术凭借其巨大的存储容量和高速的数据传输速率成为数字图书馆的核心存储技术。全息存储技术可以通过光学和电子的协同作用，在单位体积中存储更大规模的数字资源，实现存储系统建设成本的大幅度降低。

全息存储技术在数字图书馆中的应用不仅提升了存储效率，还增强了资源管理的灵活性。数字图书馆可以利用该技术实现对各类资源的高效管理和实时更新。借助全息存储技术，数字图书馆能够将数字化文献、图片、音频资源、视频资源等各类资源完整地保存在同一平台上，并确保其数据完整性和存储安全性。海量信息的存储需求促使数字图书馆在构建存储基础设施时需要更加注重可扩展性，以便应对未来数据规模的快速增长。未来全息存储技术有望通过与分布式存储和云计算相结合，形成更为强大的存储系统，满足数字图书馆实时访问和高效管理数据的需求。

（三）多资源高度集成与易用性提升

数字图书馆的资源除了传统的文本和图像，还涵盖多媒体信息、互动数据等多种信息形式。不同类型的信息资源不是被简单归集，而是通过系统化的高度智能化资源管理手段进行深度融合。用户在进行信息检索时，系统可以自动调用和整合不同类型的资源，呈现给用户一个完整的知识图谱，极大提升了用户体验和资源的可访问性。为了提高用户的检索效率和资源的易用性，数字图书馆广泛采用了全文检索、自然语言处理、语义分析等先进的检索技术。通过这些先进的检索技术，用户能够快速找到所需信息，还可以在知识图谱中直观地查看各类资源之间的关系。检索方式的改进使用户能够更便捷地获取信息，数字图书馆还通过数据关联分析技术，实现了资源之间的动态关联和自动推荐。高度集成的多资源系统在用户体验上具有极大的优势，借助智能化的检索与推荐技术，数字图书馆可以更加贴近用户的需求，为用户提供精准、个性化的信息服务。

（四）数字化技术的不断创新与发展

随着人工智能、大数据、物联网、区块链等数字化技术的不断创新和发展，数字图书馆具备了更强的灵活性和更广泛的应用空间。数字图书馆形成了更高效、更智能的服务系统，信息管理和知识服务水平得到极大提升。在数字化技术的支持下，数字图书馆除了能够提供智能化的信息检索和推荐，还能够支持复杂的信息分析和知识发现。随着计算机处理能力的提高，数字图书馆逐步具备了处理海量数据、支持多终端访问、实现分布式存储和高效检索的能力。技术创新为数字图书馆提供了可靠的技术支撑，使其在数据管理和服务模式上具备了更强的适应性和扩展性。

（五）标准化与规范化建设方面取得较大进展

为实现资源共享和网络互联互通，标准化与规范化建设是数字图书馆发展的基础和保障。考虑到数字图书馆涵盖的信息量巨大且包括文本、图像、音频等多种媒介形式，组织这些信息资源的复杂性极高。各参与单位可能使用不同的软硬件系统和品牌。通过标准化协议和格式的统一，能够将各类信息资源有效组织起来，便于与国际标准接轨，实现各参与单位之间的信息资源共享，有助于建立统一的检索和存储系统，使得广泛的用户群体能够方便地利用这些资源。

（六）数字图书馆的社会化与国际化趋势

随着数字技术的普及和全球化的深入，数字图书馆的发展不再局限于单个组织或单个国家，越来越向社会化和国际化方向发展。随着数字技术的普及和社会对知识获取需求的增加，数字图书馆逐渐从向专业机构提供服务拓展到社会大众，其社会化趋势不断加强。越来越多的社会组织、高校、科研机构和企业参与数字图书馆的建设，形成了跨部门、跨领域的协作格局。社会化的数字图书馆是知识传播的重要工具，也是社会教育和文化传播的重要平台，通过社会化的不断发展，服务对象不断扩大，信息服务的社会效益和文化价值都能够得到有效提升。从全球范围来看，越来越多的国家通过跨国合作来推进数字图书馆的资源共享和技术研发，呈现出国际化的发展趋势。数字图书馆的国际化扩大了资源的覆盖面，加速了多语言、多文化资源的交流和传播。各国通过国际化的合作平台可以互相借鉴各自在数字图书馆建设中所积累的资源和经验，促进共同发展。

二、数字图书馆的建设方向

数字图书馆的建设方向反映了数字图书馆在数字信息环境下不断追求创新和优化的态度，通过以下相关方向的建设，数字图书馆可以更好地满足用户需求，提升自身在社会中的影响力和竞争力（图 2-4）。

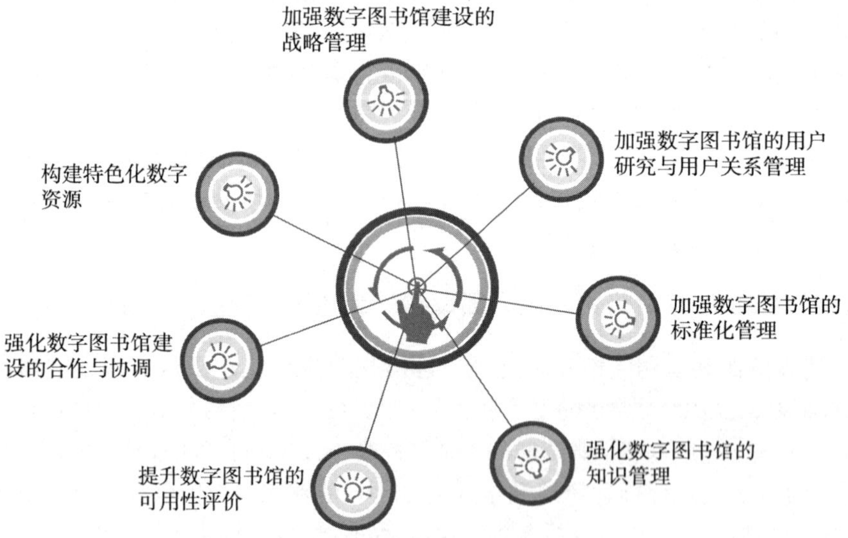

图 2-4　数字图书馆的建设方向

（一）加强数字图书馆建设的战略管理

数字图书馆不是简单的知识存储空间，已经逐渐演变成一个复杂的服务平台，建设过程中要注重加强战略管理，充分发挥其目标指引和保障作用。数字图书馆建设战略管理涵盖了从目标设定、资源配置，再到执行实施、监控评估的全过程，通过系统的战略规划，数字图书馆在资源有限的情况下，能够最大化实现自身的发展目标。

第一步，目标设定。战略管理目标的设定需要结合当前信息技术的发展状况和数字图书馆的发展趋势，以明确数字图书馆的具体定位。战略管理目标能够为数字图书馆的长期发展提供方向和框架，明确的战略管理目标有助于提升数字图书馆的服务能力，帮助其在未来快速发展的信息技术环境中保持竞争力。第二步，资源配置。资源的合理配置要求在资源有限的情况下最大化满足数字图书馆的建设和发展需求。第三步，执行实施。执行实施阶段可以采用项目管理、绩效考核、成本控制等方法，实现战略管理目标的有效推进。第四步，监控评估。通过对战略实施过程中的监控和评估，根据实际情况进行调整，以确保数字图书馆的建设与外部环境和市场需求的动态相匹配。

（二）构建特色化数字资源

数字图书馆的资源内容决定了其对用户的吸引力，特色化数字资源的建设能够使数字图书馆在激烈的市场竞争中形成独特优势。数据库资料作为数字图书馆的主要信息来源，其建设应避免网络资源的不足以及网络资源的浪费。从宏观角度出发，合理构建和利用文献信息资源至关重要，应避免盲目追求信息的新颖性、全面性和高级别，而应加强资源共享，避免重复建库和重复采购引发的浪费。数字图书馆要立足本身特色，面向全体用户，形成独特的服务和资源体系。

数字图书馆服务的对象除了实体访问者，更多的是网络环境中的用户。因此，要从网页设计、建立数字化藏品和提供多样化的远程服务入手，深入开发信息知识资源，构建具有馆际特色的数字资源，以满足高层次用户的存取需求。特色化数字资源能够增强数字图书馆的服务能力，帮助其形成独特的品牌形象。数字图书馆通过为用户提供高附加值的知识服务来吸引用户，可以有效提升自身的核心竞争力，推动自身向可持续发展的方向前进。

（三）强化数字图书馆建设的合作与协调

强化数字图书馆建设的合作与协调能够有效整合各方资源，实现资源共享和优势互补。数字图书馆建设是一项复杂的系统工程，涉及大量的数据、技术、管理资源等，单纯依靠一个图书馆的力量往往难以完成。因此，为确保数字图书馆建设项目的顺利进行，各相关研究机构和部门需要跨越传统的界限，采取统一的行动，避免资源的重复投入和出现各自为政的局面。合作可以分为内部合作和外部合作两种类型：内部合作是指图书馆内部不同部门之间的协作，通过资源共享、信息沟通等方式提升数字图书馆的运营效率；外部合作则包括与高校、科研机构、企业、其他图书馆等单位的合作，通过外部合作能够帮助数字图书馆获取更多的资源和技术支持，拓宽其服务对象和应用范围。

合作过程中，数字图书馆需要建立统一的管理标准和规范，以确保各方在合作中能够顺畅地进行沟通和协作。管理标准包括数据格式、资源组织、服务流程等内容，通过标准化管理，合作单位能够在相同的框架下推进工作，减少因信息不对称和资源不兼容导致的沟通障碍。合作与协调还涉及对合作关系的管理和维护，通过建立长期的合作机制和沟通渠道，数字图书馆可以与合作单位形成稳定的合作关系，实现共同发展。随着数字图书馆的发展，还要积极参与国际合作，通过跨国界的资源共享和技术交流，提升数字图书馆的服务能力和国际影响力。要从技术层面与国际上的技术企业建立合作，有效提升数字图书馆的建设质量，通过引进和吸收国外的先进技术，创建既具有全球视野又具备本土特色的数字图书馆系统。数字图书馆的建设还需要计算机科学、软件工程、通信网络以及其他相关领域专家的共同参与，形成一个全面的战略联盟。图书馆界在扮演建设主体角色的同时，也应积极与信息技术界、企业界建立合作，吸纳更多的资金、技术和人力资源，共同开展建设工作。通过这种综合性的合作和协调，数字图书馆能更好地服务公众，促进自身在技术和管理上与国际标准接轨，有效地满足用户的多样化需求。

（四）提升数字图书馆的可用性评价

可用性是评价数字图书馆的一项重要质量指标，它涉及用户与数字图书馆交互的多个方面。可用性体现了数字图书馆是否能满足用户需求、流程设计是否符合用户习惯以及使用效果是否达到用户预期。对于数字图书馆工作人员而言，可用性影响到他们的工作效率和数字图书馆的存在价值；对于开发者来说，可用性是系统成功与否的决定因素。数字图书馆的可用性评价主要涉及资源的访问便捷性、信息的检索效率、用户界面的友好度等方面。通过开展系统可用性评价，数字图书馆能够发现服务中存在的问题和不足，并及时加以改进。开展可用性评价的过程中需要借助多源数据分析方法和用户调研工具，对用户的行为、偏好和满意度进行全面分析。基于评价结果，数字图书馆可以优化资源的组织结构和检索方式，提高信息获取的便捷性。可用性评价还涉及对用户界面的设计和对用户交互体验的优化。通过设计符合用户习惯的界面和易于操作的功能，数字图书馆能够显著提升用户的使用体验。长期来看，数字图书馆的可用性评价能够提高服务质量，为其可持续发展奠定基础。数字图书馆要不断积累用户反馈和用户数据，构建系统的用户需求数据库，持续地优化和改进。

(五) 强化数字图书馆的知识管理

数字图书馆的知识管理需要有效地组织、开发和运营数字图书馆所拥有的信息和知识资源，促进知识的创新、传播和增值，涉及以下多个关键方面。

1. 知识创新

数字图书馆作为网络环境下的一种新兴的图书馆形态，与传统图书馆在理念、运作方式和管理模式上有显著不同，因此，推动图书馆学知识的创新是必要的。数字图书馆的知识创新指知识的生产、应用和增值的过程，其根本目的是获取新知识，发掘知识内部的新规律，实现知识的增值。数字图书馆知识创新能够优化数字图书馆的日常运作，确保数字图书馆提供服务时更加高效和用户友好。数字图书馆的工作人员是推动知识创新的重要力量。

2. 知识组织

知识组织是在信息获取和预处理的基础上，通过知识挖掘对信息进行精简和提取，发掘隐含在其中的有用知识单元，并对其进行整合和组织的过程。有效的知识组织是数字图书馆成功的关键，它需要将数字图书馆资源中的知识要素以及知识要素之间的关联清晰地展现出来，以便用户能够容易地识别和理解。知识组织的方法根据知识的结构特征和语言学原理有所不同，主要包括语法、语义和语用的组织方法，这些方法的应用使得知识的存储和检索更加直观和高效。

3. 知识开发

知识开发是在获取和预处理数字图书馆信息的基础上，通过如数据挖掘和知识发现等技术对信息进行深入分析，识别出有价值知识的过程。知识开发过程中，数字图书馆的工作人员会对信息进行精简、提炼和分析，发现隐含在其中的具有规律的有用知识，通过深层次加工形成具有独特价值的知识产品。

4. 知识的扩散和应用

知识的扩散和应用指对数字图书馆的知识产品进行传播和利用，如知识信息导航、知识信息评价、知识信息咨询、知识营销等，从而实现知识的增值。为了支持有效的知识管理，数字图书馆需要建立合适的组织和技术机制，促进创新、交流和学习，创建一个有利于知识应用的环境。当前的数字图书馆主要采用元数据、XML、智能代理、数据挖掘、个人知识管理工具等先进技术，极大提升了数字图书馆的知识组织和管理效率，促进了知识的扩散和应用。

(六) 加强数字图书馆的标准化管理

数字图书馆的构建与运营涉及图书馆、情报机构、档案馆、信息中心等多部门的协作，这些部门管理的信息和知识几乎覆盖了所有学科，涉及庞大的数据量以及文本、表格、图像、音频等多种媒介类型。数字图书馆需要对这些内容进行数字化处理，还要实现无缝连接，组织起来极为复杂。因此，加强数字标准化和规范化是数字图书馆建设的重要方向和关键环节之一，它是实现资源共享和系统兼容的前提和保障。数字图书馆涉及多种信息资源和复杂的系统结构，而这些信息资源和系统结构如果没有统一的标准，很难实现跨平台、跨机构的有效共享。标准化管理的核心在于建立统一的数据格式、编码规范、检索接口等标准，确保不同数字图书馆之间的数据兼容性和信息互通性，提升资源的管理效率，降低系统建设和更新的成本。

数字图书馆的标准化管理需要结合国际标准和行业规范，根据实际需求制定适合自身的标准体系。随着全球在数字图书馆领域的合作和交流不断加深，标准化管理的重要性日益凸显。通过标准化管理，数字图书馆可以确保资源在不同国家和地区之间顺畅流通，实现全球范围内的信息共享和技术互通。

（七）加强数字图书馆的用户研究与用户关系管理

数字图书馆的成功建设以用户需求为核心，用户研究与用户关系管理是确保其生存和发展的关键。数字图书馆的用户群体多样，他们的行为模式和需求也各不相同。通过对用户的基本信息、访问行为、搜索习惯、偏好内容等方面数据进行分析，数字图书馆可以识别与沟通有价值的用户群体，优化资源配置和服务方式。用户关系管理将用户关系视为宝贵的资源，着重深层次分析用户需求，通过完善服务以满足这些需求。用户关系管理专注于用户发展，旨在将潜在用户转化为现实用户，将现实用户转化为忠诚用户，并通过满足用户需求来构建长期稳定的关系，不断扩展产品和服务的范围。用户关系管理的目标在于优化用户关系，通过有针对性的策略来发展和管理这些关系，以平衡用户价值最大化和数字图书馆收益最大化。

传统的数字图书馆管理主要集中于资源建设等后台操作，较少关注直接面向用户的服务。随着服务需求的变化，完全依靠内部管理模式已不足以满足新的发展要求，必须采用外向型的管理观念来研究和发展用户关系。通过先进的信息技术分析和迅速响应用户需求，管理好用户关系，数字图书馆可以有效吸引和维护用户群体。长期来看，用户研究与用户关系管理不仅能够提升用户满意度，还能够为数字图书馆的可持续发展提供有力支持，形成稳定的用户基础，增强其市场竞争力和社会影响力。

第三章　数字图书馆管理的基础

第一节　数字图书馆管理的理念

数字图书馆管理的理念是数字图书馆运营与服务的核心思想和指导方针，它决定了数字图书馆如何开展各项具体的管理工作，影响着数字图书馆对资源的组织、服务的提供以及对外的协作模式。随着信息技术的迅猛发展，数字图书馆在其管理理念上也经历了深刻的变化。数字图书馆管理的理念主要包括集成管理理念、大图书馆理念、创新管理理念、用户导向理念等，它们构成了数字图书馆应对数字环境挑战的根本，为其未来的创新性发展提供了重要支撑。

一、集成管理理念

集成管理可以理解为构造系统的一种理念，同时也是解决系统复杂问题、增强系统整体功能的重要方法，是一种能对发展变化做出快速响应的新型管理方式。集成管理理念是数字图书馆管理的重要理念之一，它强调系统的统一性、网络的开放性和战略的灵活性，能够使数字图书馆快速适应不断变化的环境。在集成管理理念的指导下，数字图书馆能够更好地整合内外部资源，提升资源利用率，增强服务的广泛性和精准性，为用户提供丰富、便捷的知识服务体验。数字图书馆按照集成管理理念应达成以下主要目标（图 3－1）。

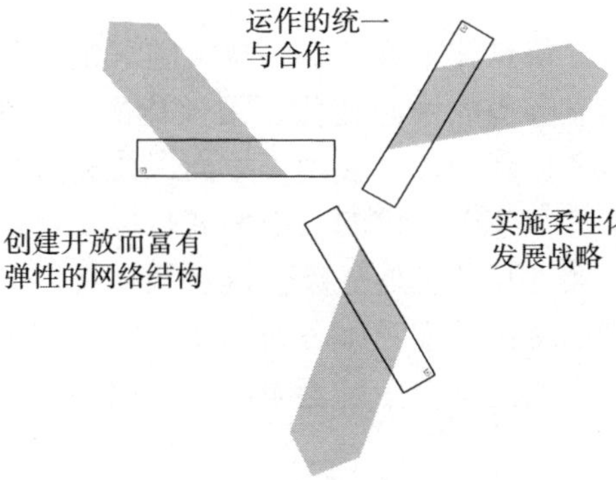

图 3－1　集成管理理念达成的主要目标

（一）运作的统一与合作

数字图书馆管理过程中，各部门之间应该围绕共同的目标，建立统一的运作体系，减少各部门之间的沟通障碍，实现资源的高效流通。运作的统一通常涉及资源的整合，以及管理流程、技术手段、服务内容等方面的统一。合作强调的是图书馆内外部的合作关系。图书馆内部的各个部门需要在共同的管理目标下协调合作。通过内部的有效合作，图书馆可以实现资源的优化配置，提高服务的响应速度。外部合作则是通过与其他图书馆、教育机构和科技公司等组织的合作，扩展资源的覆盖面，提升服务的多样性。运作的统一与合作使得数字图书馆能够充分发挥其资源优势，为用户提供全面的信息服务。

（二）创建开放而富有弹性的网络结构

随着互联网技术的快速发展，数字图书馆的网络系统也应该具备高度的开放性和灵活性，突破传统独立的网络系统，避免信息的重复存储和资源浪费。数字图书馆应构建一个开放而富有弹性的网络结构，使信息能在网络中顺畅流通，实现纵向和横向的有效信息传递。成员馆之间通过协作共享有助于减少重复建库的现象，还能提高图书馆之间的资源共享和信息流通效率。弹性的网络结构使数字图书馆能够根据环境的变化和用户需求的不同，灵活调整其网络架构和资源配置。数字图书馆通过创建开放和富有弹性的网络结构可以提升资源利用效率，还能够提升服务响应速度，为用户提供实时的信息服务，确保资源的动态配置，推动数字图书馆在信息社会中的快速发展。

（三）实施柔性化的发展战略

数字信息技术推动下的数字图书馆需要具备高度的应变能力和适应性，以应对信息环境的快速变化。柔性化的发展战略使得数字图书馆能够在资源配置、服务创新和技术应用等方面保持灵活和高效。柔性化的发展战略具有前瞻性，关注数字图书馆的长期发展目标，旨在为未来的技术进步和用户需求做好准备。柔性化的发展战略强调在战略规划中兼顾短期目标和长期愿景，通过科学合理的资源调配和服务布局实现可持续发展，提升数字图书馆的适应能力，增强其在信息社会中的竞争力，为用户提供更加稳定和多样化的知识服务。

二、大图书馆理念

大图书馆理念是数字信息时代图书馆事业发展的重要里程碑，它突破了传统图书馆的物理和地理局限，强调了图书馆服务的无界限性，使得用户能够跨越时空限制，享受到全球范围内的文献信息资源。大图书馆理念深化了数字图书馆的社会功能，促进了国际的信息资源共享与合作。这一理念将全球的图书馆视为一个统一的虚拟实体，每个图书馆都是这个大系统的组成部分，公共图书馆、学术图书馆、专业图书馆都通过网络连接起来，展开协作并共享资源。大图书馆理念的特性主要体现在以下方面（图 3－2）。

图 3－2　大图书馆理念的特性

（一）广泛的社会性

大图书馆理念广泛的社会性植根于图书馆业务的三大自动化转型——自动化、数字化、网络化，体现了全球图书馆共同的发展趋势。它为各国图书馆的发展提供了指导，也为图书馆的未来发展指明了方向。通过构建跨地区、跨国界的网络，各地图书馆能够实现资源的优化配置和高效利用，进而形成一个功能强大的社会化大图书馆。大图书馆理念广泛的社会性主要体现在服务对象的广泛性，数字图书馆要为不同背景、不同需求的用户提供多样化的服务。广泛的社会性还体现在服务内容的丰富性上，通过提供多样化的服务，数字图书馆能够吸引更多的用户参与到知识共享中来。大图书馆理念主张图书馆应根据用户的需求变化，不断调整和优化服务内容，以满足不同群体的需求。

（二）合作协调性

现代数字图书馆管理面临的挑战和机遇多样，单靠独立运营难以应对资源的多样性和用户需求的复杂性。大图书馆理念认为图书馆应通过内部协调和外部合作，实现资源和服务的最优化配置。不仅图书馆内部各部门之间要体现合作协调性，图书馆与图书馆、图书馆与教育机构、图书馆与科研单位、图书馆与政府及社会组织之间也要开展广泛合作，通过构建多层次、多领域的合作网络，在资源获取、知识传播和服务创新等方面形成更大的合力，促进共同发展。

合作协调性强调资源共享和信息互联，数字图书馆要充分利用信息技术，构建资源共享平台，实现资源的跨区域、跨机构流动，为用户提供更加丰富的知识内容。要建立灵活高效的合作机制，更加迅速地响应用户需求和外部环境的变化，以此提升数字图书馆的资源整合能力，增强其在信息社会中的影响力，使得数字图书馆能够更好地发挥公共服务的职能。

（三）规范化、标准化

数字信息环境下，数字图书馆的资源种类和服务形式多样，管理过程中的规范和标准显得尤为重要。规范化、标准化是保证资源共享、服务一致性和管理效率的重要因素。数字图书馆应通过建立严格的管理规范和服务标准，确保资源的准确、可靠和可用。大图书馆理念主张通过标准化建设，为用户提供稳定、优质的服务。规范化、标准化不仅体现在资源的管理上，还包括服务流程、数据安全和用户隐私保护等方面。通过制定清晰的管理标准，数字图书馆能够提升其服务的透明度和用户的信任度。规范化、标准化还涉及与其他图书馆以及信息机构的对接和协调。数字信息环境下，不同机构之间的资源共享和数据互联要求数字图书馆遵循统一的技术标准和数据格式，通过参与和推动标准化建设，数字图书馆能够在信息流通和资源共享中发挥更大作用。规范化、标准化还体现在服务质量的监督和改进上。通过建立服务质量评估和反馈机制，数字图书馆能够及时发现和改进服务中的不足，确保服务质量的持续提升。

三、创新管理理念

创新管理理念强调数字图书馆在不断发展的信息环境中，通过业务流程的重组、组织结构的创新、管理手段的提升等来应对新的挑战。创新管理理念在数字图书馆管理中具有重要意义，它使得数字图书馆能够更好地适应技术变革，推动了服务的智能化和个性化发展，满足了用户对高效、便捷信息服务的需求。

业务流程重组旨在通过优化和重组图书馆的各项工作流程，提高运营效率。传统图书馆的业务流程通常较为分散，流程的衔接性较弱。现代信息环境下，业务流程重组强调通过简化工作流程、减少不必要的操作步骤和资源浪费，使得图书馆能够更快速地响应用户需求。通过业务流程重组，图书馆能够更好地将资源配置到高优先级任务上，实现资源的最优利用，使得业务流程的执行更加高效和精准，为用户提供更高质量的服务。

组织结构的创新指的是图书馆在信息技术的推动下，逐渐向扁平化、团队化的组织结构转变。传统图书馆多采用层级化管理模式，部门之间的沟通效率较低，并且缺乏灵活性。扁平化组织结构使得图书馆的决策流程更加精简，信息流动更加迅速，能够更快地适应外部环境的变化。团队化的组织结构则通过项目制或任务小组的形式，将不同部门的人员整合到一个团队中，共同完成任务。团队化组织结构的引入提高了部门间的协作效率，增强了员工的参与感和责任感，使得图书馆能够更灵活地应对不同类型的工作任务。组织结构的创新还体现在分布式和虚拟化团队的应用上，通过信息技术，图书馆可以跨越地理限制来组建虚拟团队，实现资源和信息的跨地域共享与协作。

管理手段的提升方面，数字图书馆积极引入智能化、数字化工具。例如，利用大数据技术分析用户行为和需求，精准优化资源采购与服务策略；借助人工智能技术实现智能问答、自动化编目，提升服务响应速度；通过区块链技术保障数据安全并做好版权管理，增强资源管理的可信度。这些先进管理手段的应用提高了数字图书馆的管理效能，推动了服务的精细化与智能化发展。

四、用户导向理念

传统图书馆往往以资源为中心，侧重资源的组织和管理，而数字图书馆的管理理念更注重用户导向，将用户的需求与体验放在了更加重要的位置。用户导向理念强调图书馆在设计服务时从用户角度出发，了解和分析用户需求，优化服务流程，为用户提供流畅、直观的使用体验。数字图书馆应关注用户在访问资源时的整体感受，通过友好的界面设计、便捷的检索系统和快速的响应速度使用户能够轻松获得所需资源。应用先进的搜索引擎技术，图书馆可以实现资源的精准定位和分类，使用户能够快速找到所需信息，节省用户时间和提升资源的利用率，使用户的使用体验更加愉悦。用户导向理念注重优化用户体验，注重通过大数据技术来了解用户的阅读习惯和兴趣偏好，从而进一步细化用户画像，为用户提供更为精准的个性化服务。

数字信息环境下，用户不再是被动的信息接收者，而逐渐成为知识内容的参与者和贡献者。用户可以通过上传资源、参与评价和提供反馈等方式直接参与图书馆的资源构建和服务改进。用户参与丰富了图书馆的资源内容，方便了图书馆对用户需求的了解和满足，促进了图书馆服务的创新和优化。

第二节　数字图书馆管理的职能

随着信息技术的快速发展，数字图书馆管理的职能日趋复杂化和多样化。通过战略规划、组织、控制等管理职能的发挥，数字图书馆能够确保在资源的采集、分类、存储、传输过程中的高效和安全，提高资源的利用率，提高其在数字信息环境下的服务能力和创新能力。

一、数字图书馆的战略规划

战略规划是数字图书馆管理的核心，科学合理的战略规划能够为数字图书馆指明未来的发展方向和执行框架，为资源的优化提供战略指导，为用户提供更为优质的服务。

（一）数字图书馆战略规划的意义

数字图书馆战略规划的意义主要体现在以下 3 个方面。

其一，优化资源配置与管理。数字图书馆的资源涵盖电子书籍、学术期刊、多媒体资源、数据库等多种信息形式，战略规划能够根据用户的需求和资源实际使用情况合理配置馆藏资源，避免资源的浪费，使资源的利用率实现最大化。在战略规划的指导下，数字图书馆能够在数据分析和用户反馈的基础上对资源分配进行适时调整，使资源管理更加科学化、合理化，确保提供符合用户需求的高质量资源。

其二，推动技术创新与应用。战略规划指明了数字图书馆在技术方面的发展方向，使得数字图书馆能够高效引入大数据、人工智能、云计算等最新技术。新技术的应用能够大大提升数字图书馆的管理效率和服务水平，使其服务更加智能化。自动化管理流程减少了人力成本，提高了服务响应速度，进一步增强了用户体验。战略规划使数字图书馆能够合理分配技术开发资源，确保技术投入与产出的平衡，推动了技术创新，增强了数字图书馆的竞争力，使其在不断变化的信息环境中能够保持领先地位。

其三，强化用户体验与服务模式创新。用户需求是数字图书馆发展的核心驱动力，战略规划在此方面的意义在于确保数字图书馆的服务模式能够持续适应用户的多样化需求。战略规划使数字图书馆能够通过深入分析用户行为，识别用户偏好，并据此设计个性化的服务内容。用户体验的优化还涉及服务内容的丰富性、互动体验的友好性等多个方面。通过制订战略规划，数字图书馆能够构建用户参与的反馈机制，进一步改进服务内容，为用户提供个性化的推荐和知识服务。用户服务模式的创新还体现在图书馆对线上和线下服务的整合，图书馆通过线上平台和移动应用实现资源的全天候访问，以确保用户能够随时随地获得知识支持，提升了用户的参与感，使图书馆在信息社会中能够发挥更广泛的影响力。

（二）数字图书馆战略规划的关键

数字图书馆战略规划的关键是对战略环境的全面分析，因为它决定了数字图书馆的发展路径和资源配置方向。战略环境主要包括宏观战略环境、微观战略环境、组织内部环境等，通过对这些环境的深入分析，数字图书馆能够识别机会和潜在的风险，制定符合自身实际需求的发展路线（图 3－3）。

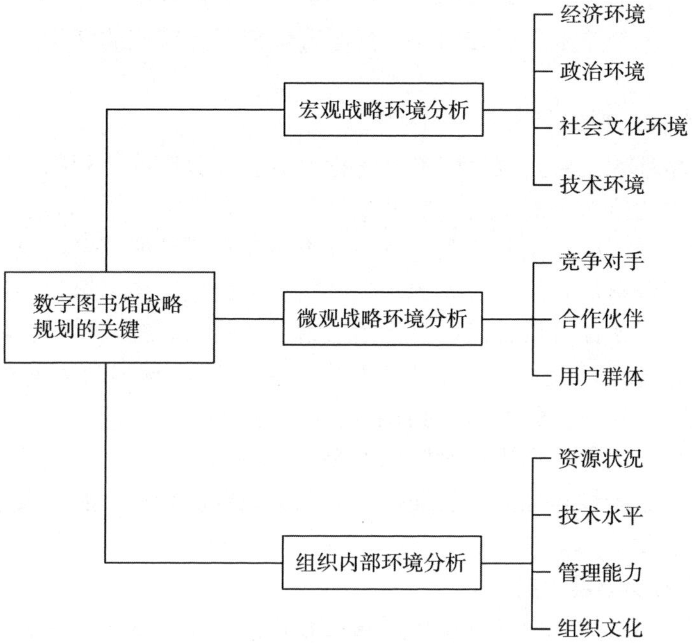

图 3－3 数字图书馆战略规划的关键

1. 宏观战略环境分析

宏观环境主要包括经济环境、政治环境、社会文化环境、技术环境等方面，它们构成了数字图书馆外部环境的整体框架，对数字图书馆的长期发展产生重要影响。

（1）经济环境。经济环境的发展影响着数字图书馆的资金投入和资源获取能力，关系到数字图书馆能否稳定获得外部资源的支持。因此，数字图书馆在制定战略规划中要充分考虑经济环境的变化来合理配置资源。

（2）政治环境。政治环境对数字图书馆的发展方向和业务规范具有重要作用。数字图书馆要密切关注国家关于图书馆运营、知识产权、数据安全等方面的政策，确保经营合法合规。另外，要多关注国家在图书馆方面的政策支持，利用优惠政策等促进自身发展。

（3）社会文化环境。社会文化环境对数字图书馆的服务方式和服务内容具有决定性作用。数字图书馆在发展过程中要充分考虑文化的多样性，以及不同社会文化背景影响下用户信息需求的差异性，注重资源配置的多样化和服务方式的创新。数字图书馆的服务内容要保持与时俱进，紧跟社会文化环境的变化，要准确把握不同文化背景用户的需求差异，设计出更贴合用户需求的内容。

（4）技术环境。技术环境是数字图书馆发展的内在驱动力和核心竞争力，对其资源整合能力和服务能力都具有重要影响。通过技术环境分析，数字图书馆能够明确未来的技术发展方向，为资源管理和服务模式的创新提供重要的技术支持。

2. 微观战略环境分析

微观战略环境主要指数字图书馆的竞争对手、合作伙伴和用户群体等市场环境。通过对竞争对手的分析，数字图书馆可以识别出市场中的空白领域，为用户提供独特的资源和服务。竞争对手分析还涉及对其他图书馆或信息机构的技术应用、资源布局和用户群体的研究，能够帮助数字图书馆找到提升竞争力的切入点。合作伙伴分析方面，数字图书馆需评估与高校、科研机构、出版社等合作方的资源互补性与协同潜力。数字图书馆还应深入研究不同用户群体（学生、科研人员、普通读者）的需求差异与行为习惯，借助用户调研、大数据分析等手段，精准把握用户对资源类型（学术文献、科普读物等）、服务模式（在线咨询、个性化推荐）的偏好，以此优化资源配置与服务策略，提升用户黏性与满意度。

3. 组织内部环境分析

数字图书馆的组织内部环境包括其资源状况、技术水平、管理能力和组织文化等。资源状况涉及数字图书馆的馆藏资源、数字资源、技术设备和资金等，它们是数字图书馆实现战略目标的物质基础；技术水平包括信息系统的建设、数据的处理能力和网络安全等，它直接影响服务的效率和用户体验；管理能力是战略规划执行的重要保障，数字图书馆需要具备高效的管理制度和流程，确保资源的合理配置和服务的有序开展；组织文化影响数字图书馆的创新能力和员工的积极性，通过建立开放、包容和创新的组织文化，数字图书馆能够更好地激发员工的潜力，为战略规划的顺利实施提供支持。

（三）数字图书馆战略规划的实施路径

数字图书馆战略规划的实施路径涵盖了从目标设定到监控反馈的全过程，它是数字图书馆实现资源合理配置、技术优化、服务质量提升的关键。数字图书馆战略规划的实施路径主要包括以下步骤。

第一步，确立清晰的目标和分阶段的实施方案。数字图书馆需要根据自身的发展方向和资源情况设定可衡量的短期、中期和长期目标。短期目标包括资源优化、技术提升和用户服务改进等具体行动；中期目标则涉及品牌建设、资源整合等战略重点；长期目标则着眼于知识传播的广泛影响力和自身的持续发展能力。目标设定后，数字图书馆需要形成详细的实施方案，将宏观战略目标分解为具体的任务和步骤，使自身能够按照计划有序推进，确保各项工作与总体战略保持一致。

第二步，资源整合与配置。数字图书馆要对资源现状进行评估，分析资源的优势和不足，并在此基础上进行资源配置的优化，提升资源的利用率。数字图书馆要与其他图书馆、高校、科研机构等外部单位展开广泛合作，实现资源共享，增强自身资源的丰富性和服务的多样性。资源配置方案的设计需要与数字图书馆的短期和长期目标相结合，确保资源在各个阶段得到合理分配，提升数字图书馆的整体服务能力，为用户提供更加丰富、便捷的知识获取途径。

第三步，构建技术支持平台。现代数字图书馆的发展高度依赖信息技术，构建和维护稳定的技术支持平台是确保战略规划得到有效实施的前提。技术支持平台包括资源管理系统、用户服务平台和数据分析工具等，建设过程中需要注重系统的稳定性、可扩展性和安全性，以确保在未来的技术升级中能够平稳过渡。

第四步，建立监控与反馈机制。监控与反馈机制是确保各项任务顺利执行的保障。监控机制包括对资源利用率、服务质量和用户满意度的实时监测。通过设立监控指标，数字图书馆能够及时掌握各项业务的执行情况，确保战略目标的进展符合预期。反馈机制则通过收集用户反馈和员工建议为战略规划的调整和优化提供信息支持。用户反馈能够直接反映出服务中的不足，帮助数字图书馆识别改进点。

二、数字图书馆的组织

数字图书馆的组织是数字图书馆管理的重要内容之一。数字图书馆作为知识服务机构，其组织结构要符合数字信息时代的需求，实现高效管理和创新服务（图 3-4）。

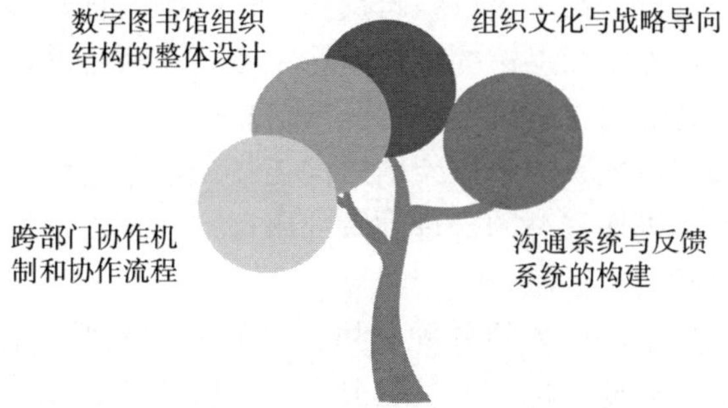

图 3-4　数字图书馆的组织

（一）数字图书馆组织结构的整体设计

组织结构是组织内部各部门之间相互关系的框架，它通常需要根据组织的目标、任务、工作流程、管理的责权体系以及信息交流的具体情况来确定，从而建立一个分工合作、协调运作的组织运行模式，以实现相对稳定的、连续运作的和逐渐变化的组织体系发展目标。数字图书馆的组织结构不同于传统图书馆，它更加注重灵活性、模块化和扁平化设计。数字图书馆在组织结构上通常具有资源管理、技术支持、用户服务和战略规划等核心部门。资源管理部门主要负责资源的收集、整理和数字化处理，主要保障资源的多样性、更新性和可访问性。技术支持部门则是信息化运作的技术支撑，包括信息系统开发、网络安全维护以及平台优化等任务。随着技术的不断更新，技术支持部门还需要与外部技术团队或供应商合作，以确保数字图书馆的技术始终处于行业领先水平。用户服务部门作为与用户直接接触的窗口，承担着服务实施、用户培训和需求反馈等职能，主要负责提供符合用户需求的知识服务，并确保用户的个性化需求能够得到响应。战略规划部门负责数字图书馆的发展方向和长期目标的制定，以确保各项资源和服务能够按照既定的战略目标协调推进。

（二）跨部门协作机制和协作流程

建立跨部门协作机制，形成有效的跨部门协作流程，能够使不同部门在资源管理、技术支持和用户服务等方面相互配合。良好的协作机制能够提升工作效率，使数字图书馆在应对外部变化时具备较强的响应能力。数字图书馆处理新任务或复杂项目时可以组建临时项目团队，将资源管理、技术支持和用户服务等部门的专业人员聚集到一起，临时项目团队在任务完成后解散，这种灵活的团队配置有助于快速应对任务需求，提高了资源利用的效率。临时项目团队通过协作机制实现资源的共享和任务的分工，使得数字图书馆能够在较短时间内完成高质量的工作，实现了资源和技术的整合，还确保了任务的顺利推进。定期举办的联席会议也是数字图书馆跨部门协作机制的重要形式，它能够确保各部门的工作始终与数字图书馆的整体目标一致。联席会议是资源共享和问题解决的重要渠道，各部门在会议上能够分享信息、讨论项目进展、协调资源分配，并确保所有部门在同一战略框架内协同工作。联席会议能够提升数字图书馆的整体协调能力，确保资源的合理配置和服务的一致性，信息的公开分享有利于增强各部门之间的信任感。

跨部门协作流程中，任务的分配和执行具有非常重要的作用，不可忽视。任务分配通常包括任务的设定、人员的分配、进度的控制和结果的反馈。任务执行过程中，数字图书馆通过进度控制和资源调配，确保各项工作能够按计划推进。任务完成后通过反馈机制，各部门可以就任务执行的效果和存在的问题进行总结和改进，确保数字图书馆在流程优化和资源配置上持续进行改进。

（三）沟通系统与反馈系统的构建

沟通系统能够确保数字图书馆内部信息的畅通，使各部门在不同任务中保持一致性，能够有效提升协作效率。数字图书馆的沟通系统通常包括垂直沟通系统和横向沟通系统两个主要部分。垂直沟通系统主要负责在管理层与各部门之间传达决策和指示，管理层通过定期的汇报和评估会议了解各部门的运作情况，做出科学合理的管理决策。横向沟通系统主要负责是部门间的交流和协作，它有助于确保在资源管理、技术支持和用户服务等各项工作中，部门之间的信息流动始终顺畅。

反馈系统是沟通系统的延伸，通过它，数字图书馆能够不断改进自身的资源配置和服务模式。通过分析用户的评价和建议，数字图书馆可以识别出服务中的不足，并采取针对性措施加以改进。员工反馈则帮助数字图书馆优化内部管理流程，及时调整资源配置。反馈系统使数字图书馆能够及时了解自身的运作状况，为未来的发展提供了宝贵的数据支持。管理层可以利用反馈系统的分析结果，形成更加精准的策略，提高整体管理效率。

（四）组织文化与战略导向

一个富有凝聚力和创新精神的组织文化，能够提升组织成员的工作热情，增进组织内部的协作与信任。数字图书馆的组织文化应具有开放性、协作性和服务导向性。在数字图书馆中，开放的文化为员工提供了宽松的工作氛围，鼓励他们大胆创新和尝试新技术；协作性文化则使得各部门能够在共同目标的指引下，紧密合作，形成合力；服务导向的文化强调用户需求的重要性，使得员工在日常工作中始终将用户满意度作为衡量工作是否尽责的标准。

组织文化与数字图书馆的长期战略导向紧密相关，数字图书馆在制定战略时需要以组织文化为基础，使战略目标能够充分体现自身的核心价值观。通过明确的文化价值观，数字图书馆能够增强员工的归属感和认同感，使得组织内部形成良好的工作氛围和工作态度。组织文化的建设还需要通过设立奖项、定期表彰等奖励制度加以落实，促进员工在工作中追求卓越，积极参与组织文化的建设。

三、数字图书馆的控制

数字图书馆的控制就是使数字图书馆的每一项工作都按预定计划、预定次序、预定原则进行。数字图书馆如果没有科学合理的控制，自身的有效运行就无从谈起，战略目标就不能实现。数字图书馆控制的核心在于通过科学的方法和工具对数字图书馆各项业务的流程进行监测和调节，确保数字图书馆在不同管理环节始终保持高效和一致（图 3-5）。

图 3-5 数字图书馆的控制

（一）资源管理控制

数字图书馆的资源管理包括信息资源的获取、分类、存储和维护，资源管理过程中的控制能够起到保证资源质量和可用性的作用。为了确保信息资源的可靠性，数字图书馆首先需要对资源获取的过程进行严格控制。资源获取控制包括资源来源的评估、资源内容的审查以及获取渠道的合规性分析。数字图书馆在引入新的信息资源时需依据相关的标准和流程，确保资源的合法性和准确性，避免出现数据泄露或版权纠纷等问题。资源的分类和存储环节，控制机制能够确保信息资源按照既定的分类标准进行管理，提升资源检索的便捷性和准确性。通过对资源分类进行控制，数字图书馆能够实现资源的高效组织和用户的便捷访问。存储控制包括对数据存储设备和数据库系统的定期维护和安全检查。数字图书馆需要通过建立数据备份和恢复机制，保证资源的安全性和可恢复性。定期的存储设备检查和系统维护能够有效防止数据丢失或系统崩溃，保障数字图书馆的资源管理系统稳定运行。资源管理控制的最后一个环节是资源维护，通过对信息资源的更新和清理，数字图书馆能够保证资源的实时性和准确性。

（二）服务质量控制

通过科学的服务质量控制机制，数字图书馆能够确保系统的易用性、资源检索的效率等用户服务体验方面保持一致的高质量标准。数字图书馆要为用户提供简洁、直观的检索系统和导航工具，以降低用户查找信息的成本。控制机制通过对用户操作行为数据的分析和行为的跟踪，了解用户在操作过程中的难点和需求，及时优化系统。服务反馈的管理也是服务质量控制的重要组成部分。通过设置反馈通道，数字图书馆能够实时收集用户意见和建议，了解用户在使用过程中遇到的问题或提出的改进需求。基于这些反馈数字图书馆可以持续改善服务流程、调整系统功能，确保用户需求得到及时响应。服务质量控制机制是数字图书馆管理层与用户之间的沟通桥梁，能够为管理和决策提供数据支持。

（三）技术与信息安全控制

技术系统是数字图书馆运作的基础，任何技术上的问题都可能直接影响用户的体验和资源的安全性。因此，技术控制和信息安全措施是保障数字图书馆稳定运营的关键部分。从技术层面上来说，数字图书馆需要对其硬件和软件设施进行定期监控和维护，服务器的负载能力、存储设备的可靠性、数据库系统的稳定性等都需要通过控制系统加以保障。技术控制除了日常的维护，还涉及技术系统的升级管理，以确保数字图书馆能够跟上信息技术的发展步伐，并通过系统更新来提高性能。

信息安全控制则重点放在数据保护和用户隐私的保障上。数字图书馆存储和传输的数据必须通过加密技术保护，确保信息在传输过程中不被非法窃取或篡改。与此同时，访问控制机制通过分级权限管理，确保只有被授权的用户才能访问敏感资源。对于重要数据，数字图书馆通过防火墙、入侵检测系统（IDS）、病毒防护软件等多层次的安全策略和防护措施来应对外部威胁，确保系统不受恶意攻击的影响。数字图书馆还面临着网络安全威胁，包括网络攻击、数据泄露等问题。为此，网络安全控制机制通过不断升级的防火墙和加密措施，确保用户数据和馆藏资源的完整性与安全性。数字图书馆的信息技术团队通过实时监控网络流量和系统状态，能够及时发现潜在威胁并采取措施防止系统遭受攻击。

（四）绩效管理控制

数字图书馆通过控制机制能够确保自身所有资源得到高效运用，并及时纠正不符合预期的情况。绩效管理控制需要设定明确的目标。通过细化每个部门的职责和任务，数字图书馆能够将战略目标转化为资源的利用率、用户满意度、系统响应时间等可量化的绩效指标。另外，通过定期的评估和反馈，可以确保每个部门都能够按照计划执行并达成目标。

数字图书馆是一个动态发展的系统，用户需求、技术进步和资源变化都会影响绩效评估的标准，绩效管理控制也并不是一成不变的，需要不断进行调整和优化。管理层通过对各类数据进行分析，能够识别出实际操作中存在的问题，及时优化流程，提高工作效率。绩效反馈在控制机制中也起到了关键作用。通过评估结果的反馈，数字图书馆可以对表现优秀的部门或个人进行奖励，激励他们持续提高；对于未能达到绩效目标的部门，管理层可以制定相应的改进计划，让他们发现问题并提出解决方案。

（五）风险管理控制

风险管理控制在数字图书馆的运行中扮演着防护屏障的角色，确保数字图书馆能够应对突发情况和潜在威胁。数字图书馆风险管理控制包括对技术系统的保护、对资源的管理、对服务质量的把控和对数据安全的保障等多个方面。

数字图书馆需要通过定期的风险评估识别出可能影响系统稳定性和资源安全的硬件故障、网络攻击以及数据泄露、系统崩溃风险点等因素。通过风险识别，管理层能够提前制定应对策略，将风险控制在可管理的范围内。一旦识别出潜在风险，数字图书馆需要形成详细的应对措施并在风险发生时快速响应。应对措施包括技术层面的修复、资源的紧急转移、系统备份的启用、用户服务的应急调整等。通过风险应对计划，数字图书馆能够在遇到系统崩溃或资源丢失等突发事件时迅速恢复正常运行。数字图书馆还需要通过持续的监控和数据分析，及时发现潜在问题并采取措施防止风险扩大。通过定期的风险演练和系统检查，数字图书馆能够在应对突发事件时保持敏锐性并具有快速反应能力，确保数字图书馆的资源和服务在受到外部威胁时仍能保持稳定。

第四章　数字图书馆信息资源建设与管理

第一节　数字图书馆信息资源的开发与利用

数字图书馆信息资源的开发与利用反映了信息资源从被动存储到主动服务，从单一功能到多样化应用的转化。通过信息资源的开发与利用，数字图书馆能够更好地为学术研究和社会提供知识服务。

一、数字图书馆信息资源开发与利用的含义

数字图书馆信息资源的开发与利用指从实际的基础和条件出发，通过优化信息组织结构和改革图书馆的运行机制，建立一个能够适应市场经济和社会全面发展需求的网络化和社会化的高效信息资源开发利用系统的过程。信息资源开发与利用的核心是将图书馆的资源从静态转化为动态，从被动存储转变为主动服务。传统图书馆通常是信息的存储和传播媒介，读者需要主动进入图书馆来获取所需的文献或数据。而数字图书馆在技术的推动下，通过对信息资源的开发与利用，能够主动为用户提供服务。

二、数字图书馆信息资源开发与利用的类型

数字图书馆信息资源开发与利用的类型主要包括信息检索服务、主题指南服务、学科导航服务等，它们提升了信息资源的利用效率，能够为用户提供更为精准的知识服务。信息检索服务是数字图书馆信息资源开发与利用的基础，它能够帮助用户从庞大的数据库中快速找到所需要的信息。搜索引擎作为网络上主要的检索工具，能够通过网络自动化软件收集并索引网络信息，维护和更新数据，确保信息资源的实时性和准确性，其数据库系统能够存储大量信息，使得搜索引擎可以提供广泛的检索结果，提高查全率。主题指南服务即由网络

分类目录提供的浏览与查询服务。主题指南服务的网络分类目录通常由信息管理专业人员编制，专业人员按类别系统化地整理网络资源，并为每个类别提供详细的网址和描述，使用户能够通过浏览这些精心编制的目录来发现相关信息，简化了信息检索过程。随着某一领域的发展和研究的深入，数字图书馆可以自动更新主题指南，确保用户获取的都是最新的资料。因为有专业人员对信息进行加工、组织，学科导航与一般性的网络导航相比，信息更为系统准确，导航作用更为突出。学科导航服务聚焦特定学科的信息资源，对互联网上相关的学术资源进行收集、评估和有序化管理，旨在为用户提供系统的学科知识架构，帮助用户快速定位到特定学科领域中的核心资源。学科导航服务的用户群体以研究人员和学生为主，它能够帮助用户在某一学科内深入探索并挖掘关键的信息资源，大大节省了用户的检索时间，提升了信息资源的利用率。

三、数字图书馆信息资源开发与利用的具体措施

数字图书馆信息资源的开发与利用是一项艰巨的任务，需要采取以下多方面的措施来确保成效（图 4 - 1）。

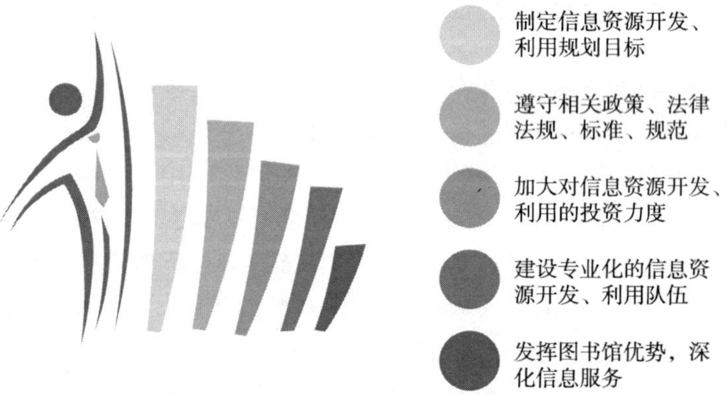

图 4 - 1　数字图书馆信息资源开发与利用的具体措施

（一）制定信息资源开发、利用规划目标

数字图书馆信息资源的开发、利用需要制定切实可行的目标，以便提供指导。目标的制定需要考虑几个关键因素：其一是用户需求的精确识别。数字图书馆信息资源开发与利用的目标应紧密围绕用户的实际需求，通过对用户需求的深入分析，可以制定出更具针对性的开发策略。例如，针对科研人员的需求，数字图书馆可以加强对学术文献的收集和分析；针对社会公众的需求，可以加大科普类文献和多媒体资源的开发。其二是资源的可持续性。信息资源的

开发与利用不应仅着眼于短期目标，应具有长期的可持续发展规划。数字图书馆在规划阶段要充分考虑信息资源从数据收集到存储，再到未来的更新和维护的生命周期，确保资源长久有效，使数字图书馆在快速变化的数字信息环境中保持资源的竞争力和实用性。其三是技术的可实现性和经济的可行性。一方面，数字图书馆信息资源的开发与利用需要借助现代技术的支持，因此在设定目标时需要考虑到现有技术的能力以及未来技术的潜在发展。另一方面，信息资源的开发与利用需要大量的资金投入，数字图书馆必须根据自身的财务状况合理分配资源开发与利用的优先级，确保每一步的实施都有可靠的经济保障。

（二）遵守相关政策、法律法规、标准、规范

数字图书馆在信息资源开发、利用的过程中，遵守相关政策、法律法规、标准、规范是保障其顺利实施的关键。数字图书馆需要在信息资源开发、利用初期就明确政策、法律法规、标准、规范，确保资源的合法使用和合理管理。数字图书馆的信息资源中往往包含大量的敏感数据和受版权保护的内容，因此必须遵守隐私保护政策和版权管理机制，开发、利用这些资源时，数字图书馆必须遵守相关的法律法规，确保用户的数据安全和资源的合法使用。涉及用户个人数据的资源，数字图书馆需要采取完善的数据保护措施，防止用户隐私泄露；处理受版权保护的文献和多媒体资源时，数字图书馆需要与相关权利方协商，获得合法授权后方可进行开发、利用。为了确保信息资源在不同平台和系统之间能够无缝共享和使用，数字图书馆需要遵循国际标准和行业规范。数字图书馆应根据自身的规模和资源情况，制定符合自身实际需求的内部管理规定。

（三）加大对信息资源开发、利用的投资力度

数字图书馆信息资源的开发、利用需要强有力的资金支持和政策扶持。政府的资金投入是数字图书馆发展的重要基础，特别是在一些国家，政府往往是数字图书馆信息资源开发与利用的主要资金来源。通过政府项目的支持，数字图书馆可以开展大规模的数据采集、存储和处理工作，提升信息资源开发与利用的整体水平。数字图书馆还要与企业开展广泛合作，争取企业在技术、资金等方面的支持。数字图书馆要合理规划资金使用，确保每一项投资都能够最大化其回报。信息资源开发与利用的过程中，数字图书馆需要根据不同信息资源的优先级进行投资规划，确保有限的资金能够集中使用在最具战略价值的项目上。对于一些短期收益较低但长期价值较大的项目，数字图书馆应采取渐进式的投资策略，确保资金的持续投入和信息资源的可持续开发。

（四）建设专业化的信息资源开发、利用队伍

数字图书馆信息资源的开发、利用离不开专业化的团队支持，数字图书馆要重视对员工的培训和教育，提升其在信息技术、数据分析和管理方面的能力。数字信息环境要求数字图书馆员工不仅要具备传统的图书分类、管理和服务技能，还需要掌握大数据处理、人工智能应用等现代技术。通过定期培训和进修，数字图书馆可以帮助员工及时更新知识结构，适应快速发展的信息技术环境。数字图书馆还要积极开展外部技术人才的引进工作，充实团队的技术力量。数字图书馆信息资源的开发与利用涉及诸如数据挖掘、机器学习、自然语言处理等领域的复杂技术，这些领域的专业人才对于其技术升级至关重要。通过引进拥有丰富经验和技术背景的外部人才，数字图书馆可以大大提升其信息资源开发与利用的技术水平，增强对复杂信息资源的处理能力。

（五）发挥图书馆优势，深化信息服务

图书馆在长期的运营中积累了丰富的文献管理经验，这是数字化时代信息资源开发的宝贵资产。数字图书馆可以在新的技术条件下继续发挥这些传统优势，借助现代化的信息管理工具优化资源的组织与利用。传统的分类法和信息管理制度可以与现代技术有机结合，使信息检索和资源利用更加高效。例如，通过智能检索系统和个性化推荐机制，图书馆能够将已有的资源以更灵活的方式展示给用户。另外，图书馆的学术资源丰富，能够为科研人员提供强有力的学术支持，通过加强学术资源的开发，图书馆可以为科研成果的产出和传播提供更有力的保障。

第二节　数字图书馆信息资源的配置、采集与检索

一、数字图书馆信息资源的配置

数字图书馆在信息资源管理过程中，信息资源的合理配置是确保自身高效运作和服务质量的重要前提。通过科学合理的资源配置，能够最大限度满足用户的多样化需求。

（一）数字图书馆信息资源配置的原则

数字图书馆信息资源配置过程需要遵循以下核心原则（图 4－2）。

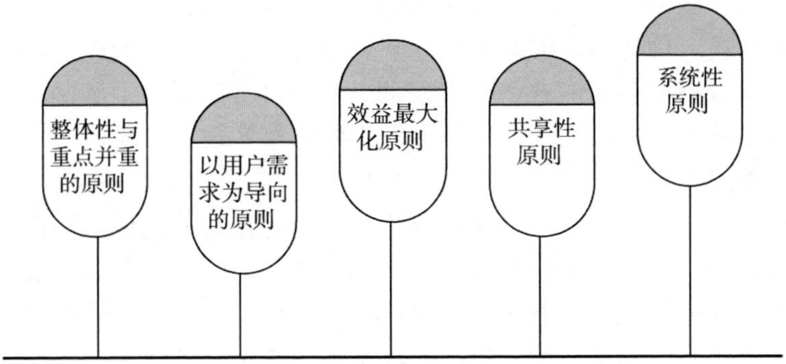

图 4-2 数字图书馆信息资源配置的原则

1. 整体性与重点并重的原则

数字图书馆的信息资源涉及广泛的领域、多种类型和多个层次，在进行资源配置时需要充分考虑其整体性，从全局出发考虑整体布局的协调性，确保资源之间的有机联系和互补。在考虑整体性的同时要兼顾重点，对于信息资源中需要特别关注、重点研究的领域在资源配置中要给予优先考虑，特别是那些与用户需求紧密相关的高频访问的文献、主流数据库、关键技术领域的资料等，通过突出这些重点资源，可以确保自身的核心竞争力，提高用户满意度和资源利用率。需要注意的是，不同的数字图书馆在服务群体、研究领域和资源特点上存在差异，因此其重点资源的配置也应有所区别。例如，面向高校科研的数字图书馆，在学术文献和科研数据上投入更多，而公共图书馆则需要更多面向社会公众的信息资源。

2. 以用户需求为导向的原则

数字图书馆的最终目标是为用户提供便捷、高效的服务，因此信息资源的配置需要从用户的角度出发，深入分析其实际需求。采购新资源前要进行需求调研，以用户满意度为反馈来调整资源，还要定期检查并优化资源库，剔除长期无人访问的资源，确保资源配置的实用性和时效性。用户需求具有一定的时间敏感性，会随着社会、学术领域或技术的进步而发生变化。因此，数字图书馆信息资源的配置也需要保持动态灵活性。通过实时分析用户的搜索行为、借阅记录等数据，数字图书馆可以快速捕捉用户需求的变化，及时调整信息资源的配置策略，确保用户获得最佳服务体验。

3. 效益最大化原则

效益最大化意味着数字图书馆要用最少的投入获得最大的回报，需要有效管理预算，减少不必要的重复投资，尽可能提高资源的利用率。

4. 共享性原则

共享性原则可以大大减少数字图书馆资源的重复建设和浪费，提高资源的使用效率。数字图书馆可以通过与其他图书馆、科研机构、企业等合作，推动资源的互联互通，构建共享资源平台，减少资源开发和管理的成本，扩大资源的覆盖面。通过资源共享，数字图书馆可以弥补自身资源的不足，尤其是某些特定领域的专业文献和数据，通过外部资源的共享实现其可得性。

5. 系统性原则

系统性原则要求数字图书馆在进行信息资源配置时要具备全局视角，充分考虑信息资源之间的相互关联和协同效应。不同类型的信息资源在数字图书馆系统中的功能各异，但它们之间往往存在密切的联系，在进行信息资源配置时不应孤立地处理其中的某一类，而是要将其纳入整个资源体系，从全局的角度进行统筹和优化。系统性原则还要求数字图书馆在信息资源配置时进行整体规划和管理，避免各部门、各系统之间的资源重复建设和无效配置。在信息资源配置过程中，数字图书馆要建立明确的责任分工，确保不同部门能够协同工作，实现信息资源配置的科学性和高效性。

（二）数字图书馆信息资源配置的优化策略

随着用户需求的不断变化和技术的快速发展，数字图书馆信息资源的配置不再是简单的分配过程，而是一个需要系统评估、规划和优化的复杂管理行为。下面详细探讨数字图书馆信息资源配置的优化策略（图 4－3）。

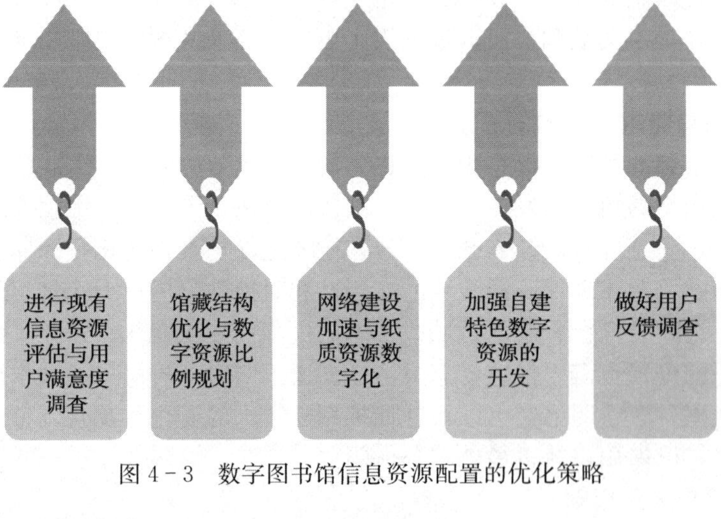

图 4－3　数字图书馆信息资源配置的优化策略

1. 进行现有信息资源评估与用户满意度调查

数字图书馆信息资源配置的优化需要对现有信息资源进行全面评估和对用户的满意度进行调查。信息资源评估主要是对馆藏架构、信息资源的使用情况等方面进行系统分析，有效识别信息资源配置过程中的不足之处，为信息资源的优化配置提供数据支持。数字图书馆还要对用户满意度进行调查，通过调查来获取用户关于信息资源质量、检索系统的种类、信息资源需求等信息资源使用方面的反馈意见，识别用户在使用过程中的需求和需要改进的地方，进而有针对性地进行信息资源调整和优化。

2. 馆藏结构优化与数字资源比例规划

数字图书馆的馆藏资源种类丰富，包括学术期刊、电子书籍、数据库、音视频等多种类别。为了更好地服务用户，需要根据用户的需求特点合理规划各类信息资源的适当比例，确保每个用户都能够方便地获取所需信息资源，提升信息资源的利用效率。另外还要注意数字资源比例的规划。随着数字信息技术的发展，越来越多的图书馆资源被数字化和虚拟化，但这并不意味着传统的资源配置应该被忽视。对于一些学术价值高、难以数字化的文献资料，图书馆仍然需要保留并优化其配置。通过科学的馆藏结构优化，图书馆可以在数字资源和传统资源之间找到合理的平衡点，使得资源配置更加全面。

3. 网络建设加速与纸质资源数字化

强大的网络环境是数字图书馆信息资源高效流通的基础，数字图书馆要加强网络系统的建设和维护，确保信息资源的高效传输，为用户提供更为快速便捷的访问途径。虽然越来越多的文献已经以数字形式存在，但仍然有大量重要的学术资料、历史档案等以纸质形式保存。为了确保这些资源能够方便地被检索和利用，数字图书馆应加速纸质文献的数字化转型。通过现代扫描技术、光学字符识别（OCR）技术等先进技术将大量纸质资源转化为可检索的数字资源，可以提高其可用性和共享性，方便用户的远程访问和利用。

4. 加强自建特色数字资源的开发

数字图书馆要加强发展与自身特色相符的数字资源，构建区别于其他图书馆的特色数据库，以便满足特定用户的需要，提升自身的独特价值。对于现有的自建数据库，应打破信息孤岛，进一步开放和共享，促进区域内图书馆之间的资源共享与合作。特色数字资源的建设可以从多个方面入手：对于一些地域性、文化性或历史性强的资料，数字图书馆可以进行专项开发，形成具有自身特色的资源库；结合所在地的学术优势和研究方向，数字图书馆可以与高校、科研机构合作，开发具有较高学术价值的专题数据库。特色数字资源的建设不应是一次性的，而应是持续的、动态的过程。通过不断的资源收集、整理和发布，数字图书馆能够确保特色数字资源的前沿性和实用性，保持其在用户中的吸引力和影响力。

5. 做好用户反馈调查

数字图书馆要定期收集用户对数字资源的使用反馈，了解资源的实际效用和用户的具体需求，及时发现问题并进行调整。用户反馈调查要从信息资源的数量、种类、质量以及检索系统的满意度等多角度进行，以便为优化调整信息资源配置提供重要参考。用户反馈调查可以采用在线问卷、实际访谈、数据分析等多种方式来进行。收集到用户反馈后，数字图书馆应根据反馈结果做出相应调整。如果大量用户反映某一类资源匮乏或难以获取，数字图书馆可以增加该类资源的配置；如果用户对检索系统表示不满，则应考虑优化检索算法，提升用户体验。

二、数字图书馆信息资源的采集

数字图书馆信息资源的采集是指数字图书馆根据本馆的目的和任务，按照一定的原则和标准，通过一定的方法和途径，对众多的信息资源进行有目的的选择和采集，以满足用户需求，并形成具有保障能力的信息资源体系的过程。信息资源采集是确保数字图书馆资源多样性与充足性的关键，它直接关系到数字图书馆能否满足用户的多元需求。

（一）数字图书馆信息资源采集的原则

数字图书馆在信息资源采集的过程中遵循一定的原则，确保信息资源采集的科学性和有效性，原则具体如下（图 4-4）。

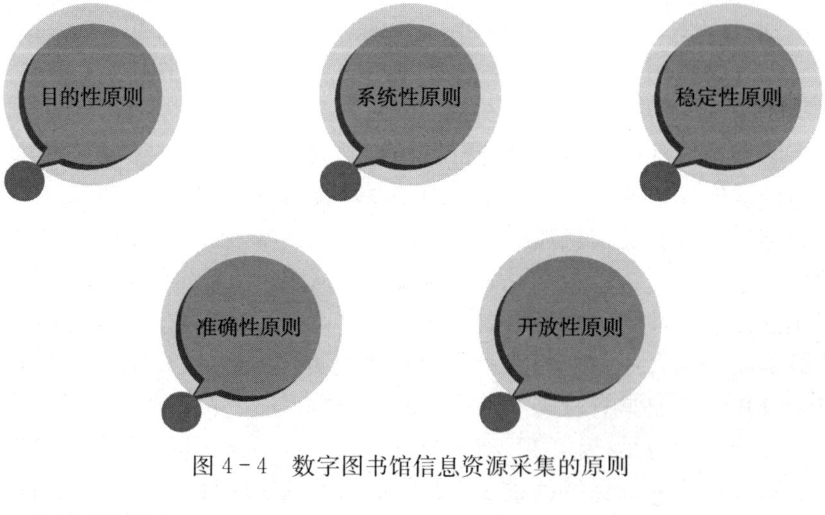

图 4-4　数字图书馆信息资源采集的原则

1. 目的性原则

数字图书馆信息资源的采集要坚持目的性原则，即以明确的采集目标为导向。每个数字图书馆都有自身的服务使命和发展方向，要结合自身的实际情况和用户需求，制订科学合理的采集计划。在信息资源采集的过程中，数字图书馆要了解用户的具体需求，确保所采集的资源能够与用户需求相匹配。例如，面向学术研究的数字图书馆可能会优先采集高质量的学术论文、研究报告、专业数据库等资源；面向社会公众的数字图书馆则可能更关注科普类书籍、多媒体资源等。资源的采集过程应根据数字图书馆的具体目标进行调整，确保采集到的资源能够最大程度地为用户提供帮助。另外，信息资源种类繁多，并不是所有的资源都适合纳入馆藏，数字图书馆应避免采集过多不相关或利用率低的资源，以免增加管理成本，导致资源的浪费，要确保采集的每一份资源都能够为自身整体服务体系提供价值。

2. 系统性原则

系统性原则强调信息资源采集的系统性和完整性。数字图书馆的信息资源并不是单一存在的，而是一个系统化的整体。因此，资源的采集需要从系统性角度出发，确保不同类型资源之间的协调与互补，形成多媒体资源、数据库、电子书等多样化的信息资源库，满足不同用户的多元需求。数字图书馆在信息资源采集过程中还要考虑整体馆藏结构的合理性，采取系统化的采集策略，建立相互补充、结构合理的资源体系。数字图书馆信息资源采集的系统性原则还要求立足长远，考虑未来资源的更新需求，确保整个系统的资源始终处于动态更新状态。通过定期对馆藏进行检查和更新，数字图书馆能够保证信息资源的时效性和实用性，为用户始终提供最新的知识支持。

3. 稳定性原则

数字图书馆作为为用户提供长期服务的平台，必须确保自身资源的稳定性，以满足用户对信息获取的长久需求。因此，数字图书馆在信息资源采集过程中应优先考虑那些能够长期保存和使用的资源。稳定性原则要求数字图书馆在采集资源时关注资源的来源、版权、存储等问题，特别是对于电子书、期刊和数据库等资源，数字图书馆应确保其来源合法、版权清晰，以避免在后续使用过程中因版权问题导致资源无法继续使用。数字图书馆还应建立完善的存储和备份机制，确保在技术或设备故障的情况下用户依然能够访问到重要的资源。

4. 准确性原则

数字图书馆作为知识服务平台，必须确保所提供的信息资源具有高准确性和权威性，才能成为用户可信的知识来源，数字图书馆在信息资源采集过程中应始终保持对资源准确性的严格把关。准确性原则要求数字图书馆在信息资源采集过程中审查资源的来源和质量，特别是对于涉及专业知识和学术研究的资源，必须确保其来自权威渠道。对于学术文献，数字图书馆应优先选择知名出版商、权威期刊和经过认证的数据库；对于科普类书籍和多媒体资源，数字图书馆则应考察其编写背景和内容质量，确保资源的科学性和准确性。数字图书馆要善于利用智能化的校对和检索系统等先进技术提高资源的准确性，筛选出不符合标准的资源，确保最终纳入馆藏的资源都经过严格审查。

5. 开放性原则

随着知识的迅猛增长和技术的不断进步，任何一个数字图书馆都不可能独立满足所有用户的信息需求，信息资源的采集应当是开放的，与其他图书馆及信息机构合作共享资源。秉持开放性原则能够扩展数字图书馆的服务能力，通过资源共享减少重复采集的不必要支出，提升数字图书馆系统内部的资源利用效率。

（二）数字图书馆信息资源采集的具体策略

数字图书馆信息资源采集是一项系统性工作，需根据数字图书馆的服务目标、学科特色及用户需求精心规划和执行。具体策略分为设立明确的采集目标、规划采集任务、设计采集程序三大部分（图 4－5）。

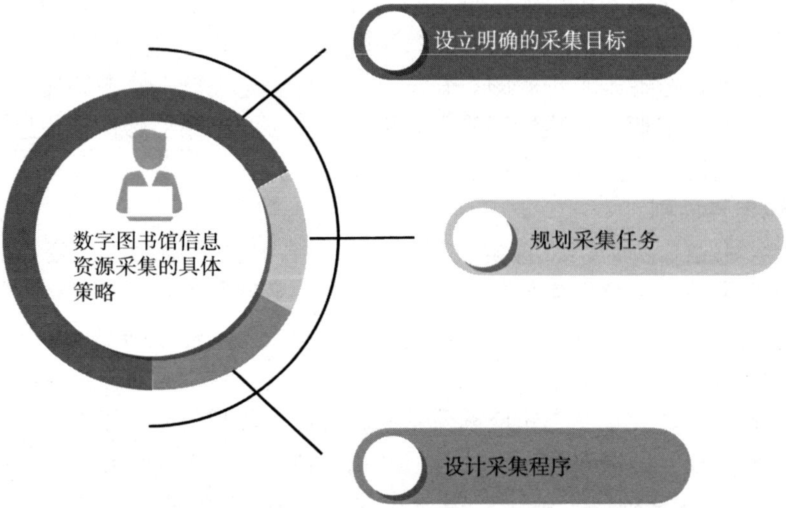

图 4－5　数字图书馆信息资源采集的具体策略

1. 设立明确的采集目标

数字图书馆信息资源采集目标的设定既要符合数字图书馆的整体发展战略，也要基于用户的需求和信息资源的实际应用场景。通过对现有资源的利用情况、未来资源需求情况以及技术发展趋势的分析，确定信息资源采集的方向。结合采集目标，数字图书馆需要对资源的种类、数量和质量进行规划。例如，数字图书馆面向学术研究，那么在资源采集过程中就应重点关注高质量的学术期刊、科研论文和学术数据库。目标的设定要具有前瞻性，以确保未来用户需求得到充分满足。采集过程中，数字图书馆除了考虑当前的需求，还要兼顾未来的资源更新与维护，制订长期、可持续的资源采集计划，确保自身资源始终能够与时俱进。

2. 规划采集任务

数字图书馆信息资源的采集应确保采集任务的合理分配，避免资源的浪费或管理混乱。具体应包括以下方面：其一，需求调查。定期收集和分析用户的科研任务、学术需求和紧急问题，确保所采集资源具有实用性和时效性。其二，资源调查。全面了解国内外出版发行情况，特别是与数字图书馆收藏重点相关的出版机构，确保能及时获得最新资源。其三，网络资源采集。从海量的网络信息中筛选出高质量、实用性强的内容，使用高效的搜索工具来优化资源的质量并确保资源具有相关性。其四，非数字资源的考量。对现有的纸质资源等非数字资源进行定期分析，确保数字化后的系统性和完整性，实现资源的最大化利用。

3. 设计采集程序

信息资源的采集是一个复杂的过程，尤其对于数字图书馆来说，因其所涉及的信息资源种类多样、数据量庞大，为了确保采集工作的顺利进行，需要设计科学的采集程序。采集程序的具体步骤如下。

（1）搜集资源目录。通过各种途径，如出版社、数字资源广告及在线搜索工具等，搜集并积累相关的资源目录。这些目录将作为资源选择和采集的初步线索。

（2）资源筛选。根据数字图书馆的采集原则和预设的资源范围进行精准选择，确保所选资源符合数字图书馆的服务方向和用户需求。

（3）质量检查。对选定的资源进行技术参数（如声音和图像质量）、内容的准确性和及时性等方面的质量审核。

（4）审批过程。将筛选好的资源目录提交给相关部门和管理层审查。对于成本较高的信息资源，实行更为严格的审查流程。

（5）办理采购手续。完成预订相关手续，与供应商签订合同，处理版权和付款事宜，确保合法使用资源。

（6）资源验收和资产登记。资源到达后进行验收，确认其类型、数量、使用权限等是否与订单一致，之后进行资产登记，正式纳入数字图书馆的资源管理系统。

（三）数字图书馆在信息资源采集过程中需要处理的关系

数字图书馆在信息资源采集过程中，需要处理好重点资源与一般资源、数字资源与非数字资源、当前需求与长远规划、信息资源采集部门与其他部门的协同等几种关系，确保信息资源采集的高效和可持续。

1. 重点资源与一般资源关系的处理

在信息资源的采集过程中，必须明确区分重点资源与一般资源，权衡两者之间的关系。重点资源通常是数字图书馆根据用户需求和学术领域发展而确定的核心资源，它们在数字图书馆的服务体系中占据重要地位，在信息资源采集过程中，需确保其系统性和完整性，以满足特定学科或技术领域的核心需求。一般资源则是指那些相对非核心，但仍具备一定价值的资源。这类资源也应该引起一定的关注，因为它们虽然不是某一学科的核心，但具备广泛的应用性和辅助性，对教学和研究具有一定的支持作用。数字图书馆在保证重点资源的前提下，适量采集一般资源，可以满足多元化的用户需求。

2. 数字资源与非数字资源关系的处理

随着数字技术的不断发展，数字资源已逐渐成为数字图书馆信息资源的主流。然而，传统的非数字资源仍在许多领域中具有不可替代的价值。数字图书馆在信息资源采集过程中必须处理好数字资源与非数字资源的关系，做到合理搭配与兼顾。许多经典的文献、手稿、图书等非数字资源具有不可替代的历史价值和文献意义，这些资源在数字化进程中可能存在某些技术限制，无法完全转化为数字形式，数字图书馆需要保存与采集这类非数字资源。随着信息技术的发展，传统的非数字资源和现代的数字资源之间的分界越来越模糊，实现两者的有效整合是数字图书馆信息资源采集策略中的一个重要方面。例如，一部经典文献可能同时以纸质书籍、电子书、在线数据库等多种形式存在。数字图书馆在信息资源采集时应考虑到不同媒介的特点和优势，选择最适合用户需求和自身服务模式的形式。还应利用互联网、卫星通信等现代传播手段拓宽信息资源的获取渠道和形式，丰富自身的资源库。

3. 当前需求与长远规划关系的处理

数字图书馆在采集信息资源时必须处理好当前需求与长远规划的关系，确保采集的资源不仅能够解决当前的问题，也能为未来的用户提供服务。当前需求通常表现为用户对某些热点话题或热门学科的强烈需求，数字图书馆必须及时回应这些需求，保证相关资源的更新与补充。数字图书馆在信息资源采集过程中不能只关注眼前的需求而忽略长远的规划。某些学术领域的文献可能暂时需求较少，但随着学科的发展和用户需求的变化，这些资源将有可能在未来发挥重要作用。因此，数字图书馆应根据长期发展的战略目标，有计划地储备这些可能在未来具有重要价值的资源。

4. 信息资源采集部门与其他部门协同关系的处理

信息资源的采集不是孤立的过程，信息资源采集部门需要与数字图书馆内部的资源加工部门、财务部门、用户服务部门等进行密切合作，形成一个高效的工作链条。比如，信息资源采集部门需要了解财务部门的预算安排，与用户服务部门共享用户反馈信息以调整采集策略，从而确保所采集资源的长期有效性。除此之外还包括与出版商、数据库供应商、学术机构等外部机构合作关系的处理，通过积极的关系处理，数字图书馆能够获取更多优质资源，并在资源管理中实现互利共赢。

三、数字图书馆信息资源的检索

信息资源检索是通过一定的途径将信息按照一定的方式组织起来，并根据用户的需要找出相关信息的过程和技术。数字图书馆信息资源的检索直接影响用户获取信息的效率和自身资源的使用效率。

（一）数字图书馆信息资源检索的特点

数字图书馆信息资源的检索具有明显的特点，体现了其在技术和服务方面的先进性，具体如下（图 4－6）。

图 4－6　数字图书馆信息资源检索的特点

1. 检索空间的拓展

传统图书馆中信息资源检索的范围往往局限于馆内的纸质资源，在数字信息技术的推动下，数字图书馆信息资源检索的空间得到了极大拓展。现代数字图书馆使用户利用网络能够跨越地理和物理限制，接触到全球范围内分布的广泛信息资源。用户进入数字图书馆后，无需事先了解具体存储位置即可通过简单的检索访问到存储在世界各地服务器上的资源，大大提高了资源的可访问性，丰富了可获取资源的种类和数量。

2. 交互式操作的加强

数字图书馆的信息资源检索工具具备交互式操作的特性，检索过程中，用户可以通过输入关键词的方式与系统进行交流互动。系统还可以根据用户的操作记录提供个性化的建议和反馈来提高检索的效率和准确度。随着检索技术的不断发展，出现了语音输入、图像识别等多种操作方式，打破了传统检索方式的局限性，使信息资源检索更加人性化、多元化，提升了用户的使用体验。

3. 用户友好的界面设计

简洁易用的界面能够提高用户的操作效率和使用满意度。数字图书馆信息资源检索系统的用户界面在设计时通常会优先考虑界面的易用性，通过简化操作步骤、直观的导航设计、清晰的结果展示确保用户能够快速找到所需信息。现代检索系统的用户界面还支持多语言、多格式的展示，用户可以选择最适合自己的界面语言和检索方式。

4. 移动端检索的便捷性与跨平台合作

随着移动设备的普及，信息资源检索从桌面端逐步向移动端转移，用户希望随时随地通过手机或平板电脑进行信息资源搜索。因此，现代数字图书馆必须适应这一趋势，提供便捷的移动端检索功能。移动端检索需要具备与桌面端相同的功能，针对移动设备的特点进行响应速度、界面布局、触屏操作等方面的优化。另外，跨平台合作逐渐成为移动检索的发展新方向，极大提升了用户使用的便利性，扩展了数字图书馆的信息获取方式。用户可以在不同设备间无缝切换，接续先前的搜索操作。例如，用户可以在电脑上开始检索，在手机上继续操作，甚至通过智能助手的语音指令直接调用搜索结果。

（二）数字图书馆信息资源检索的方法

信息资源检索的方法是指按照一定的科学方法将信息的形式和内容特征准确描绘出来，利用各种标识符号标记出来，并以人工或机器很容易识别的方式将信息组织起来，为信息检索提供比较条件的一种手段。数字图书馆信息资源检索的方法主要包括以下 5 种（图 4－7）。

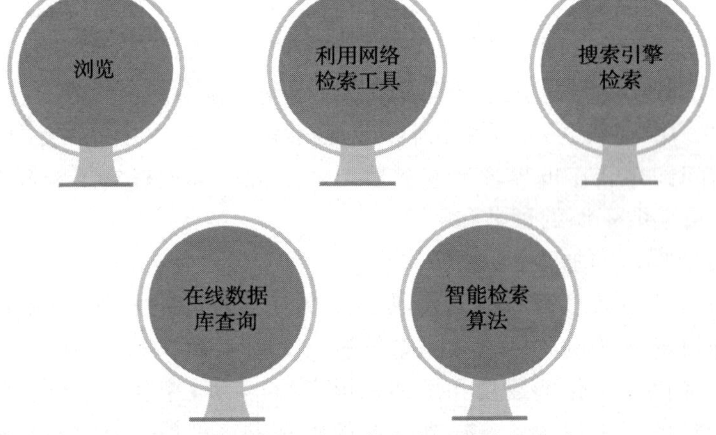

图 4－7　数字图书馆信息资源检索的方法

1. 浏览

浏览一般指超文本结构的信息浏览，它是互联网上最基础的信息资源检索方式，用户通过在系统中逐级浏览分类目录、主题列表或关键词索引，逐步缩小范围，直至找到所需的具体资源。浏览适用于没有明确目标的用户，他们可以在浏览的过程中发现感兴趣的资源。现代数字图书馆通常会提供主题分类、热门资源推荐、最新更新等浏览方式帮助用户更快找到与其兴趣相关的资源。浏览的优势在于它能够为用户提供探索式的检索体验，使其在没有明确检索目标的情况下发现更多有价值的信息。

2. 利用网络检索工具

为了系统地管理和组织大量的网络信息，用户可以利用目录、元搜索引擎等各种网络检索工具进行有效的信息检索。网络检索工具具有智能性和准确性，它们能够根据用户输入的条件，快速筛选出相关的结果，有助于用户有针对性地检索具体的信息。网络检索工具通常包含高级检索功能，用户可以设定时间、来源、关键词组合等多个检索条件进一步精确检索范围。通过网络检索工具，用户可以在短时间内获得大量信息，特别是在面对海量数据时能够极大地提高检索效率。

3. 搜索引擎检索

搜索引擎是最常用的信息资源检索工具之一，它们允许用户通过关键词、短语或自然语言来进行检索。搜索引擎根据用户的检索要求在庞大的数据库中快速查找相关信息并反馈结果。搜索引擎检索具有操作简单、检索速度快、覆盖范围广等优点，特别适合需要快速获取最新信息资源的情况，搜索引擎强大的算法和庞大的索引数据库能够为用户提供丰富多样的检索结果。数字图书馆内部也可以通过定制化的搜索引擎来帮助用户快速检索馆藏资源，这种搜索引擎能够根据用户的查询内容提供个性化推荐，并根据检索结果的点击率、相关性等因素，自动优化结果排名。

4. 在线数据库查询

在线数据库查询对于需要获取具有学术性或专业性信息资源的用户来说是一种非常有效的检索方式。超星数字图书馆、万方数据库、中国维普科技期刊和中国知网等在线数据库提供了丰富的学术资源和专业资料，用户通过访问可以检索到大量的期刊文章、学术论文和电子书等，是进行深入研究的重要工具。用户还可以使用高级检索功能设定作者、出版时间、主题词等多个条件，精确找到所需的文献。在线数据库还会定期进行更新，方便用户获取最新的研究成果。

5. 智能检索算法

智能算法系统能够根据用户的检索历史、兴趣偏好等信息自动优化检索结果并进行个性化推荐，大大提高了检索的准确性，帮助用户发现潜在的有用信息。智能检索算法的核心是机器学习和自然语言处理技术，系统可以通过不断学习用户行为，不断优化自身的算法和推荐机制。

第三节　数字图书馆信息资源的组织与管理

随着数字图书馆信息资源的种类日益丰富、数量快速增长，如何通过科学的组织和管理方式，使得信息资源能够在广泛的用户群体中得到高效使用，成为数字图书馆管理者必须面对的重要课题。

一、数字图书馆信息资源的组织

（一）数字图书馆信息资源的组织方式

信息资源的组织是确保数字图书馆实现有效管理和用户访问的关键，信息资源的组织可以分为微观、中观、宏观三种方式，分别针对不同的操作层级和目标，它们共同构成了一个全面的信息资源管理体系。

微观组织方式关注的是最基本的数字信息直接处理与组织，主要涉及对单一信息资源的详细描述与分类管理，确保资源在最基础的层次上能够被准确存储和快速检索。微观层次的组织方式往往通过以下 6 个方面来体现。其一，元数据的使用。元数据在微观组织方式中扮演重要角色，它能够精确地描述每一个信息资源的具体属性。通过元数据，可以对信息资源的标题、作者、发布时间、关键词等重要信息进行标记和归类，有助于信息资源的存储和检索效率的提升。其二，分类与标签。通过合理的分类体系，信息资源可以被科学、系统地划分。标签是微观组织方式中常用的手段之一，它可以为每个资源打上多个标签，便于多维度检索和交叉引用。微观分类的核心是细化每一项资源的特征，以便用户能够在最短的时间内找到相关资源。其三，全文索引与字段检索。微观层次的组织方式往往涉及对资源文本的全文索引，通过将文档内容全部编入索引，用户可以通过检索任何关键词直接定位到资源的相关部分。微观组织方式还支持字段检索，如通过特定的字段（如作者、出版年等）进行精确检索。其四，文件形式。文件形式是最直观的组织形式，涉及将文本、图像等信息内容直接存储为电子文件。利用各种文件传输协议，用户可以轻松地访问、下载和管理 FTP、HTTP 等传输协议的文件，这些传输协议优化了文件的安全性和组织结构。其五，超媒体方式。超媒体结合了视频、音频、图像等内容，通过超文本链接方式组织，链接关联各种信息单元，从而构建成一个多维的信息网络，使用户能够通过点击链接来灵活地导航和访问相关信息。其六，数据库方式。数据库提供了一个结构化的方式来存储、管理和检索数据。数字图书馆中，数据库管理系统能够高效地处理大量的数据请求，支持复杂的查询，并保持数据的完整性和安全性。

中观组织方式更多地关注资源间的关系与结构，旨在建立起信息资源之间的有效连接与关联。中观组织方式并不仅限于单一资源的管理，而是强调资源集合和内容之间的逻辑联系。这种组织方式通常包括以下 3 个方面。一是主题组织。中观组织方式中的信息资源按照主题进行划分与关联，这使得信息资源在同一领域内得以集聚，并为用户提供更加直观的知识脉络。主题组织允许用户基于一个领域或学科进行深入探索，从而找到更多相关的资源。二是关联结构。通过建立资源间的关联结构，用户能够在访问一个资源时自动获取与之相关的其他资源。这种方式下，资源能够形成一个有机的整体，不再是独立的个体，用户在检索一个资源时可以同时获取该资源的上下文和相关背景信息。三是集成与聚合。数字图书馆中的期刊、图书、报告、研究数据等资源来源广泛，通过中观层次的组织，数字图书馆可以将不同来源的资源进行有效整合，使用户能够通过一个入口访问不同形式的资源。

宏观组织方式是一种面向未来的资源管理策略，它关注的是整体资源体系的构建与优化，涉及更高层级的资源管理策略和体系架构。宏观组织方式首先要做的是资源的全局规划。数字图书馆的资源体系并非孤立存在，而是与其他系统相互依存、相互作用。组织资源时，数字图书馆需要考虑不同类型资源的配比和整体架构，确保整个资源体系能够有序运作。随着新技术的出现以及用户需求的变化，数字图书馆的资源体系也需要进行动态调整。宏观组织方式的核心在于不断优化资源的配置，确保其能够在不断变化的环境中持续发挥作用。数字图书馆的资源不再是孤立的个体，而是广泛共享的知识网络的一部分。通过与其他图书馆、学术机构的合作，数字图书馆能够实现资源的共建共享，提升整体资源的利用效率，减少重复劳动，也为用户提供了更加丰富的资源选择。

（二）数字图书馆信息资源组织方式的动态调整与优化

随着信息资源数量和类型的不断增加，数字图书馆需要不断调整和优化其信息资源的组织方式，提升资源的检索效率和用户体验。资源的动态组织首先体现在资源更新的实时性上。随着新的学术成果、研究报告和数据不断生成，数字图书馆需要动态地调整其资源库，及时更新文献和相关资源，确保用户能够获取最新的知识。资源动态组织的关键在于构建自动化的资源更新机制，系统可以通过信息抓取、资源定期审核等手段，实时获取和整合最新的资源。针对过时的资源，系统也可以进行自动筛选和归档，将它们从日常检索中剔除或放入专门的历史数据库中，确保资源库的时效性和精确性。

数字图书馆的资源结构并不是固定的，而是需要根据用户需求、资源使用率等因素进行动态调整。通过对用户行为数据的分析，数字图书馆可以判断哪些资源是高频使用的，哪些资源需要进一步扩展和维护，从而进行有针对性的资源优化。通过人工智能和机器学习算法，数字图书馆可以根据用户的检索行为、浏览记录和兴趣偏好，自动优化资源的呈现方式。智能化的资源动态组织能够提高资源的检索效率，通过推荐算法主动推送相关资源给用户，帮助他们发现潜在的有用信息。例如，基于用户检索的主题词和阅读偏好，系统可以通过智能分析，推荐与之相关的资源，并根据用户的点击和反馈，进一步调整推荐结果。这种基于大数据分析的动态优化，使得资源的组织方式能够实时适应用户的变化需求，显著提升了资源的可用性和用户体验。

（三）数字图书馆信息资源组织的具体策略

数字图书馆在信息资源管理过程中，信息资源组织的策略对资源的获取率和利用效果具有直接影响，下面对数字图书馆信息资源组织的具体策略进行探讨（图 4-8）。

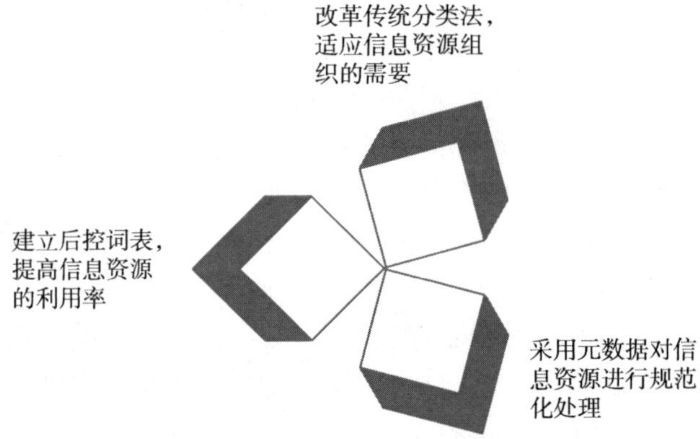

图 4-8　数字图书馆信息资源组织的具体策略

1. 改革传统分类法，适应信息资源组织的需要

杜威十进分类法、国际十进分类法、中国图书馆图书分类法等传统分类方法一般应用于纸质资源的管理。而数字图书馆中的信息资源种类繁多、更新速度快，这些传统分类法具有很大的局限性，并不适用于数字图书馆的信息资源管理，因此，必须对传统分类法进行改革，使其更好适应数字信息环境下的信息资源组织需求显得尤为重要。可以采用多维度的分类方式，为每个资源附加多个标签，如时间、地域、主题、内容形式等，形成兼具灵活性和复杂性的动态网络结构系统，帮助用户通过多种途径找到所需资源。人工智能技术的应用

为改革分类法提供了新的可能性，通过机器学习算法，数字图书馆可以对新生成的数据进行智能化分类，分析文献内容，自动识别主题、关键词等信息，将资源按需分配到相应的分类中。

传统分类法的改革要遵循 Dublin Core、MARC 等国际通用的标准化分类体系，确保数字图书馆自身的资源能够与国际数字图书馆平台互通，这有助于资源的跨平台共享，提升资源的国际影响力。标准化分类体系的应用可以确保不同平台的资源能够通过统一的标准进行描述和分类，避免资源在跨平台使用时出现兼容性问题。

2. 建立后控词表，提高信息资源的利用率

在组织网络信息的过程中由于检索词的非标准化，即使是控制好的数据库字段寻找同义词或近义词也非常困难，后控词表的引入可以有效地解决这一问题。后控词表是一种辅助检索的词表，通过对信息资源进行二次标引，帮助用户提高检索的准确性和效率。后控词表类似于传统的权威词表，不直接用于标引，而是控制用于文献检索的自然语言词汇，建立词汇间的等同、等级和相关关系，使得用户能通过任意同义词检索匹配所有相关同义词来精确找到所需信息，提升了检索的实用性和准确性。后控词表是自然语言与规范语言结合的理想形式，要积极研究它在组织信息过程中的应用。

现代学术研究中，跨学科领域的研究不断增加，单一学科领域的词表已无法满足这些信息资源的标引需求。后控词表的灵活性使其能够整合来自不同学科的关键词，帮助用户在跨学科研究中更加便捷地找到相关资源。例如，在生物信息学这样的交叉学科中，数字图书馆可以将“生物学”和“计算机科学”的关键词结合到一起，使得用户能够在检索时通过多个维度获取全面的信息。

3. 采用元数据对信息资源进行规范化处理

元数据在信息资源的组织中具有关键作用，它为资源提供了结构化描述，还为资源的检索、管理、存储等环节提供了标准化支持。采用元数据对信息资源进行规范处理的主要目的是实现资源的标准化描述，通过采用国际通用的元数据标准如 Dublin Core、MODS、METS 等，数字图书馆能够提升资源在不同系统之间的互操作性，方便资源在多平台上的共享利用，提高信息资源的检索效率。元数据可以对信息资源的内容摘要、关键词、格式类型等进行更为细致的内容描述，提供多层次的丰富检索结果，满足不同层次用户的需求。

元数据的生成方式通常分为自动生成和手动编辑两种方式。自动生成技术主要用于快速处理大规模数据，提取基本的元数据字段，适用于初步的信息处理。而手动编辑则可以对自动生成的元数据进行补充和修正，确保数据的准确性和完整性。数字资源不是一成不变的，而是不断动态发展的，因此，元数据管理系统必须具备动态更新的能力。数字图书馆通过建立元数据管理平台，能够定期对资源及其元数据进行检查和更新，确保元数据始终与资源的实际情况相符，及时处理资源的变动情况，保证用户在检索时获取的都是最新、最准确的资源。

二、数字图书馆信息资源的管理

（一）数字图书馆信息资源管理的理论核心

数字图书馆的具体管理需要从人文、技术、经济学 3 种理论视角出发，为自身信息资源的管理提供多维度的理解和支持，帮助管理层制定更科学的策略，提升信息资源的管理效果和可持续性。

人文视角的理论核心更多关注信息资源如何能够更好地服务于用户的学习、研究和知识拓展需求，主张数字图书馆信息资源的管理立足于满足用户的当下需求和长远发展。通过设计用户友好的检索界面和提供便捷的信息获取途径，确保资源的最大化利用。人文视角的理论核心还涉及信息资源的可及性和平等性，即确保所有用户均能够公平、便捷地获取资源。资源的管理服务对象涵盖普通用户、学生和其他社会成员，要以“以人为本”为核心，重视用户体验、情感需求以及对信息的可获得性，这要求管理层在设计资源访问方式、优化用户界面和完善检索系统时，将用户需求放在首位，以提高用户的满意度和使用频率。人文视角的理论核心强调对用户反馈的重视，通过分析用户在使用过程中提出的意见和建议，管理层可以不断改进信息资源的组织方式、检索模式以及更新频率，使数字图书馆能够更好地满足用户的需求，推动资源管理的全面性发展，促进资源的有效利用和知识传播。

从技术视角来看，随着信息技术的不断进步，数字图书馆的信息资源管理逐渐从传统的手工分类和检索转向自动化、智能化，技术的革新大大提高了管理效率，扩大了资源的覆盖面，使用户可以快速、准确地获取所需信息。信息资源的采集、处理和存储等环节均依赖先进的技术手段。云计算、大数据分析和人工智能等技术的应用，使数字图书馆能够更高效地处理海量数据，为用户提供更加精准的服务。技术手段的运用还可以通过优化检索算法、提高数据压缩效率和增加存储容量，来提升资源管理的整体性能。随着数字化进程的加速，信息资源的安全风险也逐渐增大。在管理过程中，数字图书馆需要采取多种技术手段，以确保资源的安全。例如，采取防火墙、加密技术等手段来防止数据泄露；定期进行数据备份，确保在发生突发事件时能够快速恢复资源。此外，技术视角还关注到用户隐私的保护，数字图书馆在收集用户数据和行为信息时，必须遵守相关的法律法规，以保证用户的隐私不受侵犯。

在经济学视角的理论核心中，资源的配置应遵循成本效益原则，通过合理分配资源和控制开支来实现效益最大化。数字图书馆需要对资源进行有效的成本管理，以减少不必要的开支。例如，资源采集过程中，管理层需要考虑资源的使用频率和用户需求，以避免重复和低效的资源配置；存储资源时，数字图书馆可以采取云存储等成本较低的技术手段，以减少硬件设施的投入；通过定期评估资源的使用情况，数字图书馆可以对资源进行重新配置，将低效的资源转移到更有需求的领域，以实现资源的优化利用。经济学视角还强调资源管理中的“机会成本”概念，即在资源的选择和配置过程中，管理层需要考虑每种选择的潜在收益和机会损失。经济学视角的理论核心为信息资源的配置和管理提供了科学的指导，通过成本效益分析、机会成本评估和共享经济模式的应用，数字图书馆可以在有限的信息资源条件下，实现信息资源的最大化利用，为用户提供更加丰富、便捷的信息资源服务。

（二）数字图书馆信息资源管理的具体策略

在数字图书馆的具体管理中，信息资源的有效管理是确保服务质量和资源利用效率的关键。具体策略包括以下方面（图 4－9）。

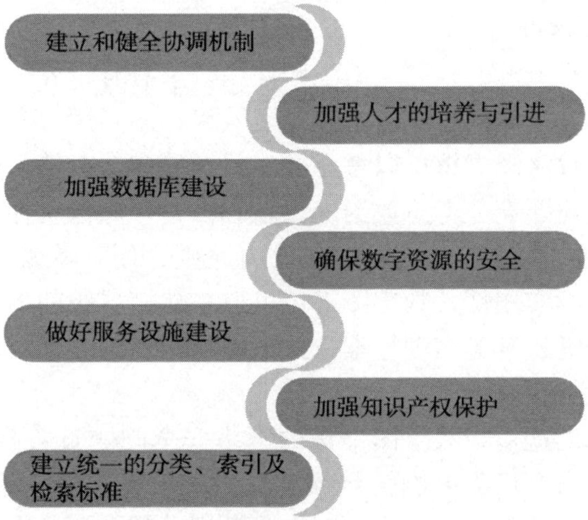

图 4－9　数字图书馆信息资源管理的具体策略

1. 建立和健全协调机制

数字图书馆在信息资源管理过程中，采编、技术支持、用户服务等不同部门需要建立有序的协调机制，确保信息资源管理以及服务工作的顺利开展。协调机制能够避免资源的重复投入，使资源的流转更加顺畅，有助于管理层及时了解资源配置状况，为优化资源配置提供依据。协调机制的建设涉及决策层、执行层和技术支持层的紧密合作，通过定期会议和实时沟通，数字图书馆可以保证各个部门之间的信息同步。决策层能够获取准确的资源管理反馈信息，调整资源配置策略；执行层在实施资源管理的过程中能够根据用户需求动态调整服务方式，满足用户的个性化需求；技术支持层能及时发现资源管理过程中存在的技术问题，快速响应并解决，确保服务不中断。

2. 加强人才的培养与引进

数字图书馆需要具备信息资源管理、数据分析和技术支持等多方面能力的人才，通过持续的专业培训和引进高素质人才，数字图书馆可以大大提升信息资源管理团队的专业化水平，以更好地应对复杂的数据处理和资源管理任务。

人才的培养可以从多个方面进行。一是技能培训，通过定期举办专题研讨会、参加行业交流活动等方式，使现有员工能够持续了解最新的信息资源管理技术和方法。二是鼓励员工通过进修或参加专业资格考试，提升专业素质。三是引进高素质人才尤其是具备信息资源管理、数据科学和网络安全等专业背景的人才，完善数字图书馆的知识结构。专业人才能够提高信息资源管理的效率，在技术创新和服务优化方面提供新思路。由于信息资源管理具有一定的专业性和特殊性，数字图书馆可以与高校和科研机构开展广泛合作，通过设立研究项目、实习计划等方式吸引年轻人才的加入，保持团队的活力。

3. 加强数据库建设

数据库的建设对资源的存储、组织和使用效果具有重要影响，科学合理的数据库建设能够提升资源的存储效率和检索效果，满足用户多元化的需求。数据存储方案方面，数字图书馆可以考虑分布式存储和云存储，以应对数据量的增长。数据库建设还要充分考虑数据的更新和维护，确保所存数据的准确性和时效性。数据结构的设计应该以简洁高效为原则，便于检索系统进行快速反应。为提升数据库的实用性，数字图书馆可以搭建多层级的信息检索系统，支持关键词检索、分类检索等多种检索方式，满足用户的多样需求。

4. 确保数字资源的安全

随着信息技术的进步，数字图书馆的网络安全问题日益凸显。数据泄露、信息篡改和网络攻击等风险可能会导致资源遭受损失，用户隐私泄露，因此，数字图书馆在信息资源管理过程中应当高度重视数字资源的安全问题。为了确保资源的安全，数字图书馆可以采取建设防火墙、数据加密、定期备份等多层次的安全防护措施，以有效防止外部攻击。数字图书馆还需制定完善的应急预案，通过建立快速响应机制，以便在发生信息安全事件时能够迅速采取措施，将损失降到最低。

5. 做好服务设施建设

信息资源的管理水平和用户服务的质量高度相关，为了确保用户在使用信息资源时的便捷性和舒适性，数字图书馆需要做好服务设施建设。服务设施建设中，数字图书馆需要考虑多方面因素，例如，硬件设施的更新换代，确保系统运行流畅，使用户可以快速获取信息；增加自助检索、自助打印等自助服务设施，增强用户的自主性；重视环境优化，为用户提供良好的阅读和学习氛围。

6. 加强知识产权保护

使用未经授权的资源可能导致出现法律风险，数字图书馆作为信息资源的管理平台负有确保资源合法使用的责任，在信息资源的管理过程中应该严格遵守知识产权法规，以确保资源具有合法性。知识产权保护包括授权管理、版权保护和用户教育等方面。授权管理要求数字图书馆在采购和共享信息资源时，确保已获得相应授权，避免侵权问题的发生；版权保护则要求数字图书馆在资源数字化过程中采取必要的技术措施，防止资源的非法复制和传播；通过用户教育，数字图书馆可以增强用户的版权意识，减少资源的非法使用，建立良好的学术和研究氛围，推动知识的合法流通。

7. 建立统一的分类、索引及检索标准

数字图书馆统一的分类、索引及检索标准的建立，可以使不同资源有序排列，能够提高信息资源的管理效率，便于用户快速找到所需资源。标准的制定要求数字图书馆在结合自身资源特点的基础上，广泛借鉴国内外通用的各类标准，确保资源的检索一致性和准确性，使用户能够通过关键词快速定位到目标资源。建立统一的分类、索引及检索标准，既是信息资源管理的策略之一，也是信息资源管理体系优化的必经之路，能够有效提升数字图书馆信息资源的检索效率，还可以确保不同数据库、系统和平台间的信息互通和共享，为用户提供更优质的服务体验。

第五章　数字图书馆特色资源建设

第一节　数字图书馆特色资源概述

一、数字图书馆特色资源的定义

数字图书馆的特色资源指在内容、形式或功能上具有独特性或稀缺性的资源，这些资源通常具有明确的主题，能够满足特定用户群体的需求，具备长期的保存和利用价值。特色资源是数字图书馆资源体系中不可分割的一部分，丰富了数字图书馆的资源构成，是数字图书馆具有核心竞争力的资产。数字图书馆的特色资源不再是以实体资源为主的传统馆藏，而是历史档案、非物质文化遗产、珍稀的地方文献等经过数字化加工后的集合体。通过数字化加工的方式，数字图书馆的特色资源能够在更广阔的空间传播，具备跨地域、跨文化的传播力。

特色资源具有独特性和稀缺性的特点，在数字图书馆中具有不可替代的地位，它们能够反映数字图书馆在某一特定领域的资源优势，为学术研究和公共教育提供不可或缺的信息支持。随着信息技术的发展，特色资源在形式和内容方面都呈现出多样化的特点，经过资源的深度整合和组织，特色资源能以多种形式呈现给用户，进一步提升了使用的便利性。对于用户而言，便捷、丰富的特色资源能够拓宽知识获取的渠道，提升用户的信息获取体验。

二、数字图书馆特色资源的类型

数字图书馆特色资源的类型多样，主要包括学术特色资源、文化遗产资源、地方文献资源、多媒体特色资源等。

（一）学术特色资源

学术特色资源专注于高深的知识领域，涵盖学术论文、科研报告、专利文献等内容，为学术研究提供优质的信息支持和知识背景。与普通信息资源不同，学术特色资源具有高度的专业性和学术价值，能够为研究人员和学生提供全面的学术支持。数字图书馆通过收集和整理不易获得的少数民族语言资料、各类学术会议论文集以及特殊领域的科研文献等学术资源，能够为用户提供高质量、具有深度的知识内容。

经过层次化分类、语义标注等方式的数字化处理，用户可以按照主题、领域、作者等检索方式便捷地找到所需学术特色资源。学术特色资源的数字化使得数字图书馆成为知识汇聚的枢纽，全球的用户都能够随时访问，大大提升了资源的利用率，降低了知识传播的成本。

（二）文化遗产资源

数字图书馆的文化遗产资源主要包括非物质文化遗产、历史文献、传统艺术等方面的数字化资料，这些资源经过数字化处理，保存了独特的民族传统和文化符号，为数字图书馆增添了深厚的历史和人文底蕴。当今全球化进程加快，文化遗产资源面临着不同程度的消失风险，数字图书馆通过收集和数字化这些宝贵的文化遗产资源，赋予它们新的生命力，确保了这些资源得以延续。数字图书馆的文化遗产资源涵盖了图像、音频、视频等多种形式，使得文化的保存和传播形式更为丰富，用户能够更为直观地感受历史文化的细节。数字化的文化遗产资源突破了时间和空间的限制，为学者、学生和普通用户提供了便捷的文化认知路径，能够增进人们对历史和传统的认同和理解。

（三）地方文献资源

地方文献资源是数字图书馆中极具区域特色的资源类型，其内容涵盖地方志、族谱、风俗记载等文献资料，往往与特定的地理区域和文化背景密切相关。地方文献资源主要记录不同地区的风土人情和社会发展脉络，展示了特定地理区域内的历史发展和文化演变，为研究地方历史、文化差异提供了丰富的素材，对研究者和普通用户都有很高的参考价值。数字图书馆通过地方文献资源的整理和展现，能够使这些区域性资源得到很好地保护和利用，推动区域知识的传播和不同文化的交流融合。用户可以通过访问这些资源，深入了解各地的历史和文化特色，进而构建起多元文化的认知体系。地方文献资源的数字化保留了珍贵的原始历史信息，提升了其可读性和查询的便捷性，方便了地方文化的传承和传播，对地方性研究和文化建设具有深远意义。

（四）多媒体特色资源

多媒体特色资源指的是通过图像、音频、视频等多种媒体形式呈现的图片集、纪录片、互动地图等资料。与传统文本资源相比，多媒体特色资源增强了内容的表现力，使得信息传递更加生动，极大丰富了用户的知识获取体验。除了普通的信息传递，多媒体特色资源还被广泛应用于文化展示、历史教育和科学普及等场景。通过多媒体特色资源，用户能够拥有更为直观的学习体验，更加深刻地理解复杂的文化和知识内容。数字图书馆中的多媒体特色资源支持跨平台展示，使得用户能够在不同设备上无缝访问，提升了资源访问的灵活性和便捷性。虚拟现实和增强现实技术的应用也使得用户的多媒体特色资源体验更具沉浸感。例如，通过虚拟重建的历史场景或文化风俗演示，用户能够亲身体验不同地域的文化传统，扩展了数字图书馆的功能和影响力。

三、数字图书馆特色资源的特征

数字图书馆的特色资源具备独有的特征，这些特征赋予了资源极高的学术和应用价值，形成了其独具竞争力的服务优势。

（一）主题独特性

特色资源不同于一般性或综合性的资源，它往往集中在某一特定主题或领域，通过围绕特定主题的深入挖掘和整理，特色资源为用户提供高质量、富有深度的知识内容，以满足特定的学科、行业或人群的需求。通过将资源主题细化，数字图书馆能够为用户提供针对性强、内容深度高的信息支持。例如，文化研究领域的特色资源主要包括某个民族或区域的民间故事、风俗习惯或地方文献等，具有较强的针对性和研究价值。独特的主题能够帮助用户集中获取资源，便于资源的精准管理和归类，这样的配置方式对实现数字图书馆资源的精细化服务和提升用户体验大有帮助，也使得特色资源的学术价值和社会影响力得以充分展现。

数字图书馆在主题选择上往往会经过周密策划，结合区域特点、用户需求以及学术研究的热点，确保主题在社会、教育和文化等方面具备深刻的实际意义。许多特色资源除了涵盖通用知识，还展示了特定领域的专业化内容，资源的独特主题使得数字图书馆的内容具有高度的专业性和研究性。主题的独特性在学术研究领域尤为重要，用户能够借助这些资源进行深入的研究与探索，逐步推进学科的进步和跨界发展。独特性主题的资源构建往往不拘泥于单一学科领域，而是结合多学科视角提供多元化的内容。例如，在整理某一特定历史时期的资料时，所选资料可以涵盖该时期的政治、经济、文化等多个领域，使用户能够在一次检索中接触到多维度的信息。通过将多学科的资源集合在统一主题下进行展示，主题独特性进一步提升了资源的全面性和知识层次，满足了用户对跨学科、多角度资料的需求。

数字图书馆的特色资源库中，相关资源的编排往往是围绕主题展开的，按照时间顺序、内容类别或地理位置等分类标准进行排列，这使资源更具脉络清晰的特质。用户在浏览过程中能够体验到流畅的逻辑线索和明确的知识层次结构，对主题的整体脉络产生更加深入的理解，有助于他们快速获取所需的信息并进行深度研究。

（二）地域性和稀缺性

许多特色资源承载了特定区域或文化背景下的知识和信息，是对一个地方独特的历史、文化、传统、语言等内容的记录，具有极强的地域性特征。特色资源与所在地域的独特性高度契合，能够成为展示地方文化、风俗和历史的窗口，向用户呈现丰富而独特的地方资源。数字图书馆不但对这些地方文化资源进行了记录和保存，也为这些资源的传播提供了重要平台，通过对地方文献、历史遗迹图片、地方艺术作品等的数字化处理和展示，数字图书馆能够将地域特有的文化内容呈现给全球用户。许多资源因为其与地方文化密切相关，且具有历史性和不可复制性，使其在数字图书馆中具有稀缺价值。数字图书馆中具有地域性的特色资源不但能够吸引本地用户，也对其他地区的用户产生了学术研究或文化探索的吸引力，使不同地域之间的信息共享和文化交流更加便捷。

数字图书馆特色资源的稀缺性主要表现在资源的独特价值上，某些资源因其来源的独特性和存量的稀缺性，使其在内容上具有不可替代的地位。地方志、古籍手稿、民俗影像等地域性资源，可能在其他图书馆中无法获取，这也赋予了数字图书馆重要的文化保留功能。稀缺资源的存在为学术研究、历史研究等领域提供了独特而宝贵的材料，确保了某些文化资源在数字化进程中的完整保存。这些稀缺资源在其他地区可能不易获得，数字图书馆的存在使得这些资料得以更广泛传播，提升了数字图书馆的社会影响力。稀缺性使得这些地域性内容在信息服务中尤为重要，弥足珍贵，并且经过数字化处理后，这些稀缺资源得以长久保存，为学者和研究者提供不可替代的信息支持。

（三）时效性和连续性

时效性体现在资源内容能否反映最新的发展动态，从而为用户提供实时的学科进展和研究成果，帮助他们紧跟行业和领域的变化。例如，数字图书馆在科学技术类资源方面通常聚焦最新的研究成果、实验报告和数据资料，以确保用户能够获得最具时效性的资源。较强的时效性能够提升资源的实用性，为学术研究提供及时支持。连续性则体现在资源的动态更新和长期保存上。数字图书馆通过资源的更新和存档为用户提供持续的服务。例如，数字图书馆对地方历史文献、政府工作报告和学术研究成果进行长期收集和整理，为用户呈现了一幅完整的知识图景。通过这些具有连续性的资源，数字图书馆保存了信息的历史轨迹，展示了学科和社会发展的脉络，为未来的学术研究奠定了数据基础。资源的连续性使得用户能够在动态变化中掌握更为系统的学科知识，为深度学习和综合研究提供了支撑。

特色资源的收藏应当具有一定的历史深度，即从资源开始收集的那一天起，就持续不断地进行，使资源具有一定的系统性和完整性。这种时间的延续既保证了资源的连续性，也增加了资源的历史价值，使其能够反映和记录时间的变迁和社会的发展。

（四）高度的数字化便利性

数字图书馆的特色资源经过数字化处理后更易于存储，并且支持文字、图像、音频、视频等丰富的多媒体形式，用户能够通过不同的载体和终端访问这些资源，灵活度极高。高度的数字化大大提升了数字图书馆特色资源的便利性，它支持数字图书馆对特色资源进行多层次分类，使之形成更具结构化和层次感的知识框架，为用户提供丰富且便捷的个性化服务。用户能够在不同情境下通过多种途径获得知识，并根据自身需求进行下载、标记和保存，构建个性化的知识数据库。数字图书馆通过数字化手段能够有效地管理和更新资源，在数据安全和存储成本上获得显著提升，为资源的长期管理提供了保障。数字化特征赋予数字图书馆特色资源更广泛的传播渠道和更便捷的利用方式，确保了知识的普及和学术资源的优化配置。

在数字化的技术支撑下，数字图书馆可以实现高效的数据管理，进行自动化的存储和更新，并借助自动化工具对资源进行维护，还可以对资源进行复制和备份以应对潜在的风险并保障数据安全。资源的高效存取能力增强了用户与数字图书馆之间的互动，支持快速的信息交流和反馈，为数字图书馆进一步改进服务质量奠定基础。数字化还推动了数字图书馆特色资源的可视化，数字图书馆可以使用虚拟现实、增强现实等技术手段将这些资源以三维图像、动态视频的方式呈现，使用户获得更深层次的交互体验。特色资源的高数字化程度使得数字图书馆能够通过智能分析技术为用户提供精准的资源推荐服务，进一步优化资源的配置，最大化满足用户需求。

（五）关联性

关联性指的是不同资源在内容、主题、时间等方面的相关性，用户可以在检索一个主题的资源时，同时获取相关领域的资源。关联性有助于数字图书馆拓宽用户的知识结构，满足用户在某一领域内的深度研究需求。数字图书馆特色资源在结构上具有高度的关联性，能够通过知识关联网络和知识图谱等技术，构建信息之间的有机联系。例如，学术资源可以与地方文献、文化遗产资源产生深层次的联系，从而呈现不同资源之间的交叉与融合。数字图书馆通过具有关联性且多样化的资源管理，为用户提供了全方位的信息支持，使用户能够从多角度理解和分析问题。资源的关联性为用户的知识获取提供了立体化的支持，帮助他们发掘知识的不同层次，提升了数字图书馆在知识整合和传播中的影响力。

数字图书馆通过对资源进行标签分类、主题聚类，使不同类别的资源形成清晰的关联网络，结构化的资源关系可以帮助用户更快找到与其需求相关的其他信息，而不需依赖大量的手动筛选过程。通过语义分析、知识图谱等技术的支持，数字图书馆可以建立复杂的信息关联网络，使得用户不仅可以获得直接所需的资料，还可以发现与之关联的知识扩展内容。关联性还表现为时间上的延续性。用户在查找一项资源时，系统可以根据资源的发布顺序、更新频率等，提供从过去到现在的发展脉络，以帮助用户了解某一主题的发展趋势。通过信息串联，有助于用户把握当前知识动态和预判未来研究方向。关联性特征还体现在跨学科的资源整合上，用户在检索一个学科主题时，数字图书馆系统可以智能地推荐相关学科的资源，使知识在更广的学科范围内流通，推动学术创新。

四、数字图书馆特色资源的价值

特色资源极大丰富了数字图书馆的服务，成为促进学术交流和文化传播的重要媒介，具有重要的价值。

（一）支持学术研究与创新

数字图书馆拥有各类主题、学科、年代的珍贵资源，能够满足学术界多层次的需求。通过数字化的方式，研究人员能够快速查阅、比对和分析来自不同领域的资源，推动多学科交叉研究的发展。特色资源以其稀缺性和独特性使得学术研究能够深入探索历史、文化、科学等专属领域，挖掘资源中隐藏的价值，发现新的知识点和研究角度。数字图书馆还提供了便捷的访问平台，通过高效的数据处理工具，研究人员可以更轻松地掌握资源，为学术创新奠定基础。

数字图书馆特色资源的精准定位和灵活的检索方式，能够帮助研究人员在短时间内获得海量资源，避免了传统图书馆的时空限制。数字化资源能够呈现动态内容，研究人员可以基于现有的资源开展实时的数据分析和模拟实验。特别是那些包含学科前沿动态和研究成果的资源，使得学术研究可以快速跟踪最新进展，有效推动学科领域内的学术对话，为科研创新提供了动态、全面的知识支持平台。通过数字平台，研究人员还能够获取来自世界各地的研究成果，增进了学术思想的交流与共享。数字图书馆特色资源的全球开放性使得各地研究人员能够跨越地理限制，便捷地获取资源，进行合作与交流。丰富的文献资源和学术数据库为不同背景的研究人员提供了广泛的知识支撑，有利于国际学术交流的深化，提升学术研究的广度和深度。

（二）促进文化保护与传承

数字图书馆的特色资源中包含了大量的文化遗产和历史文献，这些内容在文化保护与传承方面扮演着重要角色。通过数字化处理，数字图书馆得以将一些珍贵的历史文献、传统艺术资源和地域文化资源保存下来，为社会提供了重要的文化记忆载体。文化遗产资源包含了丰富的社会价值，数字图书馆通过对文化遗产资源进行系统化的数字化加工和归档，提供了多种呈现方式，用户通过这些资源能够更直观地了解文化发展的历史脉络以及不同地域的文化风貌。图像、音频、视频等多种形式的数字资源能使文化遗产的丰富性得以最大限度地体现出来，使文化保护超越了文字和图像的范畴，为文化多样性提供了新的发展空间。数字图书馆的数字资源还为相关的文化研究提供了基础支撑，为研究人员提供了直接而便捷的资源获取方式。通过系统地归档、分类和标注，研究人员可以方便地查阅、分析和解读这些资源，形成对特定文化主题的深入研究。

（三）实现知识普及与教育推广

借助数字化的优势，数字图书馆的特色资源可以转化为更具包容性、灵活性和普及性的内容，使各种教育资源不再局限于特定的时空范围，面向更广泛的受众。数字图书馆能够通过音频、视频、交互式媒体等多种方式打破传统图书馆资源的物理束缚，让知识的获取途径多样化，形成更具普及性的教育资源网络，使知识得以覆盖更多人群，特别是那些在地理上或经济上获取教育资源较为困难的群体。学生可以借助数字图书馆学习和研究，获取与学科相关的知识；普通读者可以利用文化特色资源来了解历史文化，实现自主学习……通过这种方式，数字图书馆的特色资源能够实现知识普及与教育推广的价值。一方面，数字图书馆的特色资源为大众提供了便捷的知识获取方式，方便文化的传播和知识的普及。大众通过对特色资源的深入学习和研究，能够进一步激发文化兴趣和探索热情。另一方面，特色资源的广泛应用，能够为社会提供持续的教育支持，推动社会整体知识水平的提升和产生深远的教育效果。

数字图书馆的特色资源为个性化学习提供了丰富的内容选择，基础教育阶段、专业学习阶段、终身教育阶段的不同人群都能找到适合的资源。通过建立完善的资源分类和检索系统，学习者能够快速找到所需的资料，进行有针对性的学习。自主选择和深度学习的模式有助于激发学习者的兴趣和探索精神，使知识普及与教育推广不再是单一化的灌输，而是形成了互动和启发的双向机制。数字图书馆特色资源的多样性还增强了学习者对特定主题的深入学习，特别是对于历史、文化、科学等方面的内容。数字图书馆以系统化的知识框架帮助学习者进行全面的探索和理解，例如，在学习者学习一门学科或研究某个课题时，数字图书馆可以提供独特的资源，丰富学习内容，提升学习的深度，使学习者形成更为立体的知识结构。数字图书馆还注重与教育机构和社会资源的结合，通过与学校、科研机构等展开合作，共同设计和推广知识普及项目，进一步提升了教育推广的深度和广度。

第二节　数字图书馆特色资源的保存与利用

数字图书馆的特色资源是宝贵的知识财富，也是学术研究和文化传播的重要载体，需要采取有效的手段，确保这些资源能够在数字信息环境中得到长期的保存和很好的利用。

一、数字图书馆特色资源的保存

（一）数字图书馆特色资源的保存原则

数字图书馆特色资源的保存是非常复杂的，必须综合考虑这些资源的性质、用户的需求、技术的可行性等多个方面。综合来说，数字图书馆特色资源的保存需要遵循以下原则。

1. 针对性原则

数字图书馆特色资源的保存需要遵循针对性原则，结合具体的情况来进行选择。针对性原则强调要面向数字图书馆的特色和用户需求，有重点、有选择地进行资源保存。不求大而全而是要求精，形成自身特色，如针对特定学科、主题或文化特色的资源进行系统收集和保存。古籍善本、珍稀文献、地方特色资料等不同类型的特色资源，具有其独特的保存要求，数字图书馆制定保存策略时必须充分考虑这些资源的特性，采取有针对性的保存措施。例如，对于古籍善本来说，可能需要采用特殊的存储环境和保护技术，以确保其物理形态的完整和信息的可读；对于珍稀文献，可能需要加强数字化处理，以扩大其传播范围和影响力。针对性原则还强调数字图书馆在特色资源的保存过程中的资源更新和补充。随着时代的进步和知识的更新，特色资源的内涵和外延也在不断变化，数字图书馆必须紧跟时代步伐，及时更新和补充特色资源，确保其始终保持活力和吸引力。

2. 科学性原则

科学性原则首先体现在对先进技术的采用上。随着信息技术的日新月异，数字图书馆必须紧跟时代步伐，运用最新的存储、备份及恢复技术，为特色资源构建起一道坚实的保护屏障。先进技术的采用能够提升特色资源保存的安全性与稳定性，降低了因技术过时带来的潜在风险。数字图书馆的特色资源涵盖多个学科和领域，范围广泛，科学性原则还强调对这些资源进行合理分类和精细化管理，增强特色资源的条理性和可检索性。通过对特色资源的科学分类和有序排列，能够提升用户体验，使用户快速找到所需要的资源。

3. 可靠性原则

可靠性原则强调数字图书馆在资源采集阶段需要对资源进行严格的筛选与审核，确保所收录的内容准确无误，避免虚假或错误资源流入。具体采集过程中详尽的元数据描述能够帮助用户快速定位所需资源，还能在资源发生变化或迁移时提供必要的追踪信息，保障资源的连续性和一致性。在资源利用环节，遵循可靠性原则同样十分重要。数字图书馆应提供稳定、高效的访问服务，确保用户能够随时随地、无障碍地获取所需资源。这要求数字图书馆不断优化访问接口，提升系统响应速度，同时根据用户反馈及时调整服务策略，以满足用户的多样化需求。还要加强与其他图书馆等机构的合作，实现资源的共享与互通，也是提升服务可靠性、扩大资源覆盖范围的有效途径。

4. 经济性原则

经济性原则强调平衡数字图书馆资源保存的成本和效益，确保在有限的条件下，实现资源保存的价值最大化。数字图书馆应充分利用现有的技术条件，采用高效、节能的存储设备和方案，降低能源消耗和运维成本。还要加强资源的整合与共享，减少重复建设，提高资源的使用效率。经济性原则还体现在资源的长期利用和可持续发展上。数字图书馆应该加强对资源生命的周期的管理，合理规划资源的更新与淘汰计划，确保资源在保持新颖性和实用性的同时不会因过度更新而造成浪费。另外，数字图书馆要加强与出版商、数据提供商等合作伙伴的沟通与协商，争取更多的优惠政策和资源支持，为自身的可持续发展奠定坚实基础。

（二）数字图书馆特色资源保存的关键技术

特色资源的保存技术是数字图书馆稳定运行的基础。数字图书馆的特色资源需要结合其特色性质进行定制化保存，还要依赖数字技术的支撑。下面是数字图书馆特色资源保存中用到的 8 项关键技术。

1. 数据迁移技术

数字图书馆中的特色资源，其内容和数据格式具有一定的特殊性，数据迁移技术能够将数字资源从旧的软硬件环境转移到新环境，以保持资源的可识别性、可使用性与可检索性，便于其长期保存。比如较早期的数字资源可能存储在已不再流行的介质中，数字迁移技术通过将这些资源转换为新格式，确保其能够在当前的系统环境下得到访问与使用，从而减少因硬件或软件更新带来的访问障碍。具体操作中，数字迁移技术涵盖格式转换、介质更替等内容。格式转换确保了资源的可访问性，尤其对于视频、音频及图像等资源形式，通过保持通用格式适应未来环境能够使资源在不失真的情况下实现长久保存；介质更替则通过将资源从过时的存储设备迁移到新设备，保障硬件更新的兼容性与数据读取的便捷性。

2. 数据仿真技术

数据仿真技术的核心在于通过虚拟化技术创建出类似原有系统环境的运行环境，确保在原系统硬件或软件不再支持的情况下，资源仍然可以被访问。特色资源的保存中，数据仿真技术是应对技术变迁、保障历史数据访问的有效方法，不依赖现有平台和格式，可以详细复现数字对象的原始操作环境。许多文化类、学术类的特色资源存在于特定的软件环境中，随着软件升级，早期的环境和工具可能已不再兼容，而数据仿真技术可以复原出最初的运行环境，避免资源在软件更新中的遗失。数据仿真技术在特色资源方面应用广泛，尤其是需要在特定格式或操作系统中运行的数据文件。通过虚拟环境，数字图书馆可以保留特色资源的原有展现方式，令其在当前系统中“重现”原有状态，从而保持特色资源的完整性和可用性。特别对于研究者来说，数据仿真技术使得他们能够在不受制于技术升级的情况下体验到特色资源的原貌，有效提升特色资源的研究价值。

3. 身份识别技术

身份识别技术用于确认用户或终端的身份，通常通过分配数字或字符的通行证实现，只有合法用户或终端才能访问系统。身份识别技术可以通过认证机制严格控制资源访问权限，防止未授权访问，确保特色资源的安全并有效保护用户数据。身份识别技术包括密码、数字证书、生物识别等多种认知方式，确保仅有授权用户或终端才能访问特定资源，为资源的个性化服务和数据追踪提供了基础。

4. 多格式封装技术

数字图书馆的特色资源包括文本、图像、音频、视频等多种类型，多格式封装技术能够将不同格式的特色资源整合在一起，确保特色资源在不同设备和平台上的兼容性。无论是桌面系统、移动设备，还是特定领域的研究终端，多格式封装技术都能确保资源的展示效果一致。存储和管理层面利用多格式封装技术，使特色资源能够根据需求自动适配不同环境，并保证资源在读取过程中的稳定性，也为后续的资源更新和维护提供了极大的便利。

5. 数据备份与恢复技术

特色资源的数据备份是防范意外丢失的必要手段，也可以确保特色资源在数据损坏或系统崩溃后可恢复。数字图书馆采用数据备份与恢复技术，能够在多种情况发生时快速进行数据还原，避免特色资源的永久损失。数据备份技术通常包含定期备份、异地备份及云备份等方式，确保任何情况下数据都有备份版本。数据恢复技术则在数据意外丢失或损坏时发挥作用，通过完整的数据恢复机制，数字图书馆能够迅速将资源恢复至备份状态。数据备份与恢复技术极大提高了数字图书馆资源管理的安全性，保证资源在灾难发生后仍然完整可用，为资源的高安全性和低风险保存提供了有效支撑。

6. 数据转换技术

数据转换涉及格式、程序、字符编码、媒体、操作系统及硬件系统等多种类型的转换。数据转换使用通用的数据库管理系统或采用专门开发的转换软件，数据转换技术的关键在于保持数据的准确性和可用性，成功的数据转换需要精确选择时机和格式标准，保证特色资源的完整性和持续可用性。

7. 数字图形输入板技术

数字图形输入板技术是一种高成本但高效的资源保存方法。它能保存软件和硬件环境，降低迁移成本。此技术特别适用于保存重要的政府文档或艺术作品，因为它可以在设备上直接显示信息，并执行原处理器软件。虽然成本高，但对于需要长期、安全保存的珍贵资源非常合适。

8. 数据更新技术

数据更新技术通过复制将数据从旧存储介质转移到新存储介质，以降低存储介质质量恶化对数据的影响。这种技术广泛应用于数字资源的保存，特别是当原数据格式仍然有效时。然而，数据更新技术无法维护数据的结构特性和描述的元数据，也不能满足复杂的检索需求。

二、数字图书馆特色资源的利用

数字图书馆在特色资源利用方面，通过提供多层次、多样化的服务形式，能够使特色资源的价值得到最大化体现。

（一）强化检索和导航服务，提高特色资源的可访问性

检索服务是数字图书馆特色资源利用的核心环节，也是用户获取信息的关键途径。数字图书馆需要构建一个高效而灵活的检索系统，以便用户能够快捷、准确地找到所需要的信息。这一系统不但要涵盖关键词检索、分类导航等基础功能，还要融入自然语言处理、语义分析等智能化的检索技术。自然语言处理技术能够理解用户的检索意图，为用户提供更加符合需求的检索结果，提升用户体验；语义分析技术能够关联相关的主题和概念，为用户推荐相关的资源，让用户在最短的时间内获得全面的信息，提升便捷性。在检索结果展示方面，系统可以根据资源的重要程度、用户的偏好等因素进行优先排序，并允许用户自定义排序规则，提升用户体验。知识图谱、主题图谱等可视化的检索结果展示，能够帮助用户从宏观上了解检索内容的关联性，有助于在更大范围内整合信息，达到更深层次的知识获取，进一步提高信息的整合度。

导航服务作为检索系统的延展，致力于优化资源展示方式。通过将资源按主题、时间、地点等进行分类，为用户提供多层次的浏览路径，使资源更具结构化。特色资源中的历史档案、地方文献等具有一定的时间性或地域性，适合采用导航服务。导航服务还可以结合用户行为数据，动态调整导航栏内容，为用户提供个性化推荐，使资源利用更具针对性。

（二）提供个性化服务，满足用户多样化需求

个性化服务是数字图书馆特色资源利用中提升用户黏性的重要手段，通过了解用户的偏好和需求，提供符合个体需求的资源和内容推荐。数字图书馆的个性化服务通常依托大数据分析技术，通过对用户的访问记录、阅读偏好等行为数据进行分析，精准识别用户兴趣，以便为用户提供定制化的资源服务。

个性化服务的重点在于不断学习和改进推荐算法，通过不断获取用户反馈，提升推荐结果的准确性和贴近性。个性化服务通过智能推荐系统进一步扩展，为用户提供独特的资源发现体验。基于内容分析的推荐系统能够理解资源的语义特征，将具有相似主题的资源串联起来，为用户提供更具深度的知识服务。个性化服务在满足用户即时需求的同时，还能激发用户的潜在兴趣，为他们带来丰富的知识增值体验。

个性化服务的具体形式通常如下。

1. 我的图书馆

“我的图书馆”是用户个性化管理资源和信息的空间，用户可以在此区域创建属于自己的数字图书馆账户，将喜欢的资源收藏、管理和归类。通过个人账户，用户能够实现对资源的深度管理，方便后续的查询。用户也可以通过设

置个性化的标签和注释等为资源加以标记，使其在资源繁杂的数字图书馆中更高效地获取和管理感兴趣的内容，提升使用的便利性。

2. 邮件推送服务

邮件推送服务是针对用户个性化需求的一种主动服务形式。用户可以根据自身需求设置感兴趣的主题和领域，系统会定期将新资源推送至用户邮箱中。邮件推送服务能够节省用户手动检索的时间，还能够在用户不频繁访问数字图书馆的情况下保持对新资源的关注，确保用户能够及时获取最新的文献和信息。邮件推送服务有效地增加了用户与数字图书馆之间的联系，使特色资源的利用更加高效。

3. RSS 推送服务

RSS 推送服务是一种信息聚合方式，通过订阅感兴趣的特色资源主题，用户能够第一时间获得新上线的资源。RSS 推送服务支持用户对资源的实时追踪和管理，能够从资源丰富的环境中及时获取最新信息。与邮件推送不同的是，RSS 推送服务更具实时性，用户可以在 RSS 阅读器中随时查看新内容，享受更为灵活的体验。

4. 用户定制服务

用户定制服务是数字图书馆特色资源的深度个性化服务形式，系统能够根据用户需求生成定制化的资源包。例如，用户可以定制某一学科、某一研究主题或某一特定时间段的资源集合，系统会根据需求生成符合条件的文献清单和推荐阅读列表。用户定制服务既提升了用户的资源利用率，也使得数字图书馆的特色资源服务更加个性化和精准化。

5. 智能推荐服务

智能推荐服务通过分析用户的兴趣和行为数据，为用户提供精准推荐。智能推荐的基础是数据分析和机器学习算法，数字图书馆通过分析用户的访问记录、点击行为、收藏偏好等，形成用户的兴趣模型，为其提供定制化的内容推荐。例如，系统可以根据用户对某一主题的偏好推荐相关联的文献，帮助用户扩展其知识面。智能推荐服务既提升了用户体验，也使得用户能够在资源繁杂的数字图书馆特色资源中更加便捷地找到所需内容，极大地增强了用户对数字图书馆的使用黏性。

（三）增设互动交流平台，促进特色资源的二次开发

互动交流平台在特色资源的利用中起到了桥梁作用，能够极大提升特色资源的利用价值，通过用户之间的交流互动激发更多创意和灵感，形成一个知识共享创作的环境，推动特色资源的二次开发。数字图书馆可以在网站上设置在线论坛、评论区、讨论版块、知识问答等互动交流平台，鼓励用户就某一特色

资源展开讨论，分享自己的使用心得。互动交流平台也可以融入点赞、转发、收藏等社交媒体元素，吸引用户积极参与，提高特色资源的访问率和利用率。互动能够加深用户对特色资源的理解，并且能够从其他用户的分享中受到启发，产生新的思路和方法。通过用户的互动交流，数字图书馆还能够收集反馈信息，帮助自身了解特色资源利用情况，以便更好地调整特色资源的开发策略，优化资源内容和系统功能，确保资源内容更加贴近用户需求，进一步提升用户体验并创造更高的特色资源应用价值。

（四）开展专题化服务，提供深度知识支持

专题化服务是一种高层次的资源利用方式，通过对特色资源的集中整理和深度开发，以建立专题数据库、开展专题讲座、撰写专题报告等方式为用户提供更具有针对性的知识支持。例如，数字图书馆通过建立特色资源专题数据库，设立地方文化、学术研究、历史文献等各类专题服务模块，为相关领域的用户提供丰富的专题资源。专题资源库能够将相关特色资源进行系统性整合，以专题形式展示给用户，让他们从多个维度理解和分析同一主题的资源内容。专题化服务模式特别适合需要深入研究的学术用户，用户通过专题数据库能够接触到从文献资料到研究数据的完整信息链，有助于他们掌握专题的整体脉络，提高获取信息的效率。专题化服务还可以延伸到学术讲座、线上论坛等形式。数字图书馆通过定期组织学术沙龙、讲座等活动，开展特色资源的专题化展示和讨论，帮助用户更好地理解和应用这些资源。例如，地方历史资源专题中，数字图书馆可以邀请历史学者举办讲座，为用户深入讲解历史事件的背景和意义，提升特色资源的学术和教育价值。专题资源库可以结合用户兴趣推送个性化资源，使其不仅仅是信息聚合体，还能够提供知识的系统性支持。

数字图书馆专题化服务的提供极大扩展了特色资源的应用场景，提升了特色资源的专业化应用价值。数字图书馆通过专题化服务能够帮助用户构建知识网络，进一步推动知识创新和学术研究的发展，激发用户探索和学习的兴趣，提升了数字图书馆的专业性和社会影响力。

（五）实现特色资源的多平台共享，增强其可及性

多平台共享是扩展资源使用范围和提升资源影响力的一种有效策略，数字图书馆的特色资源不应只在本地用户中流通，还要通过资源共享的形式实现多平台推广，扩大其应用范围。数字图书馆可以与其他高校、研究机构、文化单位合作，建立资源共享平台，实现资源的跨机构流通。通过与高校图书馆合作，可以将特色资源提供给高校师生，支持他们的科研活动和学术发展；与文

化遗产机构的合作可以拓展历史资源的共享范围，让更多人了解和研究地方历史文化。多平台共享拓展了特色资源的使用场景，为不同领域的用户提供多样化的服务。数字图书馆通过与学术期刊、科研平台等展开合作，还可以将特色资源嵌入科研生态，让研究人员和学者在资源共享平台上直接使用自身的资源。资源共享也在一定程度上增强了用户的互动和协作，特别是在跨学科研究中，通过资源的整合和共享，能够激发更多创新和知识交流。

第三节　数字图书馆特色资源建设的原则与意义

特色资源在一定的历史条件下，随着时间的推移逐步积累沉淀，形成自身的优势，是数字图书馆相对独立的稳定馆藏。信息技术飞速发展的时代，数字图书馆进行特色资源建设能够满足用户的多样化需求，也是数字图书馆塑造品牌、增强核心竞争力的有效路径。通过系统规划，数字图书馆能够更好地支持学术创新和社会文化传播。

一、数字图书馆特色资源建设的原则

数字图书馆特色资源建设的原则奠定了特色资源建设的方向，确保了在特色资源管理和使用过程中最大化价值的实现。数字图书馆特色资源建设要遵循实用性与特色性原则、共享性与前沿性原则、标准化与通用性原则、系统性与准确性原则、安全性与可靠性原则。

（一）实用性与特色性原则

特色资源建设应以实用性与特色性为原则，体现数字图书馆的独特价值。数字图书馆在选择建设项目时应重点考虑地方社会经济及教育科研的需求，同时考虑到用户的使用情况和特色资源的质量。

数字图书馆特色资源建设应当以用户需求为导向，优先发展重点学科资源，着重提升资源的实用性。实用性原则强调特色资源要建立在对用户需求深入了解的基础上，符合其实际需求，要能够覆盖不同学科的热点和知识领域，确保资源内容能够满足用户学习和研究的需要。特色性则要求数字图书馆在资源选择上要有针对性，能够突出自身的独特性。一些高校图书馆可以依托其学科优势，建设学术成果和本地历史的特色资源库，集中展示和传播学校的学术成果和历史文献。地方图书馆则可以结合所在区域的历史背景、文化特征等地方特色，着力于地方文献、民间资料、历史遗迹的整理和保存，提升数字图书

馆的独特地位和文化影响力，使其在知识服务中具备竞争优势。

（二）共享性与前沿性原则

信息资源共享是现代图书馆极力推广的一种模式，旨在通过合作关系扩大信息资源的使用范围和影响力。随着信息资源需求的增大，数字图书馆在特色资源建设中应该利用其现有特色资源，坚持共享性原则，力求实现更大范围内的资源互联互通。共享性原则强调数字图书馆内部特色资源开放共享的同时，还要充分利用外部资源，与其他图书馆、数据库和学术机构积极开展合作，通过建立资源共享平台，开发独具特色的专题信息资源数据库，实现特色资源的优势互补。图书馆间的合作对于避免重复建设和资源浪费至关重要，通过跨机构合作，可以整合各自的优势，共同建立大规模的资源数据库。图书馆之间的合作不但体现在特色资源的共享上，还应该在技术方面制定统一的标准，确保所有参与方都按照统一的元数据标引格式、文献著录标准和检索功能要求进行特色资源的整理和管理。

前沿性指数字图书馆在建设特色资源的过程中应用最先进的技术手段，以满足未来不断发展的需求。前沿性原则要求数字图书馆在特色资源建设时采用创新的数字化技术、数据处理方法和智能化检索技术，确保构建的特色资源数据库能够反映本地区的学术水平，具有国内外认可的学术价值，并能在较长时间内保持领先地位。数字图书馆还应该考虑特色资源数据库是否能够为重点项目和重点学科提供必要的文献支持，填补现有的知识空白，并对社会和经济发展产生积极影响。

（三）标准化与通用性原则

数字图书馆特色资源的建设中，标准化与通用性原则起着基础性的作用。标准化与通用性原则要求所有项目应遵循国际和国内的数据格式标准、元数据规范以及相关的文献分类和著录规则，确保特色资源能够广泛共享，并支持跨库的信息检索，提升资源的访问性和实用性。

标准化原则能够提升特色资源的检索效率和管理精度，减少特色资源在不同系统之间的使用障碍，并且还能够促进数字图书馆与其他信息机构之间的合作，推动特色资源的广泛应用和流通。通用性原则强调特色资源在格式、平台和访问方式上具有广泛的兼容性，以便适应多样化的用户需求。数字图书馆的特色资源需要支持 PC、移动设备和平板设备等多种访问终端，并兼容不同操作系统和软件，以保障用户在各类设备上都能流畅使用。通过强化特色资源的通用性，数字图书馆能够进一步提升特色资源的覆盖范围和服务体验，使用户能够随时随地获取所需信息，突破空间和技术的限制。

（四）系统性与准确性原则

系统性原则要求数字图书馆在特色资源建设过程中于资源的选择、整合和展现上要具备全局观，确保资源内容的完整和条理清晰。特色资源的建设不应该局限于重点学科，要涵盖广泛的领域，完善资源的组织结构以形成全面的资源体系。系统性原则不但要求特色资源的数量和类型齐全，还要求特色资源之间具有关联性，能够在学术主题、学科分类等维度上形成相互支撑的关系，支持用户的跨领域研究。特色资源建设的准确性也非常重要，无论是学术性还是大众化的特色资源，内容的准确性都是赢得用户信赖的关键所在。数字图书馆需要通过定期更新和审核来确保特色资源的准确性，特别是在设计新闻、研究成果等动态更新的信息资源方面。特色资源的准确性管理还需借助多重验证和内容校对，确保特色资源内容的权威性，使用户能够安心地进行知识检索和学习。准确性是保障特色资源质量的关键，尤其在涉及学术研究和公共服务的应用场景中，数字图书馆的特色资源必须保持高度准确，一些专业领域的知识信息必须经过严格审核，以避免误导或误用。

（五）安全性与可靠性原则

数字信息环境下，资源的安全性与可靠性是数字图书馆在特色资源建设中必须遵循的原则。数字图书馆需采用先进的技术和方法来处理和存储大量的特色资源，以确保这些资源的传递和存取安全可靠，保证用户在任何时候都能安全访问。为强化安全性，特色资源建设应采取加密、控制访问、身份验证等多层次的安全防护手段，从多个层面构建特色资源的安全防线，确保用户的个人信息和特色资源的机密性不被侵犯。

可靠性是用户体验的基础，要求特色资源的访问过程稳定流畅、文件内容完整和数据结构无误。数字图书馆的资源访问需要保障用户能够随时获取，还需保证资源的内容和格式无损，通过定期备份和容灾方案来防止意外情况导致的资源丢失。可靠性原则还体现在资源更新和维护上，数字图书馆的特色资源需要定期更新来满足用户对新知识的需求，资源的可靠性保障措施确保了在更新过程中的资源可用性，避免因维护或更新而导致资源访问中断。可靠性原则帮助数字图书馆在稳定运行中不断提升特色资源的服务质量，使特色资源始终保持高水准的服务能力。

二、数字图书馆特色资源建设的意义

数字图书馆特色资源建设是信息资源管理的深化，也是数字图书馆社会功能拓展的重要途径，能够为图书馆业的发展注入新的活力。具体来说，数字图书馆特色资源建设的意义主要表现在以下 5 个方面。

（一）形成了数字图书馆的品牌效应

特色资源往往基于数字图书馆的地理优势、馆藏资源的独特性、用户需求的特点等，是数字图书馆区别于其他信息服务机构的重要标志，也是其文化和知识服务的集中体现。通过打造具有地区特色、学科特色或研究特色的资源，数字图书馆能够吸引更多具有特定需求的用户，提高自身的知名度和影响力。品牌效应能够提升数字图书馆的吸引力，加深公众对数字图书馆职能和价值的理解，进而增强公众使用数字图书馆的动力和频率。特色资源的建设使图书馆从传统的文献收藏机构转变为满足特定学术和社会需求的服务中心，这对于提升图书馆的社会地位和文化价值具有不可替代的作用。特色资源的不断丰富和推广可以让用户在利用数字图书馆特色资源时形成一种归属感和忠诚度，促使他们自愿成为数字图书馆的长期用户。

数字图书馆特色资源品牌具有独特的价值，通过系统地汇聚与整合特色资源，尤其是那些在其他渠道难以获取的稀缺资源，数字图书馆可以打造具有高辨识度的资源平台。用户在使用过程中发现资源内容的独特性，从而进一步增强了对数字图书馆品牌的信任和依赖。数字图书馆通过持续推动特色资源的建设，一方面能稳固用户基础，另一方面也逐渐形成了自身独特的品牌。品牌效应的形成并不是一蹴而就的，需要数字图书馆持之以恒地对资源质量进行严格把控。高质量的特色资源库能够使用户在使用中减少不必要的筛选过程，提升检索效率，在用户心中逐渐塑造专业化和高质量的品牌形象。

（二）提升了数字图书馆的核心竞争力

信息化迅速发展的今天，数字图书馆面临着来自信息咨询公司、内容服务商等多方面的竞争，特色资源建设是提升其核心竞争力的关键，使其能够从知识服务市场中脱颖而出，有效应对信息服务机构之间的竞争。数字图书馆的核心竞争力来源于其独有的信息资源和长期积累的服务经验。特色资源建设通过整合和优化数字图书馆的资源结构，使得数字图书馆在特定领域或主题上形成完整的资源服务体系，能够提供独到的学术支持和高质量的信息服务。数字图书馆以特色资源为支撑的服务能力是其他信息服务机构难以比拟的，通过特色资源的开发，数字图书馆丰富信息内容的同时，还能通过独特的知识服务形式提高服务的附加值，显著提高了自身在信息服务市场中的竞争力。

数字图书馆的核心竞争力除了体现在资源数量的丰富度上，还体现在资源的深度和独特性上。特色资源的建设有助于数字图书馆在信息服务领域内构建差异化优势，使其能够在学术服务、公共服务等方面提供更具深度和精准度的资源。特色资源的精心设计与持续更新，使数字图书馆在资源的学术价值和用户黏性方面具有更强的竞争力。数字图书馆还要在特色资源使用的便捷性和服务的个性化上不断提升，建立良好的声誉，增强用户黏性，进一步提升自身的品牌影响力。

（三）促进了数字图书馆信息资源的共享

信息资源共享是数字图书馆服务的一项基本职能，旨在通过资源的互补和整合，最大限度地满足广大用户的信息需求。特色资源的的建设为数字图书馆信息资源的共享提供了丰富的内容和形式，使得各类图书馆能够在信息资源共享平台上提供自己独特的资源，同时又能利用其他图书馆的特色资源形成资源共享的良性循环。这大大提高了资源的利用效率，促进了数字图书馆服务能力的整体提升。特色资源的建设和共享已成为评价一个图书馆服务水平和专业能力的重要标准，是图书馆服务现代化不可或缺的部分。丰富而高质量的特色资源为数字图书馆信息资源的跨平台共享提供了重要支撑，有助于优化资源配置，提升资源的利用效率，避免重复建设和资源浪费。信息资源共享的过程中，特色资源的独特性可以弥补其他机构资源的不足，为整个知识共享网络提供补充和支持，促进不同用户间的信息交流和多方信息资源共享的有效衔接。许多数字图书馆在特色资源建设上投入了大量的资金和精力，但在单一图书馆中，这些资源的利用率相对有限，无法发挥其最大价值。通过信息资源共享，数字图书馆能够将自身的丰富馆藏开放给更多用户，并与其他机构的资源进行互补，特别是对于一些稀缺的、昂贵的或者学术价值较高的资源，跨馆共享为用户提供了更多选择，避免资源重复建设造成的浪费，也让资源的利用效率大幅提升。

信息资源的共享还能促进知识的传播和创新。数字图书馆通过共享信息资源，为学术研究、教育培训和技术创新提供了充足的知识支持。共享的学术资源可以被更多研究人员和学者利用，促成跨学科、跨机构的合作研究，进一步推动知识的交叉融合。信息资源的共享还能够促进这些资源的全球传播，让国内外学者能够更便捷地访问和利用，为全球的学术交流提供支持。

（四）促进了学术创新

特色资源往往涉及某些特定领域的深入研究或资料积累，能够为学术研究提供丰富的文献支持和数据支撑，通过利用这些资源，学者可以深入挖掘新的学术观点，推动学术创新。通过汇集特定学科领域的资料和研究成果，数字图书馆能够为学者提供参考资料，为研究项目提供更为完整的知识支持。尤其在跨学科研究方面，特色资源的整合与分析可以为学术创新提供多元化的思路，推动学术知识的交叉发展和知识体系的丰富。特色资源可以在不同领域为学者提供启发，使他们通过多个角度对课题进行研究，突破单一领域的界限，实现学术创新。数字图书馆提供的跨学科资源平台通过开放、共享和协作的方式，将来自不同学科的知识聚集在同一平台上，学者可以在这里寻找不同领域的研究成果，进而打破学科壁垒，挖掘新的研究方向。

（五）提升了数字图书馆的社会影响力

数字图书馆的服务对象除了学术群体，还包括社会大众，它通过多样化的展现方式，满足社会大众的文化需求，在社会知识传播和文化传承中发挥着重要作用。例如，数字图书馆在特色资源建设中通过在线展览、专题讲座、资源推送等多种宣传推广方式，加强对特色资源的宣传和展示，吸引社会大众关注数字图书馆的发展，增强自身的公共服务功能。数字图书馆的社会影响力还体现在社会大众的知识水平提升上。通过特色资源的推广，数字图书馆能够更好地发挥自身的文化引导功能，为建设知识型社会提供有力支持，增强社会大众对文化认同的关注和理解。特色资源的建设也推动了社会创新和文化保护工作。特色资源的数字化使得许多稀缺的历史资源和地域文化得到有效保护，避免了因时间和环境的限制而遭到损失，数字图书馆在这一过程中起到了文化传递者的作用。通过特色资源建设，数字图书馆能够使社会大众意识到文化保护的重要性，使他们感知到文化多样性的同时，从中汲取知识和灵感，促使社会大众关注和支持文化保护事业，形成数字图书馆与社会大众间的良性互动。

第四节　数字图书馆特色资源建设的方法

在数字图书馆的发展过程中，特色资源建设是提升其服务质量和学术影响力的关键环节。特色资源展现了数字图书馆在特定领域的独特优势，满足了用户对专业化、高价值内容的需求，是实现数字图书馆资源建设质量和效率提升的核心保障。

一、做好选题调研工作，提高特色资源数据库的质量

数字图书馆在特色资源建设过程中，选题调研工作和确保特色资源数据库的高质量至关重要，这直接影响数字图书馆的服务效果和学术贡献。做好选题调研工作是数字图书馆特色资源建设的基础，通过深入的选题分析与调研，数字图书馆能够准确把握用户需求与学科发展趋势，确保特色资源数据库的内容

质量与实际需求的高度契合。

调研阶段可以通过问卷、访谈等方式了解目标用户在资源的类型、深度和应用方向等方面的偏好。用户需求的多样化使得特色资源数据库的资源必须具备较强的细分性和较高的精准度，特别是在特色资源数据库中，不同用户可能对某一主题资源的深度和覆盖范围有不同期望。通过调研来明确用户的核心需求能够避免资源偏离主题方向，提高特色资源数据库资源的应用价值。在选题调研工作中还要充分考虑资源的稀缺性和独特性。特色资源数据库通常涉及学术性或区域性较强的资源，因此在选题时需聚焦那些在其他数据库中不易获取，且具有独特学术价值的内容。比如，地域性文化资源、未公开的地方文献、历史资料等都是能够体现数据库特色的选题方向。调研的重点在于找到这些独特资源并进行系统整理，使数据库在学术研究和文化传承中具备不可替代的价值。

确定选题之后需要设计一套筛选资源的评价标准，评价标准涉及资源的权威性、内容的学术价值、时间的适用性等选题调研工作应当以这套标准为指导确保收集到的资源在学术上具备较高的参考价值，并且避免重复或低质量的资源进入数据库体系中。在选题调研的过程中还要重视资源的更新与延展性。数据库的长期使用价值在于其内容的动态更新，以满足未来用户的需求。在调研阶段可以从现有的文献、研究热点以及资源存储技术的发展方向中找到一些潜在的主题，甚至可以预测未来在特定领域中用户可能的需求。前瞻性主题将为特色资源数据库的可持续发展打下基础，使其在时间上具有延展性，更符合用户的长期使用需求。

二、挖掘重点学科和地域性主题，制订合理详细的计划

数字图书馆在特色资源建设过程中，挖掘重点学科和地域性主题能够丰富自身的馆藏，为地区和学科提供独特的研究资源，形成具有差异化优势的资源体系。具体实施时，数字图书馆需要围绕自身的学科优势与地方文化特色制订合理详细的资源建设计划，提供与当地社会、文化紧密结合的内容，增强自身资源的吸引力和影响力。特色主题的选择应体现数字图书馆的学术服务定位，既能满足专业学术研究需求，也能为更广泛的用户提供有价值的信息支持。

数字图书馆在特色资源建设过程中应该密切关注学科特点和学术需求。通过深入理解学校的教育和研究重点，有效地选择与学科发展相一致的特色资源。选择这些资源时，数字图书馆要充分考虑学科的发展趋势和未来方向，确保所建设的特色资源数据库能长期为学术研究提供支持。在地域性主题的开发方面，数字图书馆要充分利用本地历史文化的独特性，聚焦本地区的历史背

景、文化传统和社会发展，确定符合自身长远发展需要的主题。地方性文献的开发可以极大地丰富数字图书馆的馆藏资源，能够吸引更多的研究人员和学者，也为普通公众提供了宝贵的地方文化资源，对支持地方历史研究、文化保护乃至经济发展有着不可替代的作用。

成功的特色资源建设除了需要精准地确定主题和挖掘资源，还需要制订包括资源搜集、资源整理、资源评估、资源分类等环节在内周密的实施计划。计划的形成要全面考虑数字图书馆的现状、所在地区的特色以及潜在用户的需求，还要进行详细的市场调研和需求分析，确保所建设的特色资源能够有效地满足目标群体的需求。计划的每一步都应精心安排，确保所有环节顺畅有效，提高特色资源的利用率和影响力。周密的计划能够使数字图书馆特色资源建设降低盲目性，有章可循，为整个特色资源管理的规范化提供指导。学科和地域资源的价值在于其动态性和长期性，这意味着特色资源数据库需要随学术发展和区域变化进行相应调整，通过定期评估资源的适用性并根据学科的发展需求或地方文化的变化补充新内容，能够确保特色资源具有持续性价值，使其能够不断适应用户的需求。

三、结合互联网技术，实现信息自动采集

随着互联网技术的飞速发展，数字图书馆有了更多机会接触和利用互联网上丰富的地方文献资源。利用网络信息集中采集技术，数字图书馆能够根据既定的主题关键词，利用搜索引擎进行深度搜索和数据挖掘，自动从互联网上抓取所需的页面信息，通过链接不断扩展搜索范围，自动获取与特色资源相关的内容。信息的自动采集能够显著提高资源的收集效率，使特色资源建设更具有实时性。通过关键词筛选、资源标签匹配等手段，数字图书馆能够精准定位所需资源，确保收集到的信息符合馆内特色资源建设的要求。

信息自动采集主要通过 web 信息采集器实施，这种自动化的网络信息资源采集系统是快速、精确、广泛采集数字资源的关键工具。信息自动采集技术的应用既减轻了数字图书馆人力资源的压力，也显著提高了数字图书馆的工作效率和服务质量。通过自动采集获得的资源往往格式多样、内容不一，需要对这些数据进行有效的清洗、规范化，以保证资源的统一性和质量。数据清洗技术通过过滤重复、错误和无效的数据来提升数据的准确性和权威性。数据规范化过程则将数据内容转换为统一的格式和结构，确保不同来源的数据能够被系统识别和高效利用。为了确保信息采集过程的合法性和合规性，数字图书馆在技术实施时要重视资源的版权和知识产权，确保数据来源的合法性和信息使用的合规性。

四、以优势学科为依托，建立特色资源预订数据库

通过关注馆内具有的学科优势，数字图书馆可以聚焦特定领域内的资源拓展，打造出具有独特性和前瞻性的知识库，提升资源的学术深度和独特价值。依托优势学科的建设，数字图书馆能够集中资源和专业力量，将有限的资源投入最具学术价值和区域特色的内容，增强自身在特定领域的学术影响力，满足学者、研究人员及学生的深层次信息需求，使馆藏资源在特定学术领域中获得更加精准的利用。

数字图书馆需要对现有的学科资源分布进行深度分析，结合馆内外专家的意见确定适合发展的特色方向，确保资源建设的集中性。以优势学科为核心建设特色资源能够使馆藏资源体系更具系统性，帮助读者更快定位到高质量的学术资料。数字图书馆应充分利用自身的学科资源积累，从该领域的经典文献到前沿研究动态，涵盖多个层次的资源，形成一个丰富多样的知识体系。

特色资源预订数据库的建立为数字图书馆特色资源的实时更新和用户的定制化需求提供了支持。读者可以根据个人的研究需求进行资源的预订，能够及时收到相关领域的新资料推送。特色资源预订数据库通过对用户兴趣的精准分析，帮助读者在未来的资源更新中获得有针对性的内容，提升使用体验。特色资源预订数据库系统需要支持多样化的预订功能，从用户偏好的学科领域到资源的发布时间和资料的深度，满足读者的定制化需求。数据库需要具备良好的用户交互界面，以便读者能够方便地查找、预订和管理资源。在技术实现上，可以通过智能推荐系统将用户的预订信息与馆内资源的更新系统进行联动，让用户获得实时通知。特色资源预订数据库还应具备反馈功能，使读者可以对推荐的资源进行反馈，提升推荐的精准度，逐渐形成个性化的资源服务体系。

五、坚持特色，优化资源配置

数字图书馆在特色资源建设过程中，特色资源的创建需要根据用户需求、学科优势及地域特性，有针对性地优化资源配置。优化配置涉及资源内容的选择以及资源的组织、管理、呈现方式的优化等多方面的问题，以此确保用户在获取资源时的便捷性和高效性。数字图书馆在建设特色资源数据库时需要对用户需求进行深入的调研和分析，根据实际需求优化资源种类和数量的分布。例如，地域特色资源应包括具有地方代表性的历史文献和文化资源，满足学术研究和公共服务需求；学术特色资源则应偏重前沿科研成果和最新学科动态，以支持学术和科研。数字图书馆还可以通过引入自动化管理工具和智能检索系统

实现对不同资源的智能分类和管理，确保用户能够迅速找到所需资源。数据存储技术的进步使得资源的备份和恢复更加便捷和安全，大大降低了资源丢失的风险。

特色资源数据库的构建是一项资源密集型工作，要求数字图书馆在人力和物力上进行长期的投入，以便更好地推动特色资源的建设。在资金有限的情况下，数字图书馆必须采取以下策略实现资源的高效配置和利用，确保投入能产生最大的回报。其一，使用先进的技术设备。高性能的技术设备可能会花费大量资金，但是从长远来看是非常必要的。比如，在数字资源加工过程中使用高性能的计算机和扫描仪，能显著提升数字化文档的质量，使得文档占用的存储空间更小，而且保证了图像和文本的清晰度，还加快了处理速度，节约了大量的时间和其他成本。其二，主动拓展资金来源。数字图书馆在特色资源建设过程中要积极向政府、企业和社会各界争取更多的支持。此举既能够直接扩展数字图书馆的资金渠道，也有助于提升数字图书馆的社会影响力和知名度。

六、重视标准化、规范化的建设和维护工作

数字图书馆在特色资源建设过程中，标准化、规范化既涉及内部资源的整合和利用，也关系到跨库和跨地域的资源共享与合作。因此，要保证资源的有效共享和最大化利用必须建立和严格遵守一系列统一的标准。标准化、规范化的建设和维护工作能够确保信息资源的一致性和兼容性，有助于避免资源的重复开发和浪费，节约成本并提高效率。

（一）标准化

数字图书馆作为全球信息资源的集散地，已经成为支撑科技发展不可或缺的基础设施。数字图书馆特色资源建设的标准化要求其从电子文档格式到信息检索标准都必须有明确和一致的标准，实现数据的高效存取和长期保存。

数字图书馆特色资源数据库中的数据来源多样、类型繁杂，必须依赖标准化体系进行数据的分类、编目和标记。通过统一的数据格式和元数据规范，数字图书馆的资源能够更有序地呈现，用户能更快速地获取目标信息。元数据是描述资源内容、属性和组织信息的关键工具，通过定义清晰的元数据标准，不同资源之间的关联性能够得到更清晰地呈现。例如，在文化遗产和学术研究资源的建设中，元数据标准可以让用户更有效地进行主题检索、时间轴查询以及跨领域的信息集成，进而提升数字图书馆资源的利用率。

数字图书馆需要建立一个包括特色资源的数据格式、网络协议、著录规则、分类标引以及其他相关技术标准在内的全面的标准体系。标准的制定应当

基于广泛的行业知识和实际操作经验，确保它们既科学合理又能适应当前的技术发展。标准执行过程中要确保各部门和系统之间协调一致，确保不同的职能部门和技术支持团队在一个共同的框架内工作，以保证资源的整合和服务的连贯性。数字图书馆还要与国内外的其他图书馆和信息机构合作，推动标准的国际化和全球化应用，提升本馆的国际地位，促进资源的全球共享。标准化工作不是一次性的项目，而是一个持续的过程。数字图书馆要定期回顾和评估标准实施的效果，及时进行调整和完善，确保标准化工作能够适应不断变化的技术环境和用户需求，最大限度地提升自身服务的质量和效率。

（二）规范化

数字图书馆在特色资源建设过程中，规范化的更新和审核流程能够保证数据的及时更新和有效性，防止数据信息的陈旧与冗余。数字资源的长期保存也依赖规范的维护机制，确保在迁移、备份和恢复等过程中不出现内容的损失或信息的破坏。制订固定的备份和恢复制度、数据检查与更新计划，可以大幅度提升数据在长期存储中的稳定性。从技术层面上来说，数字图书馆应该采用规范化的技术标准来确保数据的兼容性与安全性。比如，采用统一的文件格式（如 PDF、PDA、TIFF 等）进行资源的保存，确保资源在不同设备和软件中的可读取性。形成统一的数据存储格式和加密标准也能够有效防止信息在传输和访问中出现安全风险，确保信息在不同平台间的顺畅传递。

七、锐意创新，提升服务水平

数字图书馆在特色资源建设过程中，具有创新思维和提升服务水平是关键。数字图书馆通过持续创新可以增强资源的利用率，不断优化用户的使用体验，使数字图书馆逐步发展为用户体验至上的信息服务平台。

先进技术的应用和升级是数字图书馆特色资源建设创新的核心。通过引入先进的智能检索技术、个性化推荐系统和知识图谱等先进技术，帮助用户从大量的数字资源中快速找到所需信息，提高了检索的准确性与便捷性。数字图书馆还可以结合数据挖掘和机器学习技术分析用户行为，依据用户的兴趣和历史记录进行个性化推荐，使资源的推送更为精准。在提升服务水平方面，数字图书馆的创新主要体现为提供多样化的服务形式。例如，结合多媒体资源提供丰富的互动体验，满足用户在文化遗产、地方文献等领域对视频、音频和图像资源的需求，增强资源的直观性和可感性，进一步丰富用户的体验；通过采用虚拟现实和增强现实技术，用户可以沉浸式地接触到特定资源内容，使得历史事件、学术研究等内容更加鲜活而易于理解。数字图书馆可以创新资源的移动端访问方式，支持用户随时随地访问资源，真正实现资源获取的无缝化。为满足不同类型用户的习惯，数字图书馆在平台设计时可提供简约界面、个性化配置等选项，使得自身服务能够满足不同用户群体的需求，不断增强服务的灵活性和适应性。

创新不仅限于技术和服务方式，也应包括对用户反馈机制的完善。通过构建良好的反馈通道，数字图书馆可以定期收集用户对服务的意见和建议，从中发现问题并改进，确保服务的持续优化。用户反馈机制能够使数字图书馆与用户保持密切的互动，既可以了解用户的最新需求，也能够通过及时调整服务策略提升用户对数字图书馆的认同感和满意度。数字图书馆特色资源的建设还要着眼未来，与读者需求保持动态的适应性，不断更新服务的方式、内容及模式，建立快速响应用户需求的机制，并形成专门的服务规范和管理模式，提供定制化的知识服务以适应数字信息时代的需求。

八、以人为本，提升服务质量和效率

数字图书馆特色资源的建设是根据特定用户群体持续的需求而发展的，反映在数字图书馆响应这些需求而形成的独特文献资源收藏。因此，数字图书馆必须将用户需求视为自身发展的核心，体现以人为本，高度关注用户需求，努力提升服务质量和效率。

用户需求的深入分析有助于数字图书馆了解不同人群的具体信息需求，为用户提供更具针对性的资源和服务，并且通过反馈机制及时调整资源和服务策略。在服务流程的设计上，以用户体验为核心的服务框架可有效减少资源使用过程中的复杂性，通过优化界面、提供便捷的检索服务和个性化推荐，用户在数字图书馆中的信息获取变得更加高效直观。数字化工具的应用以及人工智能和数据分析技术能够根据用户的访问行为提供精准的推荐，提升用户满意度和资源的使用率。数字图书馆的服务态度和支持方式也应该体现以人为本。一方面，要为用户提供高效的咨询服务，帮助用户快速解决资源查找和使用过程中遇到的各种问题，增进用户对数字图书馆特色资源的认可；另一方面，通过反馈通道的设置，使用户可以就数字图书馆的服务提出建议或意见，为数字图书馆的持续改进提供重要助力。

第五节　数字图书馆特色资源建设的内容与重点

数字图书馆特色资源建设的内容与重点决定了其特色资源的深度和广度，也决定了数字图书馆在学术研究、信息共享等方面的影响力。特别是加强重点

建设，能够使数字图书馆增强信息资源服务的专业性。

一、数字图书馆特色资源建设的内容

数字图书馆特色资源建设的内容主要包括自建特色资源、采购特色资源、合作开发数据库、建立特色资源导航系统等。

（一）自建特色资源

自建特色资源是数字图书馆特色资源建设中的核心环节，也是数字图书馆实现信息资源差异化和品牌效应的重要途径。本地历史文化文献、学术研究成果、地方特色记录等特色资源在内容上具有独特性，能够充分展现数字图书馆在特定领域的深度和广度，具有不可替代的学术和文化价值。通过对这些特色资源的自主开发和建设，数字图书馆能够保存本馆的稀有资源，丰富自身的资源体系，还能够实现特定领域的资源积累，满足用户对专业性、区域性资源的需求。

数字图书馆在自建特色资源的过程中，要注重资源的数字化和数据化处理，使资源内容的组织和呈现更满足数字图书馆的服务需求。通过扫描、数字化录入、图像识别等技术手段，将纸质、图像、音视频等多种格式的资源转化为数字资源，确保资源在数字环境中的长期保存和高效利用。特色资源的数字化也为资源共享和跨平台合作奠定了基础，使用户能够随时随地访问和使用这些独特的资源。为便于用户的使用，数字图书馆要对自建资源的内容进行组织，依据主题进行分类，建立分类清晰、检索便捷的数据库系统。针对不同主题的专题数据库，可以增强资源的吸引力，还可以通过文献分析、知识图谱等辅助工具进一步提升信息的知识价值，有效满足不同用户的需求，并提升用户对数字图书馆资源的依赖度和认可度。

数字图书馆可以基于用户需求的反馈，调整和扩充自建特色资源的类型和规模，通过对用户检索偏好、访问频次等方面数据的分析，可以全面了解用户的实际需求，并以此为依据不断丰富和完善资源内容。例如，地方历史类资源方面，可以根据用户需求增加特定地区的传统手工艺、民俗活动记录等内容，使资源更加符合用户的需求。数字图书馆可在此基础上提供深度分析，或者通过定期推出主题展览、专题展示等活动，为用户带来更具吸引力的内容体验。

（二）采购特色资源

数字图书馆在特色资源建设过程中，通过采购特色资源，能够扩充资源数量、优化馆藏结构，满足用户的多样化需求。数字图书馆在特色资源采购过程中，要聚焦学术、科研、文化、技术等领域的高质量资源，通过引进这些资源来增强馆藏的权威性，满足用户对高价值、多样化资源的需求。

为确保资源的实用性和长远价值，数字图书馆要对所采购特色资源的内容进行严格筛选，对来源、影响力等进行综合评估，确保其具备较高的使用价值和延展性。特色资源的采购要具有计划性，特别要重点关注具有学科特色和地域特色的资源。学科特色资源要尽可能全面化，能够覆盖所有学科，还要多关注重点学科；地域特色资源要涵盖本地的地理、历史、风俗、民族、经济和文化等各个方面，包括地方政府的法规、政策，名人的著作、手稿以及地方主要企业的发展报告和产品介绍等。这些资源记录和反映了地区的发展历程和现状，具有独特的地域性，是数字图书馆特色资源建设的核心部分，能够支持和推动地方经济和文化发展。

数字图书馆在特色资源采购过程中还要关注资源内容的更新和用户需求的动态变化。一方面，数字信息时代知识更新迅速，定期更新资源能够保持时效性，特别是学术数据库以及技术类的图书和期刊的更新是保障资源具有持续价值的重要手段。因此，数字图书馆往往会与出版商、数据提供商保持长期合作，通过订阅、年度更新等方式确保资源的稳定性和内容的前沿性，这能够大大提升资源的可靠性，增强资源的可持续发展性，可以为用户提供持续的学术支持和信息服务。另一方面，数字图书馆还要关注用户需求的动态变化。通过定期进行用户需求调研、反馈数据采集等方式为资源采购提供更精准的方向。如果发现用户对某一学科领域资源的需求增加，或某种媒体形式的资源得到广泛关注，数字图书馆可以在后续的资源采购中适度增加相关领域的资源采购，以便及时响应用户需求。基于用户反馈的采购策略使得数字图书馆的资源能够与用户需求紧密契合，提高了资源的利用率，提升数字图书馆在用户中的影响力和认可度。为进一步优化资源采购效果，数字图书馆还可以采用联合采购的模式，联合多个图书馆或机构共同采购大型数据库或高成本资源，分担采购成本，扩大可采购资源的范围。这样能够减轻单个图书馆的成本负担，通过资源共享的方式也在一定程度上提升了资源的利用率，实现了资源效益的最大化。

（三）合作开发数据库

合作开发数据库是数字图书馆建设特色资源的重要方式，数字图书馆通过与其他机构的协同合作，可以汇集更多领域的资源，实现资源的多样化和深度拓展。与高校、研究机构、公共文化部门等单位的合作，能够为数字图书馆引入丰富的专业内容，扩展资源的覆盖范围，促进资源的互补和知识共享，使得数字图书馆能够提供跨领域、跨学科的综合性数据库资源。

在合作开发数据库的过程中，数字图书馆和合作单位需进行系统的规划和分工，以确保资源的整合过程高效而规范。不同单位拥有各自的学科优势和独特资源，合作开发数据库可以利用彼此的特长实现资源的优势互补。例如，数字图书馆可以与拥有独特资源的学术研究所合作，将其独特的研究成果或数据文献整合到自身的数据库系统中，从而丰富自身的馆藏内容，有效提升自身数据的权威性和专业性。

在数据库建设过程中，合作方通常会投入技术、专业人才和设备等共同参与数据库系统的研发和维护工作。数据库的技术架构、数据采集与加工流程、信息检索与分类方法等都需要在合作中制定和优化。通过合作开发，数字图书馆能够应用智能检索、全文分析、语义搜索等更先进的数据库技术，提高数据的精准性和服务的便捷性。合作方根据各自的专业领域可以优化数据的分类标准和标签体系，还能够确保数据库在信息组织上更加科学合理、更加符合用户的使用习惯和检索需求。合作机构可以依据其最新研究成果和动态发展对数据库的内容进行补充和更新，保证资源的时效性。数字图书馆与科研机构合作时，可以实现科研数据的实时更新，将最新的科研成果呈现在数据库中，使用户能够获得学科的前沿动态。持续的更新能够使数字图书馆数据库的内容始终保持高度的学术价值和时效性，拓宽其社会服务范围。

（四）建立特色资源导航系统

建立特色资源导航系统对数字图书馆特色资源建设是有效的补充，构建数字图书馆特色资源导航系统的关键在于如何建立一系列有效的知识服务运行机制，以此来使数字图书馆在知识经济时代选择最有利的行动，使博弈双方（数字图书馆与用户）互动相容，实现其知识导航功能。特色资源导航系统的建立侧重于建立一套高效的知识服务运行机制，它涉及如何精确地管理人力资源，实现知识共享，并促进个人知识向组织知识的转化。

在此过程中，员工所拥有的专业知识与组织的整体知识资源共同构成了数字图书馆的核心竞争力，通过有效的知识管理策略，可以将这些资源转换为对服务对象的高质量服务。实现这一点的关键在于如何激励员工将其个人知识主动融入组织的知识体系，并确保这些知识能够系统地转化为服务对象可以直接利用的形式。另外，组织知识的持续传播和应用能够显著增强数字图书馆的服务能力，使之能在提供特色知识服务时更加高效和精准。通过特色资源导航系统，数字图书馆能够更好地满足用户的信息需求，还能在提供知识服务的过程中，展现其独特的价值和竞争优势。此系统的成功实施依赖全面的战略规划、精细的组织协调以及对技术和人员资源的有效管理，以此确保其特色资源和服务在知识经济时代中发挥最大的效能。

二、数字图书馆特色资源建设的重点

数字图书馆在特色资源建设过程中，面对海量的文献和信息资源，需要抓住重点，提高资源的利用率，尽量避免资源的重复建设。

（一）构建地方特色资源

构建具有地方特色的资源是提升数字图书馆地域影响力和文化价值的关键。地方特色资源深植于本地区的经济、文化、历史和地域特征，集中体现了本地区的独特性和不可替代的价值。地方特色资源对本地区文化保存和传播具有重大意义，是研究本地区文化和历史的珍贵资料，既能够服务于本地区用户，也是外界了解和研究本地区文化的重要窗口。通过对地方性文献、民俗资料、方言研究、历史档案等信息资源的收集和整合，数字图书馆可以满足本地区用户对自身文化的探知需求。对于地方政府和文化部门而言，这些资源为制定文化保护政策提供了支持；对于教育机构来说，地方特色资源有助于提升学生的本地区文化认同感，增强文化自信。借助互联网，数字图书馆打破了地域限制，将本地区的特色资源展示给外界，为跨地域文化交流提供了平台，促进了文化多样性的传播。

在地方特色资源的构建过程中，要重点关注能够反映本地区政治、经济、文化等领域的高质量特色资源，收集与这些领域密切相关的研究资料、出版物、地方专题等并进行整合，为本地区特色旅游资源的开发、传统经济的挖掘提供有效的支持。要重点聚焦能够代表本地区文化符号的地方民俗、传统手工艺、非物质文化遗产等内容。对这些内容进行筛选和系统整理，可以使特色资源库更具代表性与系统性，也是对本地区文化进行有效整理与保护的手段。

（二）收集历史特色资源

家谱、历史人物传记、地方史料等历史特色资源包含丰富的文化信息，是记录和传承历史的重要载体，数字图书馆在特色资源建设过程中要关注对这类资源的数字化整合。历史特色资源具有珍贵性、稀缺性、真实性等特点，数字图书馆在收集此类资源时，一定要确保资源的可靠性，从来源、保存状况、历史价值等多方面进行确认。地方重要家族的家谱、名人的手稿和传记等都是研究地方历史和文化的珍贵资源，数字图书馆可以重点加强对这类资源的收集和整理。这类资源可以帮助研究者深入了解特定区域的社会结构、宗教信仰、家族历史和民族史等多个维度，为社会学、人类学、民族学和经济史等学科的研究提供不可多得的一手资料。例如，通过对孔府家谱的研究，学者可以详细追溯孔子家族的历史发展，更全面地理解儒家文化的传承和发展；对裴氏家谱的研究能够揭示一个家族世代的变迁和社会地位的变化……家谱记录了家族成员的生平事迹，还隐含了关于墓地、家庭规范、族规等方面的详细信息，能够为研究家族结构和传统提供极为宝贵的视角。

数字图书馆还要对这类资源进行数字化加工，建立相关的历史特色资源数字化数据库，提高资源的可访问性，确保信息能够被长期保存。在数字化过程中要善于运用先进技术。例如，高清扫描可以清晰呈现古籍和手稿的细节，光学字符识别（OCR）技术则可将文字内容转换为可搜索的数据，这些技术都可以使用户在查找信息时更加便捷。对于特别重要的历史资料，数字图书馆还可以使用3D建模等技术手段，生动地还原文物的真实面貌。对历史特色资源的整合并非单一的数字化转化，需要数字图书馆在收藏、管理和提供服务的每一个环节都展现出对历史文化遗产的尊重和专业的处理能力。数字图书馆通过收集历史特色资源并建立专门的数据库，能够增强自身的服务能力，促进地区历史文化研究的发展。

（三）挖掘馆藏特色资源

馆藏特色资源包含独特的地域文化、特定学术领域的珍贵文献等，这类资源具有独特的收藏价值，能够为学术研究和公共服务提供丰富的素材，代表了数字图书馆的独特性和核心竞争力。随着信息技术的飞速发展，数字图书馆有了更多机会利用数字化手段保存并推广这些珍贵资源，为研究和教学提供更为丰富的支持。

馆藏特色资源的挖掘需要从资源的独特性和稀缺性出发对数字图书馆的馆内资源进行筛选。数字图书馆的名人手稿、珍贵古籍、独特的音频资料、地方政府文档等独特资源包含了丰富的历史和文化信息，能够为研究人员和专业用户提供独一无二的内容知识。数字图书馆通过对这类资源的挖掘和数字化处理不仅能够保护这些珍贵的资料，还扩大了自身的影响力。馆藏特色资源的数字化能够为用户提供清晰的内容，满足用户的多样化需求。对于手写稿件和带有手工插图的文献，文字识别和图像识别技术可以将这些内容转化为可检索的数据；对于音视频资料，可以采用高清采集和格式转换技术，使得音质和画质在转化过程中得到保留，提升用户体验。数字图书馆还要对这类馆藏特色资源进行科学的组织，根据资源的类型、时间、主题、作者等进行细致分类，结合关键词、标签等方式实现多层次的组织结构，方便用户快速查找相关资源。

馆藏特色资源的挖掘还包括深层次的知识服务，通过知识挖掘和智能推荐，数字图书馆能够为用户提供更多关联性内容，将馆藏特色资源与用户兴趣、研究方向相结合。深度知识服务既提高了资源的利用率，也提升了数字图书馆在用户心中的价值。对于特定学科的研究者，系统可以自动推荐相似主题的资料，甚至提供相关研究趋势和专业分析，帮助用户更好地使用馆藏资源。馆藏特色资源的挖掘需要数字图书馆工作人员具备高度的专业性和前瞻性，能够确保资源的系统性和科学性。通过持续的努力，数字图书馆的资源特色将更加鲜明，能够更有效地服务教学和研究，同时数字图书馆也能通过这些独特的资源来展示自身的价值和功能，增强其在数字信息时代的吸引力和竞争力。

（四）建设学科特色资源

学科特色资源指的是围绕某一特定学科领域经过深入收集和整理的资料，它们具有独特的专业性和系统性，为该学科的研究者和学术爱好者提供了高度聚焦的知识服务。数字图书馆在特色资源建设过程中，选择适合的学科方向至关重要。数字图书馆通常会优先选择那些在该图书馆有扎实研究基础的领域，或所在机构拥有学术优势的学科。确定了学科方向后，通过全面系统的资源采集和整合，形成能够支持深度研究的学科特色资源库。学科特色资源库能够服务学科专家，满足不同层次的学术需求，成为该学科领域的重要知识支撑。

学科特色资源经过专业化处理后能够有效提升表达效果。对于文本数据，通常需要按照不同的知识点细化标注，使得研究者在检索时能够精准找到相关信息；对于多媒体资源则可以通过关键词、主题标签和语义分析，将各类内容与学科知识体系紧密结合，为研究者提供更有针对性的参考。经过专业化的组织和整理，学科特色资源得以呈现出系统化的特点，让研究者能够更清晰地理解和利用这些资料。数字图书馆还可以通过构建知识图谱的方式进一步提升学科特色资源的利用价值。知识图谱能够将学科内各个概念之间的联系以可视化的形式展示出来，有助于研究者更全面地理解学科结构和知识脉络。通过知识图谱展示，研究者可以快速掌握概念间的关系，发现潜在的研究方向，激发创新思维。对于跨学科研究者而言，知识图谱能够帮助他们更高效地理解新领域的基础知识，支持跨领域的知识交流和合作。

随着学术研究不断取得进展，数字图书馆需要对已有的学科特色资源进行持续更新。定期收集已有学科的新研究成果、前沿动态，能够保持数字图书馆自身资源的前瞻性和时效性。并且数字图书馆通过与学术出版机构、科研机构展开合作，可以获取最新的科研数据和资料，确保自身学科特色资源的鲜活性。

第六章　数字图书馆安全管理

第一节　数字图书馆网络安全管理

随着网络信息化的发展，网络用户数量不断扩张，对数字图书馆的网络安全管理提出了新的要求。如何才能保护数字图书馆的信息资源不被非法利用和破坏，是数字图书馆网络安全管理的重要课题。

一、数字图书馆网络安全的主要影响因素

信息化技术高速发展的时代，数字图书馆已经成为知识和信息存储、交流的核心平台，但网络安全的隐患给数字图书馆带来了巨大的挑战，直接影响信息系统的稳定与数据的安全。以下是数字图书馆网络安全的主要影响因素（图 6 - 1）。

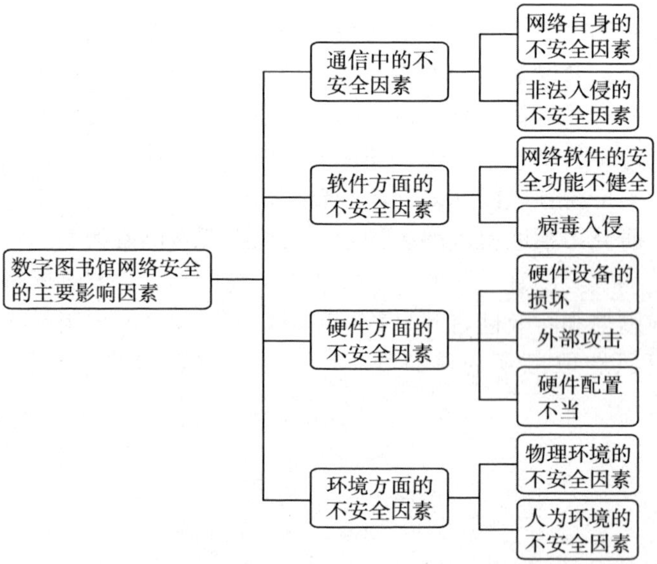

图 6 - 1　数字图书馆网络安全的主要影响因素

（一）通信中的不安全因素

1. 网络自身的不安全因素

网络本身存在的不安全因素主要体现在网络协议漏洞、传输路径中的数据泄露，以及网络节点间安全传输机制的不完善。很多情况下网络协议本身就存在设计上的安全漏洞，使得数据在传输过程中可能被截获、篡改甚至伪造。数字图书馆中大量的数据信息需要在多个系统、服务器之间进行交换，但由于网络协议的缺陷和开放性，数据在传输过程中可能会被第三方截获，导致数据泄露或被篡改。网络的开放性在提升了信息共享和传播效率的同时，也带来了安全隐患。任何与互联网连接的设备都存在被攻击的风险。未经加密的传输和通信协议（如 HTTP 协议）容易被攻击者拦截，导致数据泄露。因此，网络的不安全性是数字图书馆网络安全的一个重要影响因素，需要提升网络安全防护等级来解决。

2. 非法入侵的不安全因素

非法入侵是影响系统安全的一个主要因素，数字图书馆的网络安全管理在权限控制措施方面具有一定缺陷，恶意攻击者可以通过技术手段非法获取系统权限，进入数字图书馆的核心系统窃取或者篡改数据，或者通过网络扫描工具发现系统中的漏洞并加以利用，进入系统窃取、破坏数据，甚至劫持系统资源。未经授权的访问还可能造成系统数据的损坏或丢失，甚至可能对整个数字图书馆的网络系统构成瘫痪性打击。为了应对非法入侵的威胁，数字图书馆在网络安全管理上需要注重防火墙的设置、权限控制及日志监控，通过构建强有力的防御系统来抵御非法入侵带来的风险。

（二）软件方面的不安全因素

1. 网络软件的安全功能不健全

数字图书馆的网络系统中，安全性低的软件可能成为攻击者进入系统的入口。由于某些软件在开发过程中未对安全性进行深入考虑，或者忽略了漏洞补丁的更新和漏洞的修复，这些漏洞就可能被黑客利用，作为进入系统的渠道。软件在设计上缺少安全性考虑、安全功能不健全，也直接影响了数字图书馆的网络安全。网络软件的安全漏洞容易受到病毒和恶意代码的攻击，导致软件崩溃，甚至使整个系统瘫痪。例如，数字图书馆的数据库管理系统若未得到充分的安全防护和更新维护，攻击者可能通过 SQL 注入或跨站脚本攻击进入系统，进而操控数据库。

2. 病毒入侵

病毒入侵是网络系统中常见的安全问题，尤其是对于与外界互联网连接的数字图书馆而言。病毒可能通过下载文件、访问不安全的网站或使用外部存储设备进入系统，一旦病毒成功入侵，就可能对系统中的文件、数据库等造成破坏，造成数据丢失或泄露。病毒可以传播到系统中的其他设备，导致系统崩溃和瘫痪。某些病毒还具备自我复制功能，通过网络扩散至整个系统，增加了数字图书馆的防护难度。要防止病毒入侵，数字图书馆需建立全面的病毒防护机制，使用防病毒软件实时监控和查杀病毒，同时加强员工的网络安全意识，以降低病毒感染的可能性。

（三）硬件方面的不安全因素

数字图书馆网络在硬件方面的不安全因素主要包括硬件设备的损坏、外部攻击以及硬件配置不当等。

1. 硬件设备的损坏

硬件设备如服务器、路由器和交换机等是支撑数字图书馆网络系统的核心组成部分，如果这些设备出现硬盘损坏、服务器崩溃等故障，可能会导致数据丢失或系统崩溃，影响数字图书馆的正常运行。故障一旦发生，恢复数据和系统往往需要较长时间，甚至可能导致部分数据永久丢失。定期对硬件设备进行检测和维护，及时更换存在隐患的硬件设备是保障硬件安全的基本措施。

2. 外部攻击

外部攻击可能利用网络漏洞直接作用在硬件设备上，导致硬件资源过度消耗甚至硬件损坏。例如，通过网络洪水攻击，数字图书馆的服务器长时间处于高负荷状态，最终可能导致设备过热或损坏。黑客还可能利用设备的漏洞进行远程控制，使其成为攻击其他系统的“跳板”。为应对外部攻击对硬件安全的威胁，数字图书馆需要加强对硬件设备的监控，设置合理的访问控制措施，及时安装安全补丁，保障硬件的稳定运行。

3. 硬件配置不当

硬件配置不当是数字图书馆网络安全的一个严重隐患。具体来说，硬件配置不当主要包括以下问题。

（1）设备老化。如果数字图书馆的服务器和其他网络设备过于老旧，可能无法满足当前的安全需求。例如，过时的防火墙或路由器可能无法有效防御最新的网络攻击，导致出现安全漏洞。

（2）缺乏备份设备或冗余系统。没有足够的备份设备或冗余系统，一旦主设备出现故障，整个系统可能会陷入瘫痪，影响数字图书馆正常运行和开展服务。

（3）物理安全措施不足。硬件设备的物理安全也非常重要。如果机房没有门禁系统、监控摄像头等物理安全措施，那么黑客或未经授权的人员可能轻易进入，对设备进行破坏或篡改。

（四）环境方面的不安全因素

数字图书馆的网络安全受到物理和人为环境因素的影响，它在一定程度上也威胁到网络的安全性。环境方面的不安全因素主要体现在以下方面。

1. 物理环境的不安全因素

物理环境的不安全因素指未满足防火、防水、防尘以及防雷等的要求。例如，数字图书馆的服务器机房需要保证温度和湿度在设备承受范围内，同时要具备防火设施，防止火灾造成硬件损坏。一旦机房的防护条件不完善或遭遇自然灾害，将会严重影响设备的正常运行。

2. 人为环境的不安全因素

人为环境的不安全因素主要来自操作人员的失误或管理人员的疏忽。不合理的管理措施、不到位的数据备份工作或缺乏维护管理的硬件设备等，都会导致数据丢失、设备损坏等安全隐患。为消除人为环境的不安全因素，数字图书馆需要制定严格的操作规程，并对相关管理人员进行定期的培训，以提升他们的安全意识和操作水平。

数字图书馆的网络安全管理具有多层次、多维度的特点，需要考虑通信、软件、硬件以及环境等多方面的安全影响因素，应针对每一个具体因素制定完善的应对策略和安全防护措施，以保障数字图书馆的网络安全。

二、数字图书馆网络安全问题的解决策略

随着信息技术的不断发展，安全隐患也逐渐增多，数字图书馆的网络安全形势也日益严峻。需要从以下 5 个方面全方位推进，保障数字图书馆的正常运作（图 6 - 2）。

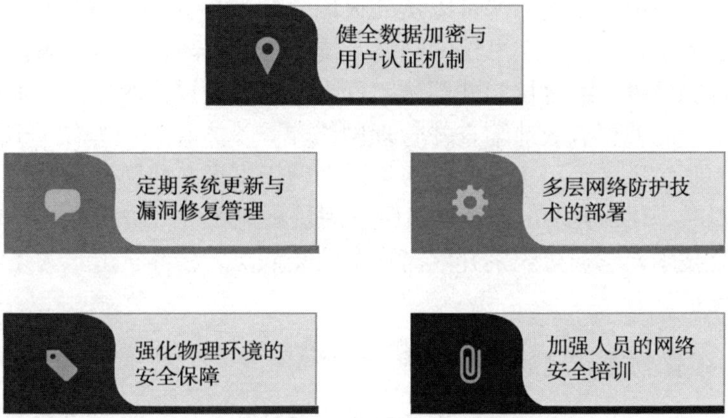

图 6 - 2　数字图书馆网络安全问题的解决策略

（一）健全数据加密与用户认证机制

网络安全中，加密和认证是保障信息机密性和防范非法访问的基本方法。加密技术可在数据传输过程中将信息编码，确保信息在传输链条中的安全性，使非授权用户无法解读或窃取信息。数据加密技术分为对称加密和非对称加密，可以根据网络系统需求进行不同层次的加密应用。利用 SSL/TLS 协议等加密协议对传输数据进行保护，可极大程度降低数据被截获或篡改的风险。

为了进一步保障数字图书馆用户访问的安全，用户认证机制在数字图书馆网络安全中也是必不可少的。通过多因素认证（2FA）及生物识别技术，可以加强访问的安全性，能够验证用户的身份，确认其登录行为是否真实，应用双因素认证等手段可以增强系统的防护强度，减少未经授权的访问，也能在发生风险时提供追溯机制，保证对数据的安全管理。

（二）定期系统更新与漏洞修复管理

数字图书馆在软件开发过程中通常存在各种漏洞，这些漏洞是网络攻击的切入点，定期更新系统和修复漏洞可以防止恶意攻击者利用这些漏洞进入系统。通过安装最新的系统补丁和进行系统加固能够降低安全漏洞带来的威胁，保持系统运行的安全性。漏洞管理包含漏洞扫描和周期性评估，数字图书馆可以及时发现系统中的潜在隐患并采取应对措施。定期开展渗透测试和应急演练能够有效检验系统的应对能力，确保系统在潜在威胁出现时能够迅速恢复并正常运作。数字图书馆的信息技术部门要建立完善的漏洞管理制度，将系统漏洞修复列为例行任务，保持系统的稳定运行。

（三）多层网络防护技术的部署

多层网络防护技术的部署可以从防火墙、入侵检测系统（IDS）和防病毒软件三方面入手，为数字图书馆的网络系统提供综合防护。防火墙作为保护网络系统的首要屏障，通过控制外部访问行为限制未经授权的连接，确保系统免受恶意攻击，能够更有效地筛查并管理网络流量。入侵检测系统（IDS）是另一层重要的防护措施，可实时监控网络活动、识别潜在威胁和异常行为，当出现异常流量时，IDS 会发出警报来提醒管理员迅速响应。防病毒软件也是不可或缺的安全技术，它通过识别并隔离病毒防止病毒入侵和扩散，为系统提供实时的安全保护。

（四）强化物理环境的安全保障

数字图书馆的机房要配备防火、防水、温控等设施，保证物理设备的安全性；要配置备用电源以应对停电等突发情况，保证设备的稳定运行；要配备门禁系统和24小时监控设备，防止未经授权人员进入。服务器设备要安置在安全性较高的位置，并为其安装专业的冷却系统，有效延长设备的使用寿命并保障其运转稳定。要定期维护和检测硬件设备，及时发现潜在的物理环境隐患，确保物理环境的完整与稳定。

（五）加强人员的网络安全培训

人员操作对网络安全有着直接的影响，操作人员网络安全意识薄弱或操作不当都会导致安全隐患，定期开展网络安全培训是增强员工安全意识、减少人为失误的重要手段。网络安全培训的内容包括基本的安全操作规范、网络攻击的识别与应对等，通过培训，员工能够更好地理解并履行安全职责。在具体操作过程中，分级权限管理也是降低风险的重要策略：根据工作需要，为员工分配不同的权限，确保敏感数据的访问控制在授权人员范围内；建立明晰的操作流程和责任划分机制，减少因权限滥用造成的网络安全威胁；制定严谨的应急预案以应对网络安全突发事件，为数字图书馆的网络安全提供更高的保障。通过人员的操作规范化和意识提升，能够有效减少人为因素对系统安全造成的负面影响。

第二节　数字图书馆信息安全管理

数字图书馆信息安全管理是指保护数字图书馆中的信息系统相关资产，确保其免受任何可能的威胁和损失，并保障其实现所设定的信息服务和其他功能的行为。数字图书馆信息安全管理涉及多个要素，科学合理进行信息安全管理能够确保数字图书馆的安全水平不断提高。

一、数字图书馆信息安全的需求

数字图书馆信息安全的需求涉及保密性、完整性、可靠性、可用性和可控性5个方面（图6-3），它关系到数字图书馆系统的日常运作，决定了服务的质量和用户信任度，有效地满足这些信息安全需求，是数字图书馆得以稳健发展的基础。

（一）保密性

保密性是数字图书馆信息安全的首要需求，涉及保护信息内容不被未经授权的用户访问。数字图书馆存储了大量用户的个人信息、学术数据以及其

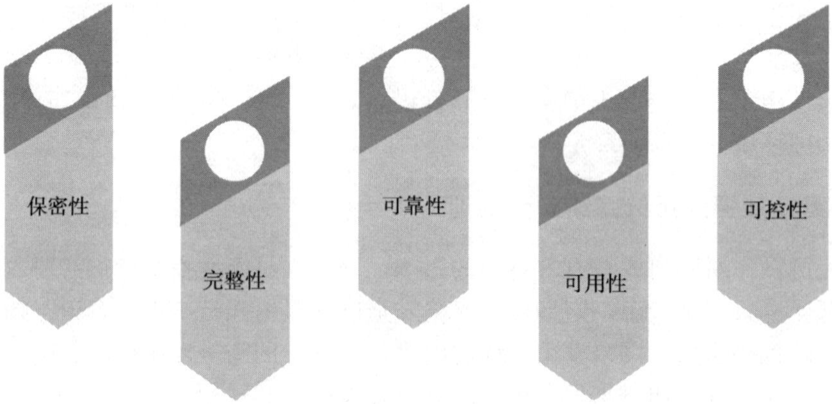

图 6-3　数字图书馆信息安全的需求

他敏感数据，确保这些数据的保密性至关重要。保密性包括个人信息、学术数据、馆藏资源访问权限的控制，防止数据泄露或被不正当使用。数字图书馆需要采用加密技术对存储和传输中的数据进行加密，以确保只有授权用户才能查看或使用。严格的访问控制也能有效防止未经授权的访问，数字图书馆通过设置访问权限，能够确保不同用户只能查看与其权限等级相匹配的信息内容。

（二）完整性

数字图书馆在日常运营中需确保馆藏资源和用户信息不因传输错误或恶意攻击而发生改变。完整性是数字图书馆信息安全的关键内容，也是维持用户信任的重要保障。为了保证数据完整，数字图书馆可以使用数字签名和校验机制对文件的每次访问或更改进行记录，一旦发生数据改动，能够迅速定位并修复数据中的错误或缺陷。

（三）可靠性

数字图书馆信息安全需求的可靠性体现在信息系统在不同场景下的稳定表现，以及在面临故障或外部攻击时的恢复能力上。增强系统的可靠性意味着减少系统的停机时间，在应对突发事件和处理数据故障时保障系统的连贯性和可操作性。数字图书馆可以采取冗余备份措施和灾备方案，保障在出现系统崩溃或数据损毁等情况时系统能够迅速切换到备用方案，降低对服务运行的不利影响。

（四）可用性

可用性即保障用户在需要时可以正常访问所需资源，它是确保用户体验的基本要素。数字图书馆的资源需要做到随时可用，避免因系统维护或设备故障而导致服务中断。可用性要求系统具备较长的在线时间，为用户访问提供多样化的渠道支持，能够满足不同用户的需求。为了提升系统可用性，数字图书馆需要定期进行系统升级和维护，避免因系统老化或性能下降而影响用户的使用体验。另外，通过引入负载均衡和自动恢复技术，数字图书馆能够保证在高并发访问或系统意外中断时，资源的可用性不受影响。

（五）可控性

可控性指在信息系统中能够实现信息流和操作权限的有效管理，使得信息的访问、修改、传输等行为都处于监控和控制之下。可控性确保了数字图书馆对信息流转的全程管理，避免了敏感信息被不当处理或流出系统范围。为了实现信息的可控性，数字图书馆可以通过权限分级和数据流动控制等手段，确保不同用户在不同权限范围内对信息的使用权限，避免超出权限范围的操作发生。记录用户操作的日志能够为系统追踪和审计提供依据，确保每一个访问和更改行为都可以追溯。

二、数字图书馆信息安全威胁因素分析

数字图书馆信息安全的威胁因素复杂多样，既包含来自外部环境的客观威胁，也有数字图书馆内部管理及人员操作带来的主观威胁（图 6－4）。对威胁因素进行深入分析有助于更清晰地理解数字图书馆信息安全风险所在，以便采取相应的应对措施。

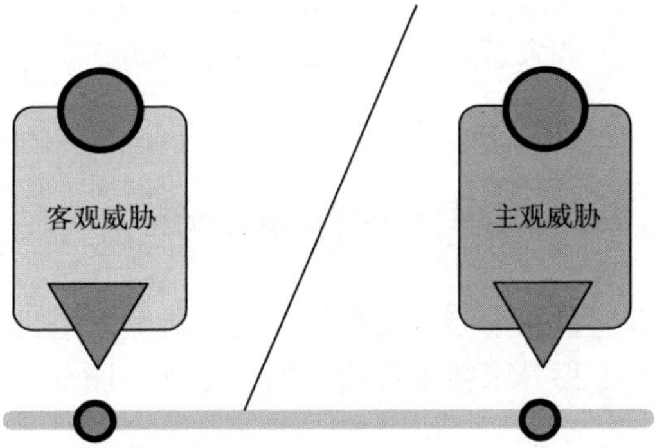

图 6－4　数字图书馆信息安全的威胁因素

（一）客观威胁

客观威胁主要源自不可控的外部条件对数字图书馆的信息安全造成持续性风险。洪水、地震和台风等自然灾害会对数字图书馆的信息系统带来不可忽视的威胁，破坏网络基础设施，影响系统硬件设备和数据中心的运转，甚至导致数据丢失。湿度、温度和静电等自然环境因素，硬件和软件的技术缺陷以及物理磨损对系统稳定性和数据完整性都有可能造成较大的威胁。硬件设备的故障、老化、物理损坏以及电力中断均可能导致系统崩溃，甚至造成数据永久性损失。软件层面的系统漏洞和程序缺陷会使系统暴露于潜在的安全风险中，导致运行不稳定，甚至可能被不法分子利用来实施恶意攻击。

（二）主观威胁

主观威胁则来源于人为因素和内部管理中的疏忽，这类威胁虽然相对可控，但依旧对数字图书馆的信息安全构成直接威胁。

人为因素包括黑客攻击、恶意软件攻击和分布式拒绝服务（DDoS）攻击等网络攻击形式，通过侵入系统、截取信息、篡改数据等方式对信息资源进行破坏或窃取。攻击者可能利用网络协议漏洞、开放端口等系统弱点发起攻击，使数据遭受破坏甚至丢失。钓鱼网站、恶意链接等攻击手段也会对用户的数据安全和隐私构成严重威胁。内部管理因素主要指在管理流程、制度设计和实施上的疏忽或不足导致出现信息安全隐患。数字图书馆的信息管理涉及数据的存储、访问、维护等多个环节，如果管理制度不完善或缺乏定期审查，极易出现安全漏洞。管理流程中的不规范操作可能增加信息泄露的风险，信息访问权限控制不严格或管理制度执行不到位也会让敏感数据面临外泄的风险。馆员在日常操作中可能因操作失误、系统误判等，导致信息的误删或泄露。员工的安全意识不足、培训不充分等问题也可能带来不可预测的安全隐患。尤其在数据传输和共享过程中，员工若未遵守相关的安全规定或疏于信息保护，可能无意间造成信息安全事故。

三、数字图书馆信息安全管理策略

数字图书馆制定并执行全面的信息安全管理策略，有助于确保系统的稳健运行，也在一定程度上提升了数据和资源的安全性（图 6－5）。

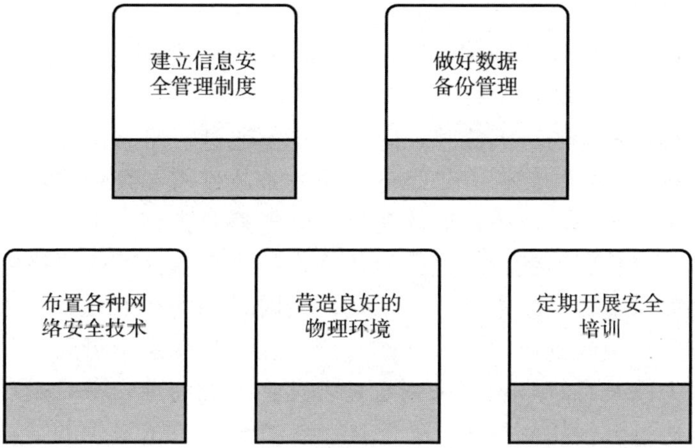

图 6-5　数字图书馆信息安全管理策略

（一）建立信息安全管理制度

科学合理的信息安全管理制度能够规范数字图书馆员工的操作行为，有效避免因操作不当导致的安全隐患。数字图书馆中建立信息安全管理制度有助于明确各岗位的安全责任，将信息安全工作融入日常操作流程。制度建设应包括数据访问控制机制、信息使用权限规定和访问记录监控系统等多个环节。数据访问控制机制可以对用户身份进行有效识别和验证，通过规定信息使用权限，保证不同用户仅能操作与其权限相关的数据；访问记录监控系统则通过对用户的访问记录进行存档和分析，以便在发生安全事件时能够快速追溯并采取应对措施。信息安全管理制度的建立强化了信息安全，使馆内员工在日常操作中保持清晰的安全意识，避免了可能发生的安全疏漏。

（二）做好数据备份管理

数据备份管理要求存储系统可靠，需要定期更新与测试，以确保备份数据在紧急情况下能够迅速恢复。馆内数据的备份应包括完整备份和增量备份，涵盖系统数据和用户信息。存储方面可以采用本地与云端相结合的备份方式，将重要数据保存在物理隔离的系统中，以防遭受网络攻击后造成数据损坏。数据备份的频率和数据存储位置应根据数据的更新频率、重要性和敏感度来设定，关键信息需要额外的保护措施。此外，备份系统还需设置严密的权限控制，防止未授权访问或数据泄露。对备份数据的定期测试能够确保数据的可恢复性，进而能够增强数字图书馆面对突发信息安全事件的应急能力。

（三）布置各种网络安全技术

数字图书馆通过多层次的网络安全技术的布置，能够有效应对不同类型的网络威胁，确保信息安全。

病毒是网络安全的重大威胁，防病毒技术通过实时监控和拦截来阻止病毒的入侵，将病毒的破坏性降到最低。防病毒软件需要具备快速扫描、实时监测和自动更新功能，以确保能够防御最新的病毒类型。定期对系统进行全面扫描、清理以及更新病毒库是保障防病毒技术有效性的必要措施。入侵检测技术能够实时检测系统中的异常活动，及时识别潜在的攻击行为，在数字图书馆网络安全中起到了“哨兵”的作用。入侵检测系统可通过分析数据流量、用户行为以及系统日志等来判定是否存在恶意活动，一旦发现异常则会发出警报。通过入侵检测技术，数字图书馆能够在攻击发生的早期就采取措施，降低信息安全事件的影响。防火墙作为网络安全的第一道防线，通过设定访问规则来限制未经授权的访问，能够有效过滤外部网络流量，还可基于用户行为进行动态调整，阻止异常数据的进入。防火墙的合理部署能够有效隔离内外网，实现信息安全区域的划分，并通过细化规则设置而减少外部威胁。

（四）营造良好的物理环境

数字图书馆适宜的物理环境能够有效延长硬件设备的使用寿命，保障信息系统的长期稳定。温度、湿度、电力等的稳定性直接影响着硬件设备的性能，不达标的物理环境极易导致设备故障。为确保物理环境的安全性，数字图书馆应采用恒温恒湿控制设备，确保机房环境始终处于稳定状态，避免因温度过高或湿度过低导致硬件损坏。物理安全保障上，要建立访问控制系统，避免未经授权的人员进入设备区域。定期维护、检查电力系统并配备不间断电源系统，确保在电力突发中断情况下数据不会丢失。必要时应设置视频监控设备，以便实时监控机房的物理安全状态。

（五）定期开展安全培训

通过定期开展安全培训，可以增强数字图书馆员工的安全意识，强化其对安全策略和操作规范的理解，降低人为操作失误带来的安全风险。安全培训的内容应包含信息保护基本常识、网络攻击防范方法、数据保护操作流程以及新兴安全威胁的识别与防范技巧等方面。通过模拟演练、案例分析和应急预案演练等方式，员工能够熟练掌握在突发情况下的应对措施，进一步提升数字图书馆信息安全的整体防护水平。

第三节　数字图书馆知识产权保护

一、数字图书馆知识产权保护的重要意义

数字图书馆作为知识共享的重要平台，做好知识产权保护具有重要意义，主要体现在以下方面。

其一，有效维护创作者与出版者的合法权益。通过系统的保护措施，数字图书馆可以激励原创性创作，为更多的内容创作者提供安全的作品传播途径，保证其创作成果在数字环境下得到合法使用，促进资源的持续增加和流通。

其二，应对信息滥用的风险。随着网络技术的发展，信息复制和传播变得异常便捷。针对这种易复制、易传播的特点，数字图书馆通过知识产权保护政策，确保数字内容的合规利用，并为用户提供合适的使用规范，减少非法传播与资源浪费的现象。合规的资源使用方式不仅能够保障内容创作者的利益，还确保了数字图书馆资源的持久保存，使其在多元化的用户群体中持续发挥作用。

其三，为资源的公平使用提供强有力的保障。通过设置合理的知识产权保护制度，数字图书馆在保护内容原创者权益的同时，推动了信息的公开性与透明化，使不同用户能够在合法合规的范围内获取所需资源，提升知识服务的普及性。完善的知识产权保护不仅有利于维持数字图书馆的公共性角色，还有利于提高公众获取信息的便利性和安全性，从而进一步满足社会对知识公平获取的需求。

其四，保障运营合法性。作为公众资源的提供者，数字图书馆通过严谨的知识产权保护措施，确保在传播和管理信息资源时避免法律纠纷，使数字图书馆在其资源管理和服务提供过程中获得公众信任，为其长期发展奠定坚实基础。

二、数字图书馆知识产权保护的特点

数字图书馆知识产权保护的特点主要包括法律性、技术依赖性、灵活性、共享性、教育性（图 6 - 6）。

（一）法律性

知识产权保护的核心在于保障信息资源使用的合法性，防止未经授权的

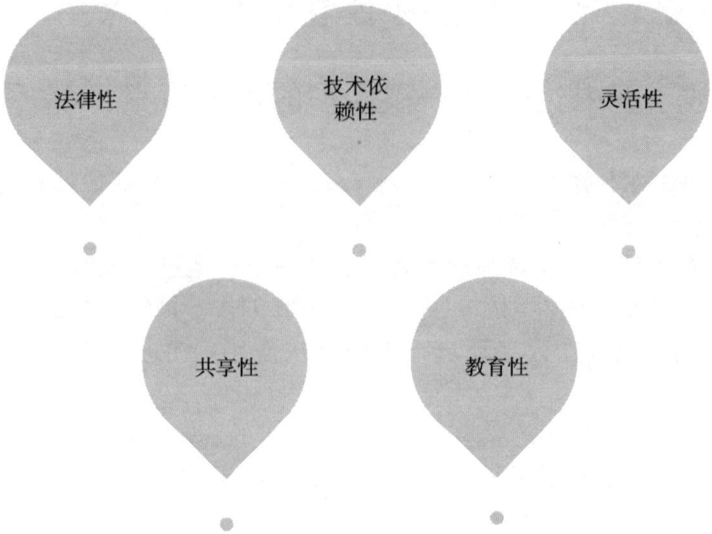

图 6-6　数字图书馆知识产权保护的特点

复制、分发和利用。数字图书馆信息资源的保护依赖相关法律法规的完善，数字图书馆通过制定符合自身特点的法律规则来确保资源使用合规。法律性特点不仅体现在版权法对数字资源的直接保护上，还反映在数字图书馆内部管理规范上。法律性能够确保所有用户和管理者都能在法律框架内获取和利用资源，使数字资源的流通有章可循，为数字图书馆的各类信息服务提供法律保障。

（二）技术依赖性

相较于传统纸质资源，数字资源的存储、传播方式更加复杂，易受到恶意破解和非法访问的威胁。为有效保护数字资源的版权，数字图书馆依赖数字水印技术、智能代理技术等多种先进的技术。数字水印技术通过在数字资源中嵌入唯一标识符，实现了对信息源的追踪，使数字资源在未经授权时被识别；智能代理技术则自动控制用户访问权限，防止未经授权的访问。技术依赖性使得资源在流通过程中始终能得到有效保护，防火墙、入侵检测等安全措施的广泛应用，有效防止了资源的非授权访问，提升了数字图书馆资源保护的实效性，拓宽了保护范围，使数字图书馆知识产权保护的体系更为完善。

（三）灵活性

数字图书馆的知识产权保护具有高度的灵活性，能够适应不断变化的信息环境与用户需求。随着数字资源的类型不断丰富、用户需求日益多元化，传统的保护措施已难以完全满足数字图书馆管理需求。数字图书馆可以根据资源的敏感性、使用目的等设置不同层次的访问权限，以满足不同读者的使用需求。例如，部分学术资源可以设置为仅供馆内阅览，保护资源的知识产权不被侵犯。除此之外，灵活性还体现在技术与管理的结合上，通过设置灵活的访问模式、采用多层次的保护手段，数字图书馆能够根据资源的特点和用户需求进行动态调整。灵活性特点保障了资源的安全性，提升了用户的使用体验，使得资源得以在保护与开放之间找到平衡。

（四）共享性

数字图书馆作为知识传播的重要渠道，既要保护资源所有者的合法权益，又要服务于更广泛的公众需求。共享性特点使得数字图书馆在知识产权保护中不局限于封闭管理，而是根据资源属性、访问需求等提供分级共享服务。例如，对科研资源的开放可促进学术成果的共享，而对商业性资源的合理保护则确保了资源的安全。共享性有助于满足公众的学习需求，为知识的传播提供路径，有利于知识在保护范围内得到广泛传播和应用，为构建知识共享型社会贡献力量。

（五）教育性

知识产权的有效保护除了依赖技术与管理手段，也需要用户的自觉遵守。通过知识产权教育活动，数字图书馆能够提高用户对知识产权重要性的认识，使其了解合法使用资源的准则，减少侵权事件的发生。用户通过知识产权教育能够理解资源的使用范围，增强知识产权保护意识，为形成良好的知识产权生态打下基础。教育性还体现在数字图书馆对内部管理人员的培训上，确保管理人员具备法律意识和技术素养，能够推动知识产权保护工作进一步优化和普及。

三、数字图书馆知识产权保护的措施

数字图书馆知识产权保护需要从完善相关的知识产权保护法规、采取有效的技术保护措施、加强知识产权教育三方面开展，这些措施相互配合，能够为数字资源的知识产权提供多层次保护，保障资源的合法使用和安全性（图 6-7）。

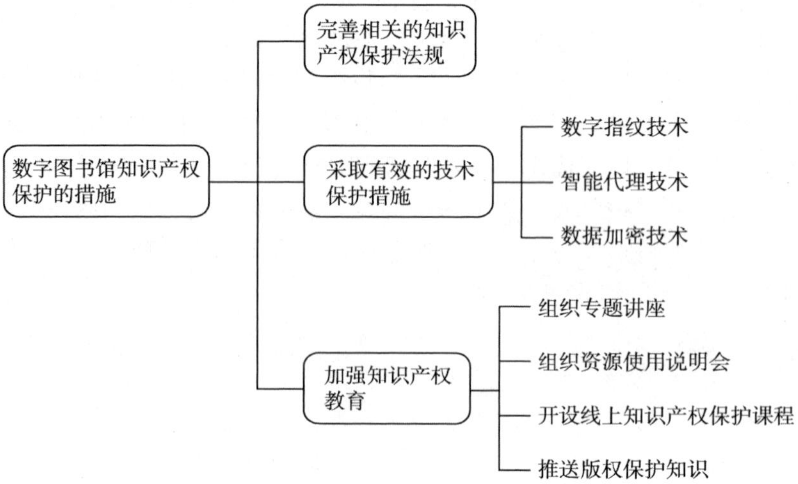

图 6-7　数字图书馆知识产权保护的措施

（一）完善相关的知识产权保护法规

为了确保数字图书馆资源的合法使用，应完善相关的知识产权保护法规。此举为数字图书馆提供了强有力的法律保障，使得用户在使用资源时清晰了解自身的权限，避免无意中的侵权行为。通过遵守明确的法规条款，数字图书馆能够确保资源持有者的利益不受损害，确保用户合理、合法地使用资源。

（二）采取有效的技术保护措施

为了提升知识产权保护的效果，数字图书馆还依赖一系列技术手段，这一系列技术手段为保护资源的合法性提供了坚实的支持。

1. 数字指纹技术

数字指纹技术通过在数字资源中嵌入唯一标识，使资源在分发、下载和使用过程中始终可以被追踪。这一技术可以追溯资源的来源，判断资源是否被篡改，确保原始资源的完整性和合法性。数字图书馆通过在资源中嵌入数字指纹保护了资源的安全，还能够追溯资源泄露或被复制的路径，为资源泄露后的追责提供技术支持。数字指纹技术具备一定的隐蔽性，不影响资源的正常使用，对用户体验几乎没有负面影响，是较为理想的知识产权保护技术。

2. 智能代理技术

智能代理技术通过设置自动化的权限管理系统，根据不同用户的权限和需求，为其提供相应的访问等级和操作权限。智能代理技术实现了动态权限管理，可以实时监控用户访问行为，自动屏蔽未经授权的操作。数字图书馆中智能代理技术的应用除了管理用户的访问权限，还可以通过对资源的访问记录进行分析，来判断资源是否存在被滥用或恶意下载的风险。通过此技术手段，数字图书馆能够规范拥有不同权限用户的行为，避免因权限误用而造成的知识产权损害，保障了资源在合法范围内的应用。

3. 数据加密技术

数据加密技术对保护数字资源至关重要，特别是在信息传输、存储等过程中，加密处理可以防止资源被非法截取、修改甚至泄露。数字图书馆在资源的存储与传输过程中采用加密算法，能够有效避免资源泄露。数据加密技术可以保护资源传输层面，还可以用于存储管理，使未经授权的用户即便获得数据也难以解读。动态加密技术能够根据使用情境灵活调整加密方式，确保数据在最小成本下获得最佳保护。

（三）加强知识产权教育

加强知识产权教育有助于增进数字图书馆工作人员和用户对知识产权保护的认知，增强其在资源使用过程中的自律意识。数字图书馆可以通过组织专题讲座、资源使用说明会等活动，将知识产权保护的重要性传达给用户，并向其讲解资源不当使用带来的法律后果。也可以通过开设线上知识产权保护课程、推送版权保护知识等方式，让用户随时了解相关信息。通过加强知识产权保护教育，用户的相关意识可以得到很大提高，也为数字图书馆管理工作带来了便捷。在知识产权保护教育过程中，还应对管理人员开展培训，通过加强数字图书馆内部人员的版权意识与专业素养，确保在日常工作中避免因管理疏忽而导致的版权问题。

第七章　数字图书馆的服务模式

第一节　数字图书馆的信息推送服务

一、信息推送服务概述

信息推送技术亦称网播技术，代表了网络信息传递的一种进步方式。与传统的拉技术（pull technology）形成对比，拉技术主要依赖用户通过浏览器发起请求，从数据库中检索所需信息后再传输至用户计算机的模式，而信息推送技术则由服务器主动向客户端发送信息，通过对用户需求的分析，实现了从“用户找信息”到“信息找用户”的转变，减少了用户交互中用户的直接参与，大大提高了资源的利用效率。

信息推送技术的核心是建立一个信息代理机制，将原本由客户端执行的任务转移给服务器，服务器根据用户提前设置的兴趣档案自动收集并筛选用户最感兴趣的信息，并根据预定的时间间隔将这些信息直接传送到用户的设备上。用户在使用信息推送服务前，需在代理服务器上注册并提交个人信息需求，以进行信息的初步定制。服务器端装备了高效的网络信息搜集器和一个基于内容的缓存系统，负责管理网络上的动态信息。服务器还利用自动分类技术、信息过滤和推送技术，为不同用户提供定制化且具有特色的信息推送服务。

从技术方面来看，服务器端承担信息的收集与整理的任务，通过一系列的软件工具确保信息能够根据用户的具体需求进行推送，保证信息在网络传输过程中的一致性、可靠性和安全性。这种主动的服务方式为用户带来了极大的便利，用户无需进行复杂的搜索操作，即可定时接收到个性化的信息内容，增强了信息服务的灵活性和实用性。

二、数字图书馆信息推送服务的类型

数字图书馆的信息推送服务根据信息内容的特征和用户需求的多样性可以

分为以下 4 种类型（图 7－1）。

图 7－1　数字图书馆信息推送服务的类型

（一）通知推送

通知推送是信息推送技术中最简单的一种形式，能够及时传达重要信息，有紧急或重要信息时能够提醒用户。通知推送服务的内容包括图书上架、数据库更新、借阅到期提醒、活动预告等，这种方式的优点在于其低要求性，即对信息流量和资源的消耗较少，同时提供必要的更新，不具有高度的交互性和强制性。通知推送的频率较高，信息时效性强，适用于需要用户及时获取和回应的内容，它能够帮助用户在不主动检索的情况下获取最新的信息动态，有效降低了信息遗漏的风险，增强了用户对数字图书馆的依赖。

（二）提要推送

提要推送是一种智能化的推送技术，能够在后台筛查互联网网页或其他信息源，寻找与用户设定的关键字、日期、数值等匹配的信息，并主动将这些信息传递给用户。该服务在后台执行复杂的信息处理任务，依赖用户设定的详细查询条件进行运作，提供更为精准的信息更新。提要推送的信息内容通常涵盖了当前用户关注领域中的最新信息，如某一专题下的最新研究进展、热门书籍推荐、精选文章摘要等。它能够使用户快速了解领域动态，避免用户在大量信息中筛选的烦琐过程，提升了信息获取的便捷性。通过信息提要服务，用户可以自行决定是否深入查看某一条具体信息，使得信息推送在保证广泛覆盖的同时兼顾了内容的简洁性。

（三）用户定制拉取

用户定制拉取是用户基于个人需求主动定制的信息获取方式，用户在系统中设置特定的主题、关键词或领域，系统则根据这些设置周期性地抓取和推送相关信息。此类型的推送模式强调用户的主动性，允许用户依照个人的阅读习惯和知识需求进行深度定制，推送的信息具有极强的相关性。用户定制拉取大大减少了无关信息的干扰，使得信息推送更加贴合用户的实际需求。用户定制拉取往往用于专业领域中特定主题的追踪，如某一科研课题的进展、新文献的发布等，为用户的深度研究提供支持。

（四）自动信息推送

自动信息推送是按预设时间表自动更新和发布信息的服务，它是基于系统算法和用户行为数据生成的智能化推送方式。系统通过大数据、机器学习等先进技术分析用户的历史检索记录、偏好、使用行为等，智能识别用户的潜在需求，在用户未进行明确检索时自动推送相关的内容。自动信息推送提升了信息服务的智能化程度，此服务形式的互动性强，能够根据用户的选择提供全面的信息展示，极大地丰富了用户的信息接收体验。

三、数字图书馆信息推送的实现方式

数字图书馆通过多样化的方式实现信息推送，满足用户的特定需求，提升信息传递的效率和个性化水平，具体如下（图 7－2）。

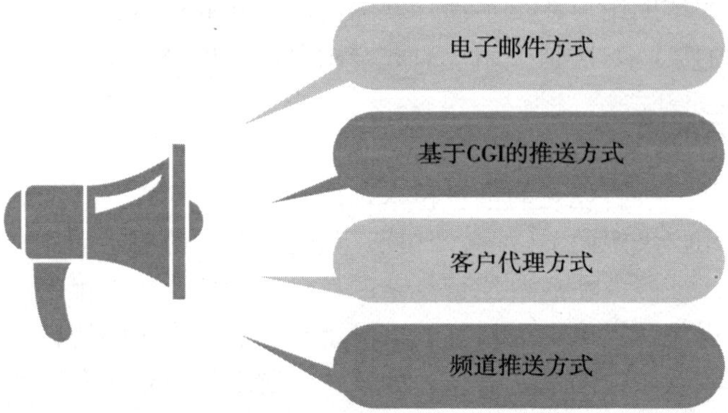

图 7－2　数字图书馆信息推送的实现方式

（一）电子邮件方式

电子邮件是信息推送的一种较为常见的形式，主要通过互联网的电子邮件系统主动向用户发送新书推荐、重要通知、资源更新等信息。用户只需注册电子邮箱地址即可接收来自数字图书馆的通知和更新，不需要频繁登录数字图书馆系统进行信息查询。电子邮件方式方便了用户对信息的追踪，方便了用户对收到的文献、资讯等信息的整理。电子邮件方式的优势在于操作简单，易于实施，具有普遍性和便捷性的特点，用户在任何终端上都能轻松查看推送内容，极大提高了服务的到达率和使用率。

（二）基于 CGI 的推送方式

基于 CGI（common gateway interface）的推送方式通过服务器端与客户端之间的交互实现信息传递，它通过脚本程序处理请求并将结果返回给客户端，用户无需手动检索，系统会根据设定的参数和用户访问记录自动推送符合需求的内容。基于 CGI 的推送方式的优势在于可以根据用户的浏览习惯和行为动态调整推送内容，实现对用户需求的精确把控。随着 CGI 技术的日益完善，其数据处理效率大大提升，为数字图书馆的智能化推送提供了技术保障。基于 CGI 的推送方式还支持多样化的客户端展示形式，使信息呈现更加直观。

（三）客户代理方式

客户代理方式是一种基于客户端的软件代理机制，通过设置代理服务器为用户筛选并收集其感兴趣的信息，代理服务器与信息源建立连接，定期检索并更新用户关心的内容。此服务的用户体验是无感的，使用户感觉信息是自动推送的，该方式有效集成了信息过滤和定制推送的功能，提升了服务的个性化水平和用户满意度。客户代理方式的应用范围广泛，可以在电脑、平板、手机等多种终端设备上运行，并且可以支持通知、信息提要等多种推送类型。客户代理的独特之处在于其具备高度的定制化能力，能够根据用户偏好、检索历史等因素生成个性化推送方案。代理程序还可以实现信息的自动同步和批量管理，为用户提供更为全面的信息体验，具备较高的安全性，能够更好地保护用户数据。

（四）频道推送方式

频道推送方式利用 RSS（简易信息聚合）或其他订阅技术将信息内容聚合成一个频道，用户通过订阅特定频道自动接收信息。频道推送方式为用户提供了一个包括服务器推送技术、客户端组件和开发工具的集成应用环境。用户可以像选取电视频道一样浏览通过网络推送的信息频道，并可以自定义信息的接收时间。服务器负责搜集、组织并形成频道内容，而客户端组件则处理接收的数据并执行用户的指令。频道推送方式在数字图书馆的学术期刊推送、新书上架等信息更新方面应用广泛，它在内容管理方面的优势明显，用户可以自由选择所订阅内容的主题、频率，自动获取最新信息而不必访问多个页面。订阅的频道具有集中、方便的特点，用户可以在指定的软件中看到更新，减少信息获取的碎片化过程，优化频道推送的内容分类和呈现形式，为用户提供了更为便捷的信息获取途径。

四、数字图书馆信息推送的工作流程

数字图书馆信息推送的工作流程是信息技术和服务管理结合的产物，有效地满足了用户的信息需求。数字图书馆信息推送的工作流程大致可以分为建立用户需求数据库、构建信息资源库、服务器的信息推送等 3 个阶段。

第一阶段，建立用户需求数据库。用户是信息推送服务的享用者，每个信息接收者都存在个性差异，也就是个人的学习能力、兴趣与习惯、学习基础、努力程度等都存在差异。信息推送工作流程的起点是建立一个全面的用户需求数据库，通过多种方式收集用户的阅读偏好、信息需求、检索习惯等信息，将用户的信息准确录入系统，确保信息能够按照用户的实际需求进行分类和个性化调整。用户需求数据的采集通常通过 3 种途径实现。第一种，注册信息与偏好设置。用户在注册时填写的基本信息、兴趣标签、阅读偏好等，为个性化推送提供了数据基础，便于系统初步了解用户的内容需求。第二种，历史行为记录。对用户的检索记录、点击记录、浏览频率等进行分析，进一步了解其关注领域，帮助精准推送。第三种，反馈和互动。用户对推送信息的点击率以及阅读时长、收藏、分享等行为的反馈可以作为推送信息优化的重要依据。

第二阶段，构建信息资源库。建立用户需求数据库后，还需要建立一个涵盖电子书、期刊、文献资料等数字图书馆内部各类信息资源，以及数据库订阅内容、新闻资讯、研究动态等数字图书馆外部信息资源的信息资源库。信息资源库通过高效的分类和标准化处理，确保信息的组织结构清晰，便于检索和访问，每条信息都按照预定的个性化标准进行标注和存储，保证信息资源库中的内容既丰富又符合用户需求。信息资源库的构建需要符合信息分类标准和元数据规范，方便内容的组织与检索。组织信息资源时，信息资源库通常采用元数据标签、分类编码等技术，使其中的资源能够按照不同主题、类别、格式细化分层，以便在推送时快速匹配到合适的内容。信息资源库还需具备动态更新机制，确保推送内容的实时性，还要提升信息推送的精准度和广度，满足用户对不同内容、格式信息的需求。在信息资源库的基础上，系统能够结合用户需求数据库，快速定位和筛选最适合推送的信息资源。

第三阶段，服务器的信息推送。完成用户需求数据库和信息资源库的搭建后，信息推送的最后一步是服务器的信息推送。服务器根据用户的偏好、需求和最新信息动态将符合条件的内容推送到用户终端。信息推送可以通过电子邮件、CGI 程序、客户代理、RSS 等多种方式实现，具体推送过程如下。第一，服务器在信息资源库中筛选符合用户需求的数据，将其分类整理后准备推送。

通过用户需求数据库中的偏好数据，服务器将自动过滤不相关的内容，确保推送的精准度。第二，根据用户的使用习惯和设定的偏好，服务器可以选择最适合的推送方式，如电子邮件推送、客户代理推送、RSS 订阅等，保证用户能及时收到所需内容。第三，在推送过程中，服务器将根据用户的需求进行个性化处理，如在标题中标注关键词，或提供推荐相关内容，增强信息的吸引力。

数字图书馆信息推送的整个工作流程在不断动态优化中，通过构建科学合理的用户需求数据库、信息资源库和多样化的推送渠道，能够帮助数字图书馆为用户提供及时、准确的个性化信息服务。整个信息推送的工作流程反映了数字图书馆对于技术和用户需求双重关注的策略，优化了信息的获取和传递机制，提升了信息服务的效率，满足了用户日益增长的信息需求。

第二节　数字图书馆的个性化信息服务

一、数字图书馆个性化信息服务的内涵

个性化信息服务根据用户的知识结构、信息需求、行为方式和心理倾向等有的放矢地为具体用户创造符合个性需求的信息服务环境，为其提供定向化的预定信息与服务，并帮助用户建立个人信息系统。数字图书馆的个性化信息服务是以网络为依托，以用户为中心，围绕用户的兴趣、爱好、习惯、专长等个性需求而开展的动态的特定信息服务活动。个性化信息服务的实质是将用户置于服务的中心，深入分析和尊重用户的行为习惯，为其提供最符合需求的资源。这种服务的主要目标首先是使用户能够根据自身的兴趣和需要定制所需的信息服务；其次是使服务提供者基于用户的独特性，主动筛选并提供最关键的信息及服务，并能根据用户需求的变化进行动态的服务调整。

数字图书馆个性化信息服务的内涵主要涵盖 3 个核心方面。其一，馆藏个性化。个性化信息服务的基础在于用户能够轻松访问到与其需求高度相关的数字资源，数字图书馆应根据用户的偏好调整资源的展示性和可访问性，确保每位用户都能找到符合个人兴趣和需求的内容。其二，界面个性化。用户应能够根据自己的使用习惯和信息需求定制个性化的界面。这种定制包括调整界面布局、功能和搜索设置等，以确保用户可以便捷、准确地获取所需信息。个性化界面不仅提升了用户体验，也提升了信息获取的效率。其三，动态信息服务。数字图书馆及其工作人员应根据每位用户的具体特点和需求，主动提供必要的资源和服务，根据用户的行为反馈和需求变化实时调整服务内容和服务方式，确保服务始终保持高度相关性和时效性。

二、数字图书馆个性化信息服务的特征

数字图书馆在现代信息环境下所提供的个性化信息服务，充分体现了对用户需求的响应能力与精准度。通过综合应用多种技术，数字图书馆实现了智能推荐、用户画像、多平台协同等特征，使信息服务更具针对性和高效性。个性化的信息服务满足了不同用户的需求，提升了信息资源的利用率。以下从智能推荐系统的深度应用、多层次用户画像系统的构建、自适应界面和跨平台协同服务、实时反馈机制、多维数据驱动的智能化分析五方面详细展开，展示数字图书馆个性化信息服务的特征（图 7－3）。

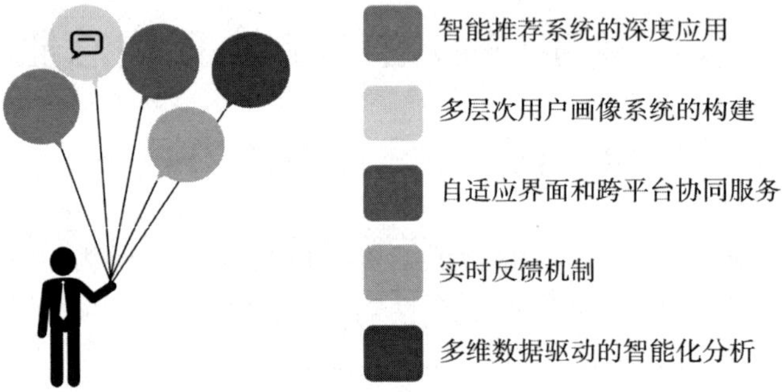

图 7－3　数字图书馆个性化信息服务的特征

（一）智能推荐系统的深度应用

通过大数据分析与机器学习技术的结合，智能推荐系统能够精准识别用户的兴趣偏好和使用习惯，提供符合用户需求的个性化资源。例如，对于特定领域的科研人员，智能推荐系统可以基于其过往的学术论文浏览数据，实时推荐与其研究领域高度相关的最新文献和研究动态。智能推荐系统的精度随着用户数据的积累不断提高，在用户使用过程中，所推荐内容的质量和相关性逐步优化，为用户提供个性化、实时化的资源服务体验。随着人工智能技术的不断发展，智能推荐系统将进一步增强自身的学习能力，支持跨领域、多层次的内容推荐，实现对用户需求的深度理解与满足。

（二）多层次用户画像系统的构建

数字图书馆的个性化信息服务还依赖于对用户的深度理解，通过构建多维度的用户画像系统，实现对用户行为的持续分析。通过数据挖掘和动态管理等方式，建立起一个复杂且全面的用户画像系统。用户画像系统通常包括基础信

息、兴趣偏好、使用习惯、访问频次等维度，并结合历史行为数据不断更新和完善。对于一位经常查阅人文社科类资源的用户，数字图书馆会结合用户画像系统生成的特定标签，结合用户行为偏好来推荐人文、历史相关的新资源。数字图书馆通过用户画像系统对不同类型用户进行分类，为不同群体提供差异化的信息服务，使推荐的内容更具针对性和实用性。借助用户画像系统，数字图书馆能够对用户行为进行更精准的预测，并在用户需求发生变化时自动调整推荐内容，确保用户在每次访问时都能获取最符合需求的资源，以提升资源的使用频率和服务的智能化水平。

（三）自适应界面和跨平台协同服务

数字图书馆的个性化信息服务离不开自适应界面设计和跨平台的无缝协同，通过自适应界面设计与多终端适配，用户可以随时随地享受到一致的使用体验。自适应界面技术让用户无论使用 PC、移动设备还是平板，都能获得优化后的界面布局，使阅读和浏览过程更加直观、简便。自适应界面在提升用户体验的同时，确保了用户操作的流畅性，并且让不同终端之间的数据同步得以顺利实现。跨平台协同不但指在设备间的无缝切换，还包括对不同设备上用户账户信息的整合和数据共享。例如，用户可以在 PC 端完成一部分文献查阅，在移动端继续进行文献下载或标注；同一账户的数据和记录会实时同步到其他设备上，使用户可以无缝切换设备继续操作。自适应界面和跨平台协同服务提供了高效的资源利用和便捷的用户体验，特别是在多设备、多场景的使用需求下，该特征为数字图书馆个性化信息服务赋予了更高的灵活性和兼容性。

（四）实时反馈机制

实时反馈机制是数字图书馆个性化信息服务的重要组成部分，旨在通过即时获取和处理用户的使用反馈，提供高效的动态服务。实时反馈机制将用户在浏览、检索、阅读过程中的行为数据作为反馈信息的一部分，结合用户需求和操作记录，系统可实现自动调节和内容推送。当用户检索到特定资源，反馈资源不足或相关度低时，系统会根据反馈信息自动优化检索算法提供相关度更高的资源，甚至向用户推送关联的内容。实时反馈机制的另一重要应用是帮助数字图书馆理解用户的即时需求，以便在短时间内更新推荐内容或通知资源更新，为用户提供动态、持续的资源更新服务。该特征使数字图书馆的个性化信息服务更具灵活性和敏捷性，能在用户需求发生变化时快速响应，极大提升了用户满意度。

（五）多维数据驱动的智能化分析

个性化信息服务的核心在于数据支持，数字图书馆多维数据驱动的智能化分析让个性化信息服务更加智能和深入。通过对用户操作、访问频次、搜索习惯等多维数据的分析，数字图书馆能够构建起精细化的服务模型，为个性化内容推荐提供数据支撑。系统除了关注用户的当前需求，还会通过历史数据分析并判断用户的潜在兴趣，为用户在未来访问时提前准备相关资源，提供具有预见性的个性化信息服务。多维数据驱动的智能化分析进一步涵盖了语义理解和情境识别，系统可以通过语义分析技术解读用户的深层需求，识别出特定领域中的关键词和核心概念，使数字图书馆在资源推荐时提供更符合用户期望的内容。多维数据驱动的智能化分析提升了个性化信息服务的精度，增强了数字图书馆在处理复杂用户需求时的适应能力。

三、数字图书馆个性化信息服务的关键问题

数字图书馆个性化信息服务的实施需要解决个性化信息描述、个性化信息获取、个性化用户建模等关键问题（图 7－4）。

图 7－4　数字图书馆个性化信息服务的关键问题

（一）个性化信息描述

个性化信息描述通过对用户的性别、年龄、地域、职业、教育背景、婚姻状况、兴趣爱好、专业领域、阅读系统内容等基本信息和偏好进行详尽的阐述，能有效反映用户的偏好和需求。为了精准地追踪用户兴趣和行为，需要建立精细的用户描述文件，除了描述用户的基本特征，还要对用户间的相互关系进行描述，以便为个性化推荐系统提供支持。

个性化服务模式中的用户描述文件通常分为基于兴趣的用户描述文件和基于行为的用户描述文件两种类型。基于兴趣的用户描述文件通常采用加权矢量

模型、类型层次结构模型、加权语义网模型、书签和目录结构等形式来表达，它主要以用户的兴趣爱好为基础，通过用户的直接输入或预设偏好来构建。基于行为的用户描述文件则记录用户的浏览模式或访问模式，侧重于用户的页面访问记录、点击率等实际操作行为，更能动态地反映用户的实时兴趣。技术实现方面，用户描述文件可以采用文件系统、关系数据库或其他形式的数据库来组织。近年来，许多系统开始采用基于 XML 的资源描述框架（RDF）来表达用户描述文件，并利用支持 XML 的数据库系统进行存储，确保了系统的高效运行和良好性能。通过这些精细化的用户描述文件，数字图书馆能够为每位用户提供更加定制化的信息服务，提高用户满意度并优化资源利用效率。随着用户需求和行为的变化，描述文件也需要不断更新和调整，使数字图书馆保持服务的相关性和效果，更好地服务用户。

（二）个性化信息获取

个性化信息获取通过对用户需求的精准捕捉和及时响应，有效提升了数字图书馆信息服务的个性化程度。个性化信息主要通过显性获取和隐性获取两种途径来实现。

显性获取是一个直接的过程，用户在使用系统时需要注册并提供自己的姓名、性别、年龄、职业等基本信息，表达自己的兴趣和偏好。显性获取方式具有直接性和明确性等明显优势，能够为个性化信息服务提供一个明确的依据。但这种方式也存在一定的缺点和局限性：一方面，许多用户对于个人信息的保密性有较高的要求，因此，信息收集阶段必须仔细分析用户愿意分享的信息类型；另一方面，如果用户提供的信息过少，可能无法充分反映其真实的个性需求，而过多的信息需求又可能引起用户的反感，使得用户不愿意完全开放自己的个人信息。与显性获取方式相对的是隐性获取方式，它不依赖用户主动提供信息，而是通过分析用户与系统的交互行为来理解用户的个性化需求。隐性获取又可以分为行为跟踪和日志挖掘。通过行为跟踪观察到的用户页面浏览时间以及点击、滚动操作等具体行为，系统可以推断出用户的兴趣点。例如，电子商务平台中用户的购买行为；网络搜索中用户的查询和页面浏览行为；数字图书馆中查询、下载、标记书签或反馈信息等行为……这些行为都能在一定程度上揭示用户的兴趣和需求。日志挖掘采用数据挖掘技术，通过分析系统日志来获取用户的行为模式、访问页面、创建书签等信息。日志数据还可以帮助分析用户在特定资源上的停留时间，推测出用户对该资源的兴趣程度。在实际操作中，隐性获取通常被认为更高效，因为它不依赖用户的主动参与，可以在用户与系统的自然交互过程中自动进行。例如，通过分析用户在数字图书馆中的浏览和阅读行为，系统可以自动地为用户推荐相关的书籍和文章，而无需用户显性地指出兴趣。

(三) 个性化用户建模

个性化用户建模是数字图书馆实现个性化信息服务的关键，它通过对用户的行为数据进行分析，进而构建一个涵盖用户偏好、需求特征和使用习惯的模型。用户建模的核心在于持续动态地收集和分析用户的相关数据，并将这些数据整合成完整的用户画像，以便在后续的服务中能够更精准地推送信息资源，确保能够高效处理和响应个性化需求。根据用户参与程度的不同，个性化用户建模可以采用以下方法。第一种，用户手工定制建模。用户通过手动输入或选择来创建模型，直接输入他们感兴趣的关键词或选择特定的内容栏目。其优点在于用户能够显性地表达自己的偏好，使得提供的服务尽可能地贴近用户的真实需求。第二种，示例建模。用户通过提供具体的示例来帮助系统理解其兴趣，用户可能标记他们喜欢或不喜欢的文章或资源，系统则利用这些信息来细化用户模型。第三种，自动用户建模。系统通过分析用户的行为，如阅读、搜索和下载的历史等，自动创建和更新用户模型。这种方法不需要用户直接参与，系统通过观察用户的行为来推断其兴趣和偏好。这种技术的优势在于它可以捕捉到用户可能未能显性表达的深层次兴趣。

个性化用户建模需要根据用户需求和兴趣的变化而不断调整，通过分析用户的最新行为数据及时修正和完善用户模型，保持动态更新。例如，用户可能在某一段时间内频繁检索特定领域的信息，系统会将此领域的相关资源优先推送，并在后续一段时间内关注用户的兴趣是否会转向其他方面。动态更新让用户模型能够时刻保持“鲜活”，系统所提供的服务也因此更加精准。需要注意的是，在收集用户行为数据的过程中，系统要保障用户的个人信息和行为数据的安全性，要加强用户建模数据使用的规范性和对用户隐私数据的保护。个性化用户建模的成功实施可以显著提升数字图书馆的服务效能，使得用户在海量信息中更快找到符合自身需求的内容，也提升了用户的满意度和系统的使用频率，让数字图书馆更好地服务每一个用户。

四、数字图书馆个性化信息服务的类型

随着信息技术的不断发展，数字图书馆的个性化信息服务的类型不断演进，已形成信息分类定制服务、信息智能代理服务、信息垂直门户服务、信息帮助检索服务、数据挖掘服务、信息呼叫中心服务等多种类型(图 7 - 5)。

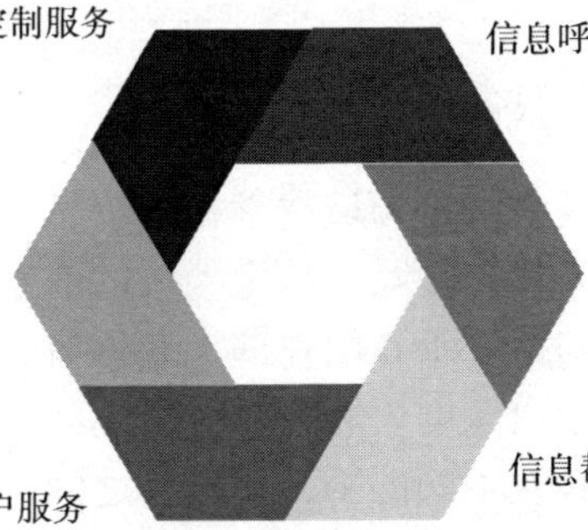

图 7-5　数字图书馆个性化信息服务的类型

（一）信息分类定制服务

信息分类定制服务能够根据用户的不同需求，提供个性化信息内容。通过数据分析和形成用户画像，系统可以识别用户对特定的领域、主题或类型信息的偏好，分类提供最满足其需求的资源。信息分类定制服务通过对用户的浏览历史、借阅记录、常用关键词等信息进行分析，形成智能化的分类机制，使用户能够在庞杂的资源中迅速找到匹配自身需求的内容，节约了用户的时间和精力，大大提升了用户的满意度与数字图书馆资源的使用率。

在实际应用中，这一服务常采用标签化、分类索引等技术将数字图书馆的资源划分成多个主题或标签，使得用户可以根据自己关注的领域，选择特定类别的资源。通过动态更新的分类列表，用户能找到符合现时需求的资源，获取相关的延展信息，丰富其阅读和学习体验。信息分类定制服务还具备智能学习的功能，能够逐步优化分类机制，使得资源分配更为精确，为用户带来更为高效的检索体验。

（二）信息智能代理服务

信息智能代理服务利用智能代理技术，代替用户进行信息的自动化检索和筛选。它根据用户设定的关键词、偏好领域、时间要求等，自主完成信息的搜集、更新与推送工作。智能代理技术通过设定多维条件筛选机制，能够在海量信息中快速筛选出高匹配度的资源并将其推送给用户。它不仅极大地降低了用户的信息搜寻成本，还提升了信息获取的效率，确保用户可以及时获得最新、最相关的信息。信息智能代理服务还具备互动性与自适应能力，能够根据用户的反馈和使用情况不断优化信息筛选的标准，使得推荐的内容愈加符合用户需求。这种自动化的代理服务特别适用于需要高频次信息更新的科研人员、行业分析师等用户，使他们能够及时掌握最新的知识进展和行业动态，为其学习、研究提供有效支持。

（三）信息垂直门户服务

信息垂直门户服务是为特定领域或学科的信息需求提供的专门入口，通过资源整合和主题聚合的方式，将某一特定领域的信息资源集中在同一个界面展示给用户。用户只需访问这一垂直门户即可获得研究文献、数据集、资源工具等的全方位信息，满足用户深度学习或专业研究的需要。信息垂直门户服务将资源集成化，使用户不必在不同的平台或栏目之间切换，极大提高了信息的可得性和使用的便利性。它还常与学术数据库、数据分析工具、协作平台等系统相结合，为用户提供从信息获取到知识构建的完整链条。数字图书馆在设立垂直门户时可以围绕某一领域的发展需求，提供专家推荐、热点分析等定制化的增值服务，为用户提供针对性强的信息支持。信息垂直门户服务通过对资源的有效整合，为用户创造了专业化的信息环境，让用户在一个界面获取多维度的信息支持，提升了用户的研究效率与信息利用效果。

（四）信息帮助检索服务

信息帮助检索服务通过提供多层次、多维度的检索辅助，为用户的信息检索过程提供支持，使得用户可以更加高效地获取所需的资源。信息帮助检索服务利用语义分析、智能排序、模糊检索等技术，为用户提供更多智能化的检索选项和推荐功能。信息帮助检索服务通过设置相关词推荐、检索历史跟踪、结果过滤等一系列检索辅助工具，使用户在检索时能更精准地找到目标信息。

数字图书馆在实际应用中，这类服务常集成可视化数据分析、检索路径优化等功能，使用户能够从不同角度深入探索资源。信息帮助检索服务在知识密集型用户群体中尤为受欢迎，可以极大地降低其资源查找时间和成本。更为重要的是，信息帮助检索服务通过人工智能和机器学习技术的加入，不断自我完善和更新检索算法，带来更人性化的检索体验和更加精确的信息输出。

（五）数据挖掘服务

数据挖掘服务是一种基于大数据技术的信息提取方式，通过分析用户行为、资源使用模式等数据，为用户提供个性化的资源推荐与信息预测。数字图书馆应用数据挖掘服务能够获知用户的深层次信息需求，进行潜在需求预测，以便提前为用户提供所需资源。

数据挖掘服务在数字图书馆中的应用范围较广，既可用于个体用户的需求定向分析，也可用于数字图书馆整体资源的优化管理。通过对用户的访问记录、浏览路径、借阅历史等数据的分析，数据挖掘服务可以发现用户的知识需求模式，在其下一次登录时推荐相似的资源。数据挖掘服务还可为数字图书馆的资源规划、服务调整提供数据支撑，提升数字图书馆管理工作的智能化与精细化。

（六）信息呼叫中心服务

信息呼叫中心服务为用户提供实时、互动的信息咨询渠道。它以电话、在线聊天、语音识别等多种互动方式，为用户解答信息需求，解决检索问题，指导用户使用资源，有效解决了用户在自助检索中遇到的困难，提供了更多即时反馈和针对性帮助，使用户获得更为直接的服务体验。信息呼叫中心服务可以为用户提供持续的信息跟踪与建议，提供专业指导。信息呼叫中心服务通过多通道的反馈机制，保证了用户在信息获取过程中的顺畅体验，提升了用户对数字图书馆服务的满意度。

五、数字图书馆个性化信息服务的优化策略

为了有效满足用户的多样化需求，提升信息服务的精准度和用户体验，数字图书馆需采取多种策略进行个性化信息服务的优化（图 7－6）。

图 7－6 数字图书馆个性化信息服务的优化策略

（一）促进数字图书馆的信息资源共享

数字图书馆通过信息资源共享能够突破图书馆单一资源的限制，为用户提供更为多样化的信息资源和更高质量的内容。信息资源共享扩大了信息获取的渠道，提高了数字图书馆资源的利用率，能够满足用户对多元化信息的

需求。当前，我国的数字图书馆系统在管理和建设上存在分散和孤立的问题，缺乏有效的宏观协调机制。这种情况限制了数字图书馆之间信息资源的共享，从而影响了数字图书馆能够提供的个性化服务的质量。为解决这一问题，建议在全国范围内建立一个统一的协调管理机制，这一机制将负责全国数字图书馆信息资源的统一管理和调度，通过有效的合作和资源共享，实现信息服务的优化。

通过建立联合图书馆平台、跨区域数据库合作、与学术机构建立资源共享协议等方式，数字图书馆可以整合不同地区、不同类别的资源，实现资源共享。联合图书馆平台可以整合不同地区、不同类别的资源，使用户能够跨越地理限制访问资源。数字图书馆还可以与高校、科研机构展开合作，获取更为广泛和深入的学术资源，在一定程度上满足个性化学术需求。利用现代网络技术可以极大地促进数字图书馆间的信息资源共享，数字图书馆之间要加强信息资源共享平台的建设，实现数据平台的对接和数据库的开放，使用户无论身处何地，都能享受到连贯且一致的信息服务体验。

（二）统一数据存储方式与数据格式

数据标准化是数字图书馆高效服务的基石，尤其是在个性化信息服务中，标准化的数据存储方式与数据格式能够确保信息服务的一致性和可靠性，实现信息资源的高度整合，为用户提供一致性更强的服务。统一数据存储方式与数据格式需要制定相应的数据规范，确保数据的标准化存储和传输。目前国际通用的 Dublin Core、MARC 等数据标准都可以采用，能够确保不同数据的兼容性和可交换性，提高信息整合的效率，使数据能够在不同系统中顺畅流通。统一的数据格式能够为数据挖掘、智能推荐和个性化分析奠定基础，提升用户获取信息的便捷性和准确性。

（三）提供数据挖掘与分析的个性化信息服务

数据挖掘与分析是实现数字图书馆个性化信息服务的核心，通过数据挖掘技术，系统能够从用户行为和信息需求中提取出有效信息，为个性化推荐、智能推送等服务提供依据。

数据挖掘与分析的第一步是从用户实际需求出发，形成具体、清晰的目标。目标形成之前要对用户的偏好、兴趣、行为数据等进行搜集和分析，智能地提供符合用户需求的信息资源，提升用户体验和信息获取的精准性。第二步是选择合适的数据挖掘算法对数据进行处理。确定聚类分析、决策树、神经网络等适合的数据挖掘技术，然后识别出用户行为中的模式，预测用户需求，完成数据挖掘的实际操作。此步骤的目的是从大量数据中提取有价值的信息，以支持更加精准的个性化信息服务。第三步是将挖掘出的数据转化为实际可应用的知识。通过分析挖掘结果并将其与已验证的知识进行对比可以形成对用户行为和需求的深入理解，最终这些知识被整合进数字图书馆的服务系统，实现动态的、个性化的用户体验。

（四）版权问题的管理

随着信息技术的快速发展，数字图书馆的信息服务变得更加开放和便捷，版权保护的复杂性也随之提高。个性化信息服务的提供需要在法律法规的约束下进行，确保信息资源的使用符合版权规定。版权保护的落实需要数字图书馆在内容的提供和传播方式上进行严格的控制，通过数字版权管理（DRM）技术来确保信息资源的合法使用，限制用户对信息资源的下载、转发和打印。数字图书馆还要与版权持有方签订合作协议，取得必要的授权，保证个性化信息推送的合法性。版权保护的关键在于在尊重知识产权的前提下合理使用资源，为用户提供合法的个性化信息服务，避免侵权行为的发生。

（五）加强用户隐私保护

加强用户隐私保护是数字图书馆的道德责任，也是其个性化信息服务持续发展的重要前提，数字图书馆需要构建一个全面且有效的用户隐私保护系统，确保用户信息的安全性与隐私性。重点需要做好以下工作。

其一，构建隐私保护架构。数字图书馆需建立一个包括数据加密处理、访问控制、用户身份验证和数据使用审计等在内的多层次、多维度的隐私保护架构，对所有收集、存储和处理的用户隐私信息，无论输入还是传输都必须实施严格的加密措施。

其二，数据管理与安全技术。数字图书馆要采用防火墙、入侵检测系统、数据加密等先进的安全技术和网络设备对用户数据进行全面的保护，防止未授权访问、数据丢失和篡改等，确保数据的安全性和完整性。

其三，用户权限管理与分类。系统设计中要对用户进行细致的权限划分，根据用户的角色和需求赋予相应的数据访问权限，确保信息的适当开放和高度保密的平衡。

其四，法律法规遵循与政策制定。数字图书馆要严格遵守《中华人民共和国个人信息保护法》《中华人民共和国公共图书馆法》等相关的隐私保护法律法规，制定和更新数字图书馆内部的隐私保护政策和操作程序，确保所有员工都能理解并执行。

其五，持续的教育和培训。数字图书馆应定期对员工进行隐私保护和数据安全方面的教育和培训，从而增强员工对用户隐私重要性的认识，提升他们在日常工作中实施安全措施的能力。

第三节　数字图书馆的定题服务

一、定题服务的概念阐释

定题服务，即信息的选择性传播，是信息工作机构根据一定范围内的用户对某领域的信息需求，确定服务主题，然后围绕主题进行文献信息的搜集、筛选、整理，以定期或不定期的形式提供给用户的一种信息服务业务。定题服务的核心在于通过精准分析用户需求，搜集、整理、推送相关领域的信息资源，能够为用户节省大量寻找和整理信息的时间，通过预先筛选和定制的信息直接提供用户需要的内容，极大提升了信息的获取效率和利用价值。

在定题服务中，用户的需求往往具有明确的主题方向，涉及特定领域的知识内容。定题服务需要对信息进行筛选、分析和加工，确保提供给用户的内容具备较高的学术价值和使用价值。通过深入的主题分析，定题服务能够帮助用户在纷繁的信息中找到适合自己研究需求的资源，避免信息的过载和资源的浪费，使用户能够集中精力关注核心研究内容。随着技术的进步和用户需求的变化，定题服务正在向更加个性化和动态化的方向发展，越来越注重人工智能、数据挖掘等高级信息技术的应用，这大大提高了服务的响应速度和服务质量，确保了服务的持续适应性和相关性。

二、定题服务的主要范围

定题服务的范围广泛，主要面向科研学者、行业从业者，旨在为用户提供特定领域的精确信息支持，帮助不同职业和学科背景的用户紧密跟踪最新发展，保障信息的及时性和准确性。定题服务可以为科研学者提供学术期刊、会议论文和研究报告等前沿的学术动态和深入的学科知识；行业从业者则可以通过定题服务获取最新的行业规范、法律法规动态以及应用技术资料。

随着数字技术的快速发展，定题服务已从单纯的文献检索服务扩展到涵盖深层次信息加工与分析的多方面服务。原有的文献检索等较为基础的信息服务已不足以满足复杂需求，数字图书馆开始提供包括课题咨询、学科分析、数据处理、工具应用以及综述编写等更深入的服务，注重对信息的深度挖掘和个性化配置，主要表现在以下方面。其一，科研支持服务。数字图书馆通过管理科研过程中产生的数据（包括结构化、半结构化和非结构化的数据），帮助科研人员有效地存储、分类、归档，并在科研项目中实时提供必要的学术资源和分析工具。其二，知识产权和技术分析服务。数字图书馆提供专利检索服务、技术趋势分析服务以及知识产权咨询服务，帮助科研人员和企业避免重复研发，还能揭示技术发展的新方向。其三，决策支持服务。数字图书馆通过对大量数据的挖掘和分析，为企业管理层和技术领导者提供市场分析、政策环境评估和行业动态等方面的决策支持信息。其四，学术成果验证服务。数字图书馆支持学位申请、职称评审、项目验收等学术评审和科研评估方面的需求，通过查询学术成果在权威数据库中的收录和引用情况，为用户的学术评价提供客观依据。

三、数字图书馆定题服务的特点

数字图书馆定题服务的特点主要体现在信息流通模式的转变、信息挖掘能力的增强、个性化定制上（图 7－7）。

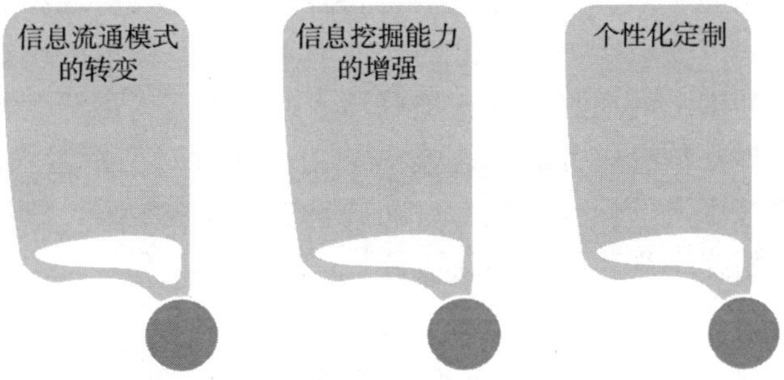

图 7－7　数字图书馆定题服务的特点

（一）信息流通模式的转变

传统的信息服务往往依赖用户的主动检索（pull），而数字图书馆则通过定题服务检索系统（SDI），实现了从拉到推的转变，即将信息主动推送（push）给用户。在以往的模式中，用户需要主动检索信息，而推送模式下信息服务的主体性增强，系统会自动将用户所需信息直接推送至用户端。推送模式下用户不需要主动查找就能够获取最新和相关的信息内容。尤其在数字图书馆中，通过分析用户的需求偏好和研究方向，系统可以提前将合适的信息资源推送至用户，大大节省了用户的时间和精力，能够提高信息的时效性和精准性，确保用户能够及时掌握最新的研究动态和发展趋势，避免了信息滞后的问题。信息流通模式的转变使得信息服务更具主动性，特别是对于那些需要定期更新资料的科研人员和学术研究者而言，能够更迅速地获取实时信息，这将极大推进其工作进程。推送模式在具体实现中还能够通过对用户数据的分析与处理实现信息的精确匹配。例如，系统通过对用户的使用记录、搜索历史和浏览偏好进行分析，能够动态调整信息推送的内容和频率，确保用户接收的信息始终符合其需求，进一步提升用户黏性和满意度。

（二）信息挖掘能力的增强

定题服务通过智能化的信息挖掘技术，将数据资源转化为深度信息，使用户可以得到更加深入和有针对性的内容。信息挖掘是一种基于数据处理、数据分析和知识发现的技术手段，它能够从庞大的信息资源中提取出与用户需求高度匹配的内容。信息挖掘能力的增强使得数字图书馆的定题服务在质量和精度上都得到了显著提升，能够更好地服务科学研究、学术创新以及行业动态追踪等领域。

信息挖掘技术在数字图书馆中有着广泛的应用场景，特别是在科研领域。用户常常需要从大量数据中筛选出符合其需求的有用信息，而定题服务通过信息挖掘技术，将相关文献、数据分析报告和研究成果进行整理和整合，使用户能够在最短的时间内获取所需的关键内容，提高了信息获取的质量，也拓宽了用户在信息资源利用上的视野。信息挖掘技术通过数据挖掘算法实现对动态数据的实时分析，提升信息服务的动态响应能力。通过对用户需求的精准分析，系统能够持续跟踪用户的偏好变化，自动调整信息推送策略，使用户可以在不变的服务接口下始终享受新内容和新资源。

（三）个性化定制

与传统图书馆泛化的服务不同，数字图书馆的 SDI 可以根据每个用户的具体需求进行个性化定制。通过智能信息推拉、网页动态生成和智能代理等技术的应用，用户能够更快捷地获得他们所需的信息，图书情报人员也能更有效地对服务进行定制和优化，确保每位用户都能获得最贴合自身需求的信息服务。

定题服务的核心在于如何准确识别并满足用户多样化的需求，数字图书馆通过用户行为数据的分析与处理能够精准定位每位用户的兴趣和需求，提供有针对性的服务内容。例如，科研用户通过定题服务可以分析其过往的研究方向、文献浏览记录以及关键词检索历史，获得符合其研究主题的最新成果或技术报告；教育机构通过定题服务提供个性化学习资源，能够帮助学生根据个人学习进度获取资源，满足学生的个性化学习需求；商业用户通过定题服务获取市场数据和竞争情报，优化决策制定过程。

四、数字图书馆定题服务的原则

数字图书馆定题服务需要遵循以下原则（图 7－8）。

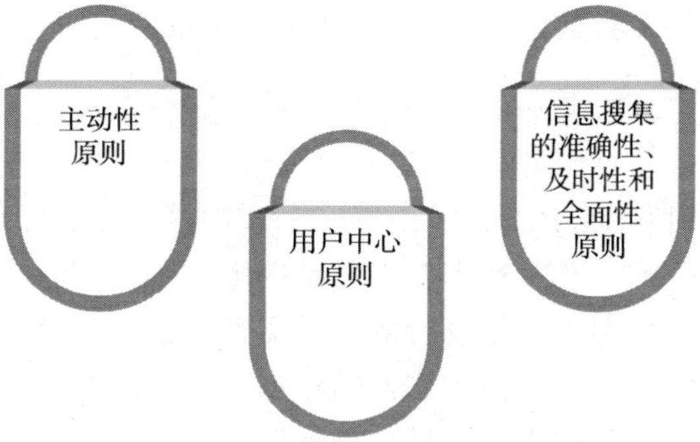

图 7－8　数字图书馆定题服务的原则

（一）主动性原则

数字图书馆定题服务的主动性原则强调馆员不能被动地响应用户需求，而是要积极预见和发掘科技发展的趋势和热点，主动搜集并筛选出具有潜在重要性的文献资源。定题服务中，系统通过算法分析用户的行为习惯，建立其信息需求模型，预测并及时推送相关内容。例如，科研人员需要最新的研究成果和前沿技术，在主动性原则的指导下，系统基于用户的使用记录和搜索历史为其筛选出与其主题相关的新内容，节省了用户获取新信息的时间。主动性原则带来的改变还使得服务具有一定的前瞻性，可以满足用户对未来信息的需求，提高了信息服务的附加值。

（二）用户中心原则

数字图书馆定题服务的用户中心原则要求以用户需求为导向，围绕用户的具体需求和个性化偏好提供定制化的服务。用户的需求各异、目标不同，因此用户中心原则强调服务必须具有针对性和适应性，不断优化服务流程、服务内容和反馈机制，确保信息服务与用户的实际需求相契合。具体来说，数字图书馆在信息收集、整合、推送等方面，需要充分考虑用户的背景和目标，构建与用户需求高度契合的内容体系。首先，通过用户数据的收集和分析，确定其主要信息需求和兴趣偏好；之后，系统根据这些数据进行多维度的用户画像描绘，帮助服务团队更深入地理解用户的期望，并通过智能化手段提供精准服务。在用户与信息的交互过程中，数字图书馆应不断优化内容推送，增强服务的交互性。

用户中心原则强调深入理解每位用户独特的需求和期望，与用户进行深入的沟通与交流，通过使用智能化的推理机制和丰富的知识库，在初步查询中推断出用户深层次的需求，为用户提供具有深度和广度的定制化信息。

(三) 信息搜集的准确性、及时性和全面性原则

数字图书馆在定题服务的信息搜集过程中要坚持准确性、及时性和全面性的原则。准确性要求信息服务人员必须准确把握科研领域最新的发展和研究趋势，特别是新兴学科和交叉学科领域的动态，从全局和细节两个层面确保所搜集的信息既全面又前瞻。及时性则要求数字图书馆系统能够迅速响应市场和科研的变化，实时更新数据库和信息资源。全面性则强调数字图书馆资源的丰富性，数字图书馆通过内部资源整合、网络数据库访问以及与其他图书馆进行资源共享等多种方式来搜集和提供信息，确保服务的广泛性和深入性。

五、数字图书馆定题服务的实现

数字图书馆定题服务的实现是一个精细化和结构化的复杂流程，涉及多个关键步骤（图 7－9）。

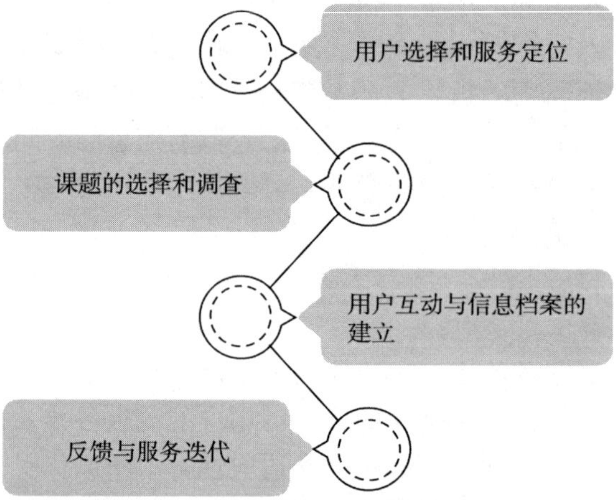

图 7－9　数字图书馆定题服务的实现

(一) 用户选择和服务定位

数字图书馆的定题服务中，准确识别和选择目标用户是服务成功的关键步骤。用户需求的复杂性和多样性使得数字图书馆必须对用户的知识背景、学科兴趣、研究方向等方面进行全面分析，确保所提供的服务能够切实满足其需求。通过数据分析技术，数字图书馆能够从访问记录、借阅历史等信息中获得用户画像，进而确定用户的具体需求和兴趣偏好。基于此分析结果，数字图书馆可以将用户群体细分，选择那些有深度信息需求的用户作为定题服务的目标

用户，确保服务的精准性和针对性。

服务定位涉及为目标用户设计合适的信息获取路径和资源推荐策略，确保用户在接受服务的过程中能够获得最优的体验。为了实现精准定位，数字图书馆需要明确用户的研究课题、信息需求深度、常用资料来源等因素，并根据用户的个体特点设计个性化的服务方案。通过用户选择和服务定位的双重策略，数字图书馆能够有效聚焦资源和服务内容，为用户提供更加专业的支持。

（二）课题的选择和调查

数字图书馆的定题服务中，课题的选择和前期调查工作决定了服务内容的深度和方向。通过细致的课题选择，数字图书馆可以精确确定用户的研究范围、信息需求和课题目标，进而为用户定制适合的资源和服务。课题选择要求对用户需求有深刻理解，与其进行有效的沟通，确保双方在课题目标、范围等方面达成共识。课题调查是课题选择后的必要环节，通过调查可以深入了解该课题的研究现状、学科资源分布以及相关研究成果等信息。调查内容包括对已有文献、学术期刊、专利数据、行业报告等多种信息资源的收集和分析。在调查过程中，数字图书馆可以运用大数据分析和人工智能技术，通过对关键数据的筛选和整合，进一步深化对课题的理解，确保为用户提供权威和有价值的支持。在课题的选择和调查的配合下，数字图书馆能够对用户的研究课题进行深入的资源配置，确保用户能够从定题服务中获得全面的知识支持。

（三）用户互动与信息档案的建立

通过定期的互动和反馈，数字图书馆能够了解用户的需求变化，及时调整服务策略和资源配置，确保定题服务的动态更新。用户互动的方式多种多样，数字图书馆可以通过电子邮件、在线平台、线下会面等形式与用户进行沟通，确保用户的需求能够被充分理解。信息档案的建立是定题服务的核心环节，通过为每位用户建立详细的信息档案，数字图书馆能够对其研究需求、信息偏好和历史使用记录进行系统化管理。信息档案的内容涵盖了用户的课题研究进度、关键资源使用情况、互动反馈记录等多方面信息。信息档案的建立不仅能够提升数字图书馆的服务效率，还能为未来的服务迭代提供数据支撑。信息档案的动态更新确保用户在每次访问时都能获得最贴合其需求的资源推荐和服务支持，为用户提供个性化的体验。

（四）反馈与服务迭代

反馈与服务迭代是提高数字图书馆服务质量和用户满意度的核心要素，通过用户的反馈信息，数字图书馆能够清晰了解所提供定题服务的成效、存在的问题及用户的进一步需求，进行有针对性的改进。反馈的内容包括用户对信息资源的满意度、对服务方式的意见、对数据的需求等方面。服务迭代是基于用户反馈进行的持续优化过程，它涉及服务方式的创新和服务流程的改进。通过不断迭代，数字图书馆能够在用户需求的变化中找到新的服务机会，及时引入新的技术和方法，使服务内容更加贴合用户的实际需求。服务迭代能够提升用户的使用体验，帮助数字图书馆保持服务的竞争力和创新性，促进其在信息服务领域的持续发展。

六、数字图书馆定题服务的优化

定题服务的优化是提升数字图书馆资源利用率和用户体验的关键，具体来说需要从以下多个角度开展（图 7－10）。

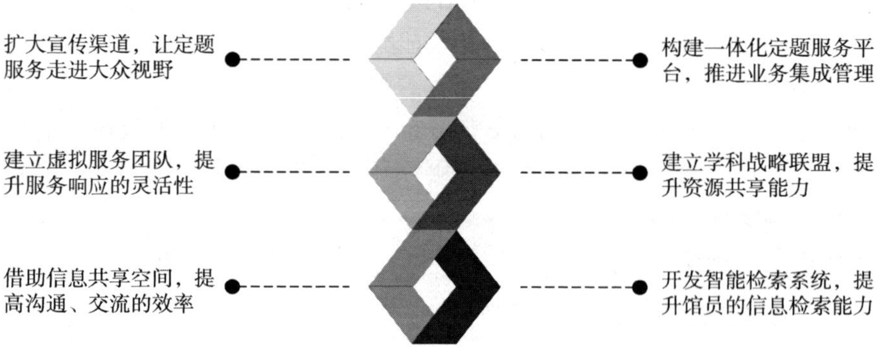

图 7－10　数字图书馆定题服务的优化

（一）扩大宣传渠道，让定题服务走进大众视野

数字图书馆定题服务的许多潜在用户尚未得知这一服务或尚未充分了解这一服务的优势。为了改善这一状况，数字图书馆需要采取多维度的策略，以确保定题服务走进更多用户的视野，提升其利用率和影响力。

数字图书馆要多利用官方网站、微博、微信公众号、QQ 等网络平台来加强定题服务的线上宣传。通过系统地介绍定题服务的功能、优势和成功案例等，扩大服务的可见度，提升用户的参与感和服务体验。也可以通过组织专题讲座、服务介绍培训、定题服务体验周等各种线下活动来推广定题服务，使用户了解服务内容的同时，通过实际操作获得初步体验，更好地理解定题服务的实际应用价值。通过多层次、多渠道的推广策略，数字图书馆的定题服务将能更有效地吸引广泛的用户群体，使更多的研究人员、学生和教师从这一服务中受益，有效提高数字图书馆服务的利用率。

（二）构建一体化定题服务平台，推进业务集成管理

构建一体化定题服务平台能够有效提升定题服务的响应速度和质量。数字图书馆通过整合各类信息资源，发挥数据共享、实时推送、智能推荐等功能的作用，实现一站式服务。一体化定题服务平台构建过程中，用户需求记录、服务流程管理等模块可以简化信息收集与反馈的过程，帮助馆员和用户更高效地进行互动。

在一体化定题服务平台的构建过程中要注意推进业务集成管理，通过整合数字图书馆各部门的资源实现无缝对接。信息资源的分类、服务请求的自动匹配、用户反馈的实时更新等功能都可通过平台实现统一管理。平台还可以通过数据分析功能来了解用户的行为模式，为后续服务的优化提供数据支持。在此过程中，智能推荐算法的引入有助于为用户推送个性化的信息资源，提升用户满意度。平台通过集成化管理，能够有效地协调不同部门的资源分配，缩短服务周期并提高服务效率，助力数字图书馆定题服务的持续改进。

（三）建立虚拟服务团队，提升服务响应的灵活性

数字信息环境下，数字图书馆的定题服务需要一支高效、灵活的团队来支撑服务的高质量运行。虚拟服务团队通过整合数字图书馆内外的资源，建立跨部门协作机制，为定题服务的顺利开展提供强有力的支持。团队成员可包括信息专业人员、学科专家和技术人员等，以确保在服务过程中对不同类型需求的快速响应。

虚拟服务团队的建立在定题服务的运行中具备多重优势。其一，虚拟服务团队的结构较为灵活，可以根据定题服务的内容和规模进行人员配置，确保资源的合理分配。其二，虚拟服务团队的成员可通过远程协作，提升定题服务的时效性和响应速度，不受物理空间的限制；虚拟服务团队的协作还可以通过定期的沟通和信息分享来保持成员之间的密切联系，实现定题服务的高效执行。其三，虚拟服务团队的成员可以根据用户需求的变化调整服务策略和内容，满足用户的个性化需求。基于团队协作的虚拟服务团队服务机制使得定题服务在信息丰富性、响应速度和服务质量等方面均得到优化，能够为用户带来更加优质的体验。

虚拟服务团队的建立使得数字图书馆能够利用最少的资源投入，实现最大化的服务输出，能够提高数字图书馆的服务效率，也能使服务更加精准地对接用户的实际需求。虚拟服务团队的成员可以根据各自的专业背景提供精准的信息搜集、分析和整理服务，大大提升了定题服务的专业度和实用性。在实际操作中，数字图书馆可以设立专门的协调人或协调小组，负责管理和协调虚拟服

务团队的活动，确保信息的有效流通和任务的顺利完成。还要建立有效的沟通和反馈机制，确保每位团队成员都能在必要时获得支持，保障用户反馈能够及时传达至相关专家，实现定题服务的持续优化和迭代。

（四）建立学科战略联盟，提升资源共享能力

通过与其他学术机构、科研单位或专业图书馆建立学科战略联盟，数字图书馆可以共享丰富的资源，实现资源互补和信息协作，满足用户在更广泛领域的知识需求。学科战略联盟能够通过集成管理平台实现信息资源的整合，打破资源壁垒，每个联盟成员都可以根据用户需求提供定制化服务，提高资源利用效率。学科战略联盟增加了数字图书馆的信息资源储备，通过共享馆藏的方式减少了重复投资，实现了资源的合理分配。通过联盟合作，数字图书馆能够实现跨机构、跨区域的信息共享，满足用户对于多元信息的需求，极大增强了数字图书馆在定题服务方面的能力。

学科战略联盟有效促进了图书馆之间的信息互通与技术交流，联盟内的图书馆可以共同开发新的服务模式和工具，提升整体的服务能力和效率。例如，通过建立统一的电子资源平台，联盟成员可以方便地访问和利用彼此的数据库和电子馆藏，极大地丰富了用户的研究材料和学习资源。学科战略联盟还有助于降低图书馆的运营成本和提高服务效率，因为它允许图书馆通过集体采购和服务共享来分担成本，使图书馆在数字化、个性化以及高质量的知识服务等方面发挥更大的作用。

（五）借助信息共享空间，提高沟通、交流的效率

信息共享空间的主要目标是打造“资源共享、空间共用”的环境，这对于定题服务尤为重要。定题服务高度依赖沟通和交流，馆员和用户需要频繁地交换意见以确保服务的精准性和高效性，在这一过程中，用户的需求可能会有变化，需要馆员能迅速响应这些变化并调整检索策略。信息共享空间能够为用户提供便捷的互动渠道，用户可以通过在线提交需求、反馈使用体验等方式与数字图书馆进行互动，获得专业的信息指导。信息共享空间还可以进一步集成知识资源，展示与用户需求相关的定题服务案例，帮助用户更深入了解数字图书馆的服务项目。

数字图书馆的信息共享空间是一个功能完备的交流平台，集成了电子资源、物理空间和硬件设备。它设有独立的讨论室供用户和馆员进行不受干扰的沟通；配备有计算机、投影仪等现代化设备可以帮助馆员更直观地展示检索结果和数据分析结果；还配备有完善的打印、复印和扫描等设施支持多格式和多载体的信息资源处理，满足用户对不同信息格式的需求。

（六）开发智能检索系统，提升馆员的信息检索能力

智能检索系统的开发能够提升数字图书馆定题服务的质量，为馆员提供更高效的信息检索功能。智能检索系统利用自然语言处理、机器学习等技术对信息资源进行精准分类和深度挖掘，帮助馆员高效识别和获取用户所需的信息资源，它还能根据用户的历史数据和行为精准地提供资源，提升信息检索的相关性和服务的个性化。智能检索系统能够为用户提供更便捷的使用体验，用户利用个性化推荐引擎和多维度的检索方式，可以通过关键词、主题等多种方式便捷获取所需信息。在数据挖掘与智能算法的支持下，智能检索系统能够在海量信息中快速筛选出高价值的资源，极大地提升了检索效率，增强了数字图书馆的竞争力，为数字图书馆的持续创新发展奠定了坚实基础。除此之外还应注重内外招聘结合。

第四节　数字图书馆的虚拟参考咨询服务

一、虚拟参考咨询服务的概念阐释

虚拟参考咨询服务（virtual reference service，VRS），又称数字参考咨询服务，是一种基于数字化资源，运用 web 技术，采用邮件、微信、网络视频等方式，解决各种网络咨询问题的服务形式。数字图书馆虚拟参考咨询服务摆脱了面对面咨询的传统方式，突破了时间、空间上的限制，用户通过网络和电子设备就可以随时提出问题，可以满足信息需求。这种服务形式也区别于普通的网络检索，因为它提供的不是简单的自动检索结果，而是由领域专家根据用户的具体需求提供的定制化答复，这些答复可能是直接的答案、相关的信息资源链接或者二者的结合。

虚拟参考咨询服务关注用户体验的个性化，强调用户需求的深入挖掘。用户通过各类电子设备接入系统提出问题，数字图书馆依据从基础信息到深度分析的不同需求层级提供差异化的咨询服务。这种服务形式要求数字图书馆具备广泛的信息资源基础，并借助技术手段对信息资源进行有效的整理与筛选，以确保用户获得的信息资源准确有效。虚拟参考咨询服务的最大优势在于其跨时空性和灵活性，用户无论在何地，都可以通过网络提出问题并获得解答，使数字图书馆的服务范围得到前所未有的拓展。数字图书馆虚拟参考咨询服务依托的技术平台，为用户体验提供了多重保障，通过信息检索、数据挖掘、智能推荐等技术，数字图书馆能够将用户需求进行系统化分析，提供更具针对性的信息服务。对于具有不同需求的用户而言，虚拟参考咨询服务既具备传统服务的

权威性和可靠性，又具有互联网环境下的信息及时性和可操作性，意味着数字图书馆职能从单一的借阅管理向知识服务提供转型。

二、数字图书馆虚拟参考咨询服务的特点

数字图书馆虚拟参考咨询服务具有多重特点，反映了其在信息技术和用户需求的双重驱动下为用户带来的全新信息服务体验（图 7-11）。

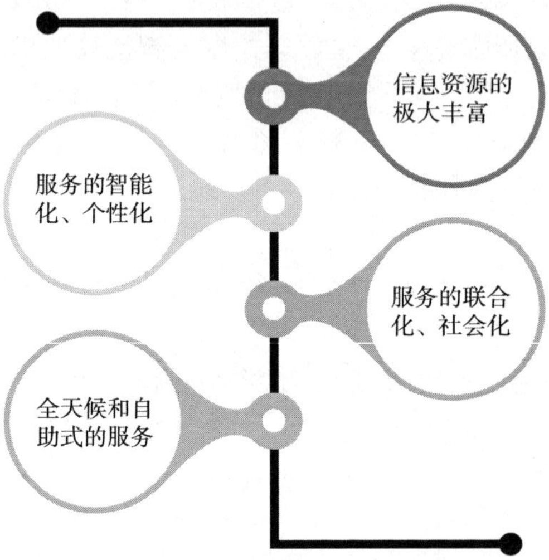

图7-11　数字图书馆虚拟参考咨询服务的特点

（一）信息资源的极大丰富

随着信息技术的不断发展，数字图书馆虚拟参考咨询服务不再局限于传统的印刷材料，而是整合电子书、学术期刊、数据库、多媒体资源等各种数字化信息资源，形成了庞大的信息资源库。数字化的信息资源具有易于获取和更新的特点，为用户的学术研究和日常学习提供了丰富的数据支持，能够满足用户不同领域的需求。虚拟参考咨询服务丰富的信息资源为用户提供了极大的便利，它使用户不再受时间、地域的限制，可以随时获取所需的信息资源，进一步实现知识的积累和信息资源的优化利用。

（二）服务的智能化、个性化

数字图书馆虚拟参考咨询服务依赖现代信息技术的发展，为用户提供了便捷的互动平台和更为先进的服务形式，用户通过电子邮件、在线聊天工具、论坛等方式可以在任何时间、任何地点与馆员进行高效的信息交流，实现实时互

动。数字图书馆也逐步引入智能客服机器人和常见问题解答（FAQ）系统等智能化手段，使得用户在提交问题后能够快速获得解答，缩短了用户的问题解决过程，减少了馆员的重复性劳动，使他们能够集中精力处理更复杂问题。数据分析、用户行为追踪使得馆员能更深入地理解用户的需求，提供更为精确的信息服务。例如，利用智能化的知识库和专家系统可以针对用户的具体咨询提供有针对性的解答或资源。

（三）服务的联合化、社会化

数字图书馆虚拟参考咨询服务还表现出联合化和社会化的特点。数字图书馆通过跨部门的协作，整合馆内外的资源与力量，能够提供更加全面和联动的咨询服务。例如，通过联合其他公共机构或学术机构建立资源共享机制，使得用户可以享受到更多的外部资源，扩大了数字图书馆的资源覆盖范围，资源共享机制提升了资源利用的深度和广度，进一步满足了用户对信息的多样化需求。通过建立跨图书馆或跨机构的合作网络，数字图书馆能够集合更广泛的资源和专业力量来解决复杂的咨询问题，从而提升服务质量，扩展数字图书馆服务的影响范围。

（四）全天候和自助式的服务

全天候和自助式的服务是数字图书馆虚拟参考咨询服务的另一显著特点，用户能够在任何时间通过线上平台获得文献查找、信息检索和数据库查询等自助服务。全天候服务模式适应了现代人不确定的工作和学习时间，使得数字图书馆的服务更加灵活和便捷，大大提升了用户的自主性和灵活性，也在一定程度上缓解了数字图书馆的服务压力，优化了数字图书馆的人力资源配置。自助式服务模式的核心在于让用户能够自行操作系统来完成基本的查询和信息获取，系统则在用户操作的过程中进行后台记录，为其提供更为个性化的帮助。通过自动化的操作平台，数字图书馆实现了服务的常态化、无间断化和全面化，为用户提供了更自由的使用体验。全天候和自助式的服务提高了服务的效率，也为用户提供了无缝的信息支持，使数字图书馆的服务真正实现了对用户需求的全面覆盖。

三、数字图书馆虚拟参考咨询服务的咨询方式

数字图书馆虚拟参考咨询服务的咨询方式多种多样，大体可以分为传统咨询、电子渠道咨询、新兴咨询方式 3 种（图 7－12）。

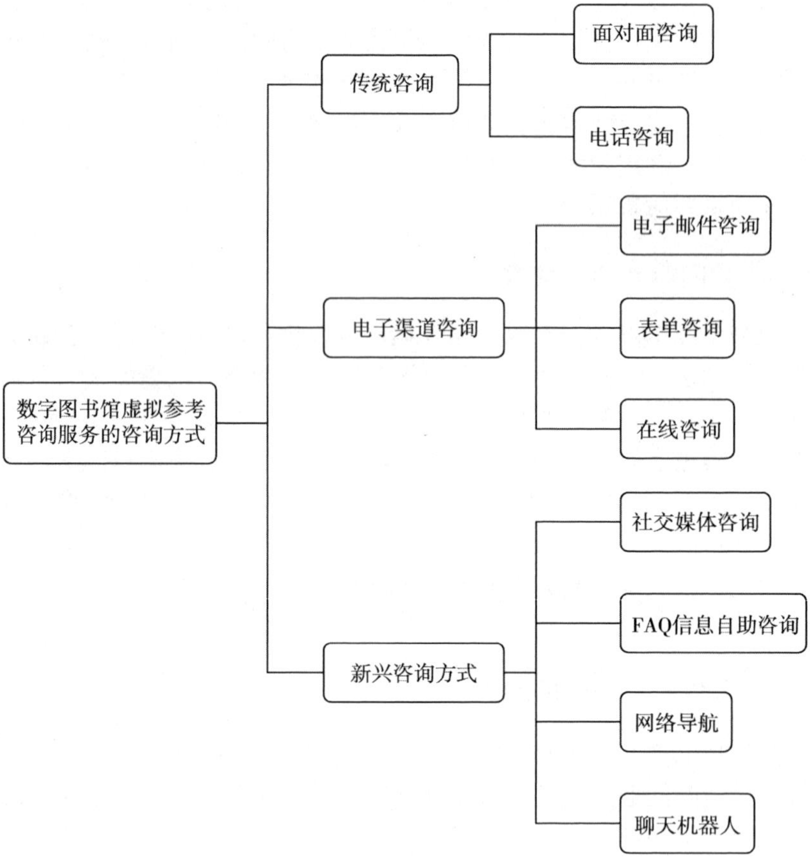

图 7-12　数字图书馆虚拟参考咨询服务的咨询方式

(一) 传统咨询

传统咨询又可以分为面对面咨询和电话咨询。

1. 面对面咨询

面对面咨询即用户亲自到数字图书馆咨询台进行交流，它允许馆员直接与用户互动，方便馆员更好地理解用户的情绪和需求，以便及时调整回答策略以优化信息的传递。面对面咨询具有即时性，用户能直接向专业人员询问问题，尤其是复杂问题和学术性较强的问题，线下沟通有利于更精准的信息传递，馆员通过用户的反应和语言细节可以更好地理解用户需求，为用户提供更为定制化的服务。面对面咨询有利于培养用户对数字图书馆的亲近感和信任度，使数字图书馆成为用户学习和研究过程中的重要伙伴。面对面咨询对信息的获取效率和互动质量来说，仍具有不可替代的作用，但这种咨询方式也具有一定的局限性，由于物理空间和人员的限制，它的扩展性有限，有可能导致时间上的延误。

2. 电话咨询

电话咨询为用户提供了一个直接与馆员口头交流的渠道，用户可以快速获得特定问题的指导或解答，适用于需要即时回答的情境。电话咨询在一定程度上弥补了面对面咨询的时间和空间限制，用户可以远程向数字图书馆寻求帮助。电话咨询的即时性使得用户能够在遇到紧急或突发性需求时能够快速获取所需信息，尤其在馆员需要与用户实时互动或引导用户操作数字平台时具有较大的应用优势，它可以让用户获得更细致的解答，馆员能够通过对话发现用户的真实需求并提供指导。

（二）电子渠道咨询

电子渠道咨询分为电子邮件咨询、表单咨询、在线咨询等方式。

1. 电子邮件咨询

电子邮件咨询是用户通过邮件向馆员提出问题并等待回应的咨询方式。电子邮件咨询虽然缺乏实时性，但适合解决一些较为复杂或专业的问题，它支持异步交流，能够给予用户充分的时间表述复杂或详细的问题，也使馆员能在回复前进行深入思考和资源查询。用户可以将详细的背景信息和需求描述在邮件中，而馆员也可以根据问题的复杂性逐步查找资料，给予全面回复。电子邮件咨询使数字图书馆能够建立起一套完整的咨询记录，方便后续追踪。

2. 表单咨询

表单咨询为用户提供了结构化的咨询方式，通常通过预设的格式来帮助用户更精确地描述问题，提高了信息收集的效率，也优化了咨询的质量。表单一般包含用户基本信息、问题类别、详细描述等栏目，确保馆员能够迅速了解问题的核心。表单咨询在管理上较为便利，表单咨询数据的记录便于后期进行数据分析和服务改进，表单的结构化设计有助于馆员迅速理解用户需求，还能在后台对问题的类别、咨询频率等数据进行统计分析，帮助数字图书馆优化服务流程。对于用户而言，表单咨询便捷高效，不受时间和地点限制，特别适用于繁忙或不具备实时咨询条件的用户。

3. 在线咨询

在线咨询在实时性上接近传统的面对面咨询，是电子渠道中最为活跃的一种。用户可以在数字图书馆的官方网站或移动应用上通过即时聊天工具直接与馆员沟通。在线咨询可以实现实时互动，还可以通过发送链接、文件、图片等帮助用户更便捷地获取所需资源。在线咨询的即时性让用户在信息检索或资源使用方面的问题能够得到快速回应，大幅提升用户体验，特别是在用户对数字资源的操作有疑问时，馆员可以直接引导用户进行操作或解答技术性问题，使服务过程更加流畅和高效。

（三）新兴咨询方式

新兴咨询方式的出现推动了数字图书馆虚拟参考咨询服务的创新，为用户带来了更好的体验。

1. 社交媒体咨询

社交媒体的普及带动了数字图书馆咨询方式的创新，通过社交媒体平台，数字图书馆可以与用户保持紧密联系，方便用户随时提出问题并获取帮助。社交媒体咨询不仅拓展了数字图书馆的用户群体，还能利用社交媒体平台的互动性向更多人展示数字图书馆的服务内容。通过社交媒体平台，数字图书馆能够实现内容的精准推送，让用户在社交媒体平台的日常使用中，了解和获取更多数字图书馆的资源。社交媒体咨询的灵活性和高效性适应了当前用户碎片化时间的信息获取习惯，为数字图书馆提供了全新的沟通渠道。

2. FAQ 信息自助咨询

FAQ 信息自助咨询通过设立常见问题解答页面，帮助用户快速找到常见问题的解决方法。FAQ 信息自助咨询主要面向基础咨询需求，通过 FAQ 页面，用户可以在不需要互动的情况下自行查阅相关信息，大大节省了数字图书馆的人力资源。这种咨询方式适合解答资源检索、账户管理等一些通用性问题，极大地提升了用户的自助体验，让用户无需等待便能迅速找到解决方案，为馆员节省出更多时间处理个性化需求。FAQ 还可以充当知识库，让用户在问题发生前就能学习到相关知识，减轻数字图书馆的咨询压力。

3. 网络导航

网络导航帮助用户在海量资源中精准定位所需信息，它基于对网络资源的专业化分析和分类，为用户提供特定主题的资源导航，避免用户在信息过载中迷失。通过网络导航，用户可以迅速找到与其需求相关的主题、数据库或特定文献资源，为高效的知识获取提供了便利。网络导航是信息获取的“方向标”，体现了数字图书馆在资源组织方面的专业性。

4. 聊天机器人

聊天机器人通过预设的知识库和自然语言处理技术，能够应对一些基础问题，为用户解答资源使用、账户管理等方面的问题。通过机器学习，聊天机器人能够逐步提升回答的准确性，满足更多用户的个性化需求。聊天机器人的优势在于 24 小时在线，使用户能够在任何时间获得即时响应。虽然聊天机器人无法完全取代人工服务，但在一定程度上能够分担馆员的工作负担，为用户提供基础咨询服务。但聊天机器人的性能受限于其程序和知识库的丰富性，对于复杂或专业性强的咨询可能无法提供满意答案。

四、数字图书馆虚拟参考咨询服务的主要模式

数字图书馆虚拟参考咨询服务的主要模式包括个性化服务、一站式服务、自导式服务、协作式服务、分层式服务等（图 7-13）。

图 7-13　数字图书馆虚拟参考咨询服务的主要模式

（一）个性化服务

个性化服务在数字图书馆虚拟参考咨询服务中占据核心地位，致力于根据用户的特定需求和偏好提供量身定制的咨询内容。虚拟参考咨询服务中的个性化服务通过深入分析用户的专业特征和研究兴趣，建立有针对性的服务体系，确保用户获得最符合其需求的信息资源。它不是简单地回答用户问题，而是根据用户的详细背景和需求提供定制化的咨询服务，极大地提升了服务的相关性和有效性。

数字图书馆通过整合用户的历史数据、检索习惯和兴趣点，为不同用户提供个性化的虚拟参考咨询服务，体现出服务的灵活性。另外，通过大数据和人工智能技术不断学习用户行为，能够逐步优化和丰富个性化推荐。数字图书馆虚拟参考咨询服务中的个性化服务能够使用户获得精准的信息资源，避免无关内容的干扰，提升了用户信息获取的效率和满意度；它还能够满足特殊用户群体的需求，例如，为专业研究人员、特定学科的学生等提供深度信息和高精度资源。通过个性化服务，数字图书馆用户的体验不再是被动的，变得更加主动、高效，提升了数字图书馆在用户心中的专业形象。

（二）一站式服务

一站式服务通过整合虚拟参考咨询服务和文献传递服务，为用户提供无缝

的信息服务体验，用户无需关心资源来源和获取途径，只需要通过单一接口即可完成从查询到获取的全过程。一站式服务通过精简流程、优化界面布局、提升信息可达性，极大地提升了用户的便利性和体验感。其友好且易于操作的界面，确保用户可以简单快捷地进行信息检索和资源获取；集成多种检索工具和数据库，允许用户通过多种方式进行信息查询，能够满足不同用户的检索习惯；联合多个电子资源供应商，确保用户可以在一站式服务平台上即时访问或下载所需的全文资源；综合性服务门户能够为用户提供一个统一的 web 页面，通过跨数据库和跨平台的检索系统实现信息的快速获取。

通过一站式服务，用户不必在不同页面或应用之间频繁切换，就能够在最短时间内找到所需服务的入口，避免信息的散落和冗余。它还能够集成多种互动渠道，诸如在线咨询、FAQ、视频教程等多样化的信息支持形式，进一步拓展用户的选择范围，使用户拥有自主解决问题的能力。

（三）自导式服务

自导式服务强调用户的主动参与，用户可以通过自助服务工具，根据个人需求和时间安排自主导航数字图书馆的资源。自导式服务使用户能够灵活地访问和利用信息资源，通过各种在线工具如论坛（BBS）、常见问题解答（FAQ）和网络导航等自行解决问题，提高了服务效率和用户满意度。自导式服务的核心在于提供一个平台，让用户在没有物理界限的情况下自由地探索和利用数字图书馆的丰富资源。它有效地扩展了服务的范围和深度，使用户在任何时间和地点都能获取所需信息。

（四）协作式服务

协作式服务通过建立图书馆之间的合作网络，强化了资源共享和专业知识的交流，提升了信息获取的互动感和用户的参与感。协作式服务适用于跨部门、跨机构之间的信息协同，它能够借助专业团队与用户进行互动，为其提供更为细致的知识服务，在不同用户群体中建立更为深入的服务联系。协作式服务涵盖了从地区性合作到全球性合作的多个层面。其一，全球性合作。通过参与全球虚拟参考咨询服务网络，国内外的图书馆能够共享资源和专业知识，从而为用户提供更广泛的信息服务，促进国际的信息服务合作和知识交流。其二，全国性合作。以中国国家图书馆为核心，全国图书馆信息咨询协作网等项目联合国内多家图书馆共同提供虚拟参考咨询服务，有利于整合各个图书馆的资源和专业能力，提升虚拟参考咨询服务的质量和效率。其三，地区性合作。通过地区图书馆的密切合作，为用户提供专业的参考咨询服务，使得资源和专业知识得到最有效的利用和共享。

（五）分层式服务

分层式服务基于用户的不同需求和使用场景，为其提供层次分明的咨询服务。数字图书馆通过对用户信息需求的分析，将其分为不同的层次，并提供不同深度和精细度的服务。对于入门用户，数字图书馆提供基础性信息查询服务，解答一些简单的使用问题；对于高级用户，则会提供更加详细的文献查询、数据分析、专业咨询等高层次服务。分层式服务的整合能够有效减少资源浪费，使数字图书馆的资源得到更为合理的配置。用户可以根据自己的需求自由选择相应的服务层次，获得更为精准和有效的帮助，很大程度上提升了服务的灵活性和馆员的工作效率，使馆员能够将更多精力投入满足高层次的用户需求。分层式服务在一定程度上实现了资源的优化配置，使得数字图书馆的虚拟参考咨询服务在广度和深度上得到了全面的提升。

五、数字图书馆虚拟参考咨询服务的转型

随着信息技术的迅速发展，数字图书馆虚拟参考咨询服务的传统服务方式已经无法满足用户日益复杂的需求，需要进行转型升级。

（一）解锁虚拟参考咨询服务 5G 新模式

随着 5G 技术的推广和新媒体工具的广泛应用，数字图书馆虚拟参考咨询服务迎来了新的发展契机。5G 网络的高速、低延迟和高连接性能为数字图书馆虚拟参考咨询服务提供更强大的技术支撑，使服务方式能够更加丰富、更具互动性。基于 5G 的咨询模式带来了更为丰富的互动方式，包括 AR（增强现实）、VR（虚拟现实）等新兴技术的应用，使用户能够身临其境地进行资源探索和互动交流。用户不再局限于文字或图片交流，可以通过沉浸式体验，更加直观地进行信息获取和知识学习，增强了互动体验感和对信息的理解。

5G 技术支持的实时数据传输使得馆员与用户之间的互动更加及时和顺畅，极低的延迟优势使馆员能够快速响应用户的咨询请求，在数据和知识检索方面提供实时帮助。用户的任何咨询都能在极短时间内得到有效反馈，极大地提升了用户的体验和满意度，使得数字图书馆在用户心目中逐渐建立起可靠的信息获取和咨询帮助的形象。5G 技术的普及还使公共图书馆的服务边界得到延展，突破了物理空间的限制，实现了全球化的信息服务。通过 5G 网络，用户可以随时随地获取图书馆的专业咨询服务，无论是在图书馆内，还是在家中、旅行途中等均可实现无缝连接。虚拟参考咨询服务也逐渐发展成一种新型的“图书

馆在手”服务形式，用户可以在任意场景中享受图书馆的专业咨询服务，实现了真正意义上的随时随地咨询。

（二）提升综合型高素质人才的信息技术能力

随着5G、人工智能、大数据等技术逐渐深入数字图书馆的服务体系，传统的馆员角色也需要进行相应的转变。馆员必须熟练掌握信息技术，理解数据分析和用户需求的变化，并在服务中应用这些技能，以有效支持数字图书馆服务转型的方方面面。数字图书馆的虚拟参考咨询服务已不再局限于简单的信息检索和用户问题解答，要求馆员能够结合用户需求、信息资源和新兴技术手段提供个性化的知识服务。为此，数字图书馆需要制订全面的人才培养计划，培养掌握人工智能技术、自然语言处理技术以及数据挖掘技术等新技术的综合型高素质人才，提高数字图书馆的服务质量和用户满意度。

随着虚拟参考服务的推广，数字图书馆多采用移动端应用、在线网站、第三方软件等数字化平台进行服务，馆员需要具备数据管理、在线交流、电子资源的整合利用等相应的技术能力，以便有效地利用这些平台提供专业化的服务。还要增强馆员的人际交往和沟通技能。与用户的互动过程中，有效的沟通可以帮助馆员更好地理解用户的需求，并提供更精准的信息服务。良好的沟通技能还能帮助馆员在进行信息教育和推广时，更有效地与用户建立联系，提高用户的服务满意度。

（三）提供主动的多样化用户服务

数字图书馆在虚拟参考咨询服务的转型过程中，需要从服务模式的被动性转向主动性，转变的核心是让用户能够主动参与咨询，并利用自身的专业能力获取定制化服务。

主动服务利用前沿的数据采集和分析技术对用户潜在需求进行预测，实现预先服务，使得数字图书馆的服务更具针对性。为实现这一目标，数字图书馆需要建立全面的用户画像系统，追踪用户在平台上的行为数据、分析用户偏好的资源类型和内容主题，从而在用户需求出现之前就提供可能感兴趣的内容。举例来说，某用户如果频繁检索特定领域的文献资料，数字图书馆系统就可以捕捉到该趋势并推送该领域的最新研究动态或相关资源。通过这种提前响应的服务形式，数字图书馆可以逐渐转型为用户获取信息的高效助手，极大地提升了用户黏性。多样化的服务还意味着对不同用户需求的深度覆盖。数字图书馆需提供从初级用户到专业研究者的多层次信息服务，特别是在咨询方式上要适应不同的年龄、职业、文化背景用户的需求。例如，为高年级学生和专业人士提供学术资料的高级检索服务；为初学者和青少年则提供简单易用的导航和入门资料……细分服务能够提升用户的使用体验，有助于数字图书馆积极形象的树立。

（四）促进多方协同合作

数字图书馆在提供虚拟参考咨询服务的过程中，要强调资源共享和多方协同合作，以提升服务质量和创新能力。多方协同合作包括跨部门、跨学科、馆际之间的合作，从而形成一个综合、高效的虚拟参考咨询服务网络。

数字图书馆在虚拟参考咨询服务的发展过程中，应积极探索与教育机构、科研机构等的合作。可以与大学合作，利用大学的研究资源和技术平台来提升自己的服务能力；与科研机构共同开发新的信息检索系统和数据库，提高信息的检索效率和精确度；通过合作图书馆能够节约成本，整合各方资源，提供更丰富、更专业的咨询服务，满足用户更高层次的知识需求。随着用户对知识需求的增长，单个图书馆的资源可能难以满足所有需求，馆际合作显得尤为重要。国内外的图书馆通过建立如全国图书馆参考咨询联盟这样的合作网络，可以共享资源、统一服务标准、优化服务流程。数字图书馆要积极加入此类联盟，通过资源共享和知识管理，提高服务的覆盖范围和深度。

（五）数据驱动的服务优化

数字图书馆虚拟参考咨询服务体系中，数据驱动已经成为提升虚拟参考咨询服务质量的重要方式。数据驱动的服务优化涉及数据的收集和分析，以及对分析结果的运用，目的是更好地满足用户需求和提高资源利用率。通过用户搜索记录和访问行为的数据分析，数字图书馆可以更准确地了解用户的兴趣所在，并据此优化推荐内容。与传统的推荐方式相比，数据驱动的推荐更加精准，能够主动将用户可能感兴趣的内容推送到首页，提高用户对信息资源的访问量，大大提高了信息资源的利用效率。数据驱动的服务优化还为数字图书馆提供了资源配置的科学依据。数字图书馆可以基于用户的访问频次、使用时长等数据指标优化资源的陈列方式或调整资源获取的途径，使得高需求的资源更加易于获取。通过数据分析，数字图书馆可以发现各类资源的访问需求情况，并据此做出资源更新和淘汰的决策。数据驱动还为数字图书馆提供了用户行为的动态分析手段，帮助数字图书馆实时调整服务策略。例如，通过数据监测，数字图书馆可以快速了解用户在虚拟参考咨询服务中的问题类型和问题频率，并有针对性地优化咨询服务的内容和形式，为用户提供更贴心的咨询服务。

第五节　数字图书馆用户培训

一、数字图书馆用户培训的必要性

数字图书馆在运营过程中，用户培训尤为重要，它能够提升用户的信息素养、提高资源利用率、满足不同层次用户的需求（图 7－14）。

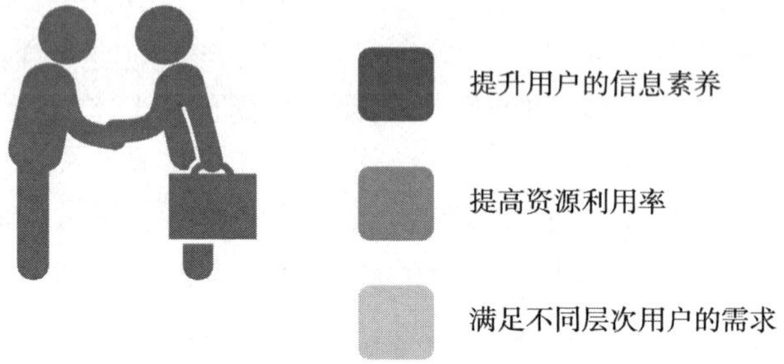

图 7－14　数字图书馆用户培训的必要性

（一）提升用户的信息素养

数字图书馆作为知识和信息传播的重要场所，除了为用户提供海量的信息资源，还承担着提升用户信息素养的重任。

数字图书馆的用户群体包括学生、学者、研究人员、普通民众等，他们对信息检索和利用的能力参差不齐。有效的用户培训能够在根本上提升用户的信息素养，帮助他们掌握准确找到所需信息、甄别信息真实性和权威性，以及正确引用信息资源等关键技能的方法。信息素养的提升不但让用户在数字图书馆中更加自如，也有助于他们在数字信息社会中有效获取和处理知识，提升个人的学习和工作效率。此外，信息素养的提升对于学术研究领域尤为重要，培训服务可以教导用户如何避免误用信息、如何遵循学术规范，从而确保知识的高效传播和正确使用。

（二）提高资源利用率

数字图书馆有电子图书、期刊、数据库、多媒体等多样化的资源，如果用户不熟悉操作方法或不清楚使用途径，它们就不能够被充分利用，资源的价值也无法体现。通过用户培训，数字图书馆能够帮助用户理解如何进入数据库、检索相关主题，如何通过关键词和高级检索方法缩小检索范围等，使用户更快地找到所需信息，也显著提高了数字图书馆的资源利用率，确保资源的投资收益最大化。通过培训，用户能够熟练操作数字图书馆平台，合理选择和运用适合的资源，更充分地享受数字图书馆的服务。

（三）满足不同层次用户的需求

数字图书馆的用户构成复杂，涉及不同的年龄、职业背景，他们对信息的需求也存在很大差异。因此，数字图书馆的用户培训必须关注个体差异，满足不同层次用户的多样需求。例如，学生可能更需要基础的信息检索培训，从而掌握查找课本、参考文献的技能；学者和研究人员则需要数据分析、学术信息获取等更加深入的培训。通过多层次、多维度的培训服务，数字图书馆可以使每一类用户都能找到与自身需求匹配的服务，实现优化用户体验、使数字图书馆服务得到广泛应用的效果。

二、数字图书馆用户培训的原则

数字图书馆在用户培训过程中，遵循一定的原则能够确保培训效果，确保信息资源的合理利用（图 7－15）。

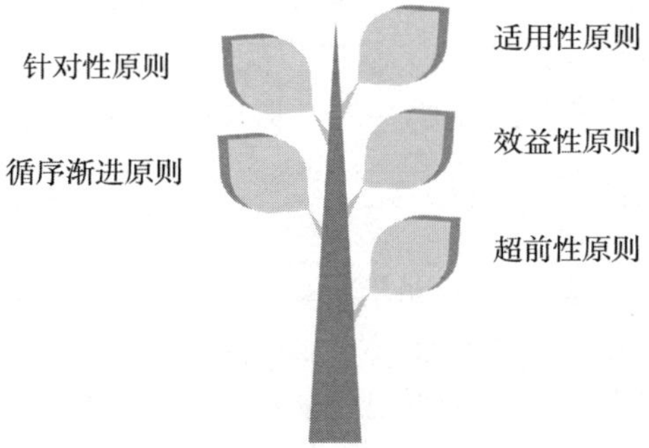

图 7－15　数字图书馆用户培训的原则

（一）针对性原则

数字图书馆的用户涵盖了不同的年龄、教育背景、专业领域和信息需求的群体。因此，用户培训要遵循针对性原则，培训内容和方法应该基于用户的实际情况和能力进行调整，确保每一位用户都能在自己的实际环境中得到最适合的支持和指导。针对性原则强调不同用户群体所需的资源和服务要有所区别，如学生和学者的关注点可能集中于学术资源的检索与利用，而一般读者则更关注日常信息的获取与资源的基础使用。针对性培训可以最大程度地帮助用户快速掌握适合自身需求的技能，确保用户获得个性化的学习体验，满足其独特的信息需求。在培训过程中，数字图书馆还需要结合用户的实际反馈和学习过程中的表现对培训内容和方式进行动态调整。通过使用前期调查、测试和培训后的问卷等方式了解用户在培训中的需求变化和学习效果，逐步优化培训流程，保证培训的高效性。

（二）循序渐进原则

数字图书馆的用户培训涉及广泛信息技能的学习和掌握，不是一蹴而就的，而是一个按阶段逐步深化的过程。因此，要遵循循序渐进原则，帮助用户逐步熟悉从简单到复杂的资源使用步骤，避免用户因信息量过大或难度过高而产生挫败感。对于新手用户，培训的内容应包括如何注册账号、如何进入平台、如何查找基础资源等数字图书馆的基本使用方法；对于中级用户则可加入进阶培训内容，提升其对数据库的使用技巧、检索策略等的理解，使其能够更高效地找到所需的信息；对于高级用户可以进一步培训深度的信息管理、资源整合以及数据分析工具的使用，提升其学术研究和科研工作的效率。分阶段的培训有助于用户在稳固早期学习成果的基础上，逐渐过渡到更高层次的知识应用，这种逐步深入的方式也符合用户的学习认知规律，有助于巩固所学知识，避免“一次性灌输”的弊端，使用户能够逐步融入数字图书馆的资源和服务。循序渐进的学习能够帮助用户尽快掌握技能，增强他们对信息系统操作的信心，激发他们对信息检索与使用的兴趣，形成持续学习的动力。

（三）适用性原则

数字图书馆的用户培训要确保培训的内容与用户的实际使用情境紧密结合。数字图书馆的资源类型和功能繁多，使用户在实际中恰当地应用所学技能是培训具有成效的关键。适用性原则要求培训内容必须考虑到用户日常使用的真实情境，设计出与之匹配的实操内容，使用户在面对具体需求时能迅速调动培训中所学内容，形成解决方案。为了确保适用性，用户培训最好结合实际案例来进行教学。比如，讲解信息检索技巧时，可以结合用户经常遇到的实际问题逐步引导其选择合适的数据库，使用正确的检索词，最终使用户获得所需信息。适用性原则能够帮助用户更好地掌握技能，使用户在今后的实践中持续应用，提升对数字图书馆的信任感。

（四）效益性原则

数字图书馆的用户培训要遵循效益性原则，充分考虑短期效益和长期效益。既要能够立即解决用户问题的短期效益，也不能忽视用户信息素养的提升、学习能力的提高等带来的长期效益。另外，要注意效率与效果的平衡，有限资源情况下，培训活动的成效要达到最大化。例如，数字图书馆可以利用线上培训系统，减少培训场地和人工成本，让更多用户能同时参加培训，提高资源的利用率；为了提升培训效果，数字图书馆可以通过实时数据和用户反馈来动态调整培训内容，让培训始终贴合用户实际需求，避免资源浪费。

（五）超前性原则

超前性原则强调数字图书馆用户培训的内容不但要解决当前问题，还应预见并包含未来可能发展出的需求。数字图书馆选择培训内容时应考虑一些先进的、具有预见性的知识点，考虑潜在用户的培养，扩大数字图书馆服务的影响范围。数字图书馆要加强对数据挖掘、人工智能应用、个性化推荐系统等新兴信息技术的推广，将其纳入用户培训课程，帮助用户更好地了解未来的信息环境变化，进而提升自身的适应力和竞争力。超前性原则还体现为帮助用户快速找到最新的学术资源、获取最实时的行业动态等，确保用户在使用数字图书馆的过程中始终保持优势地位。

三、数字图书馆用户培训的内容

为了帮助用户更好地利用数字图书馆的资源，用户培训的内容需要具备全面性、实用性和针对性。合理、科学的培训内容能够大大提升用户的信息检索能力和资源使用能力，使用户在面对海量信息时具备更强的决策能力（图 7－16）。

图 7－16　数字图书馆用户培训的内容

（一）基础资源介绍

数字图书馆囊括了电子图书、期刊、论文、数据库等各类数字化信息资源，类型丰富，为使用户全面了解并掌握这些基础资源的获取方法，培训内容要覆盖各类资源的基本使用方法。基础资源的介绍涉及资源种类的划分、不同资源的特性以及使用情境。对资源类型的全面讲解能够使用户明确不同资源的使用价值，进而在具体需求下快速选取合适的资源。基础资源介绍中也应强调资源的分类体系，以便用户在检索时能准确定位信息来源。资源分类能够帮助用户快速筛选和定位信息，避免因不清楚资源布局而浪费大量时间，帮助用户在最短的时间内获得最有价值的信息。

（二）信息检索技巧

数字信息时代，掌握有效的信息检索技巧是数字图书馆每一位用户的必备技能。数字图书馆拥有大量的信息和复杂的数据库检索工具，用户在没有接受信息检索技巧培训的情况下可能会面临大量无关结果的干扰。用户培训需要引导用户掌握关键词的选择、逻辑关系的运用、检索策略的调整等科学的信息检索方法。信息检索技巧的培训可从关键词的选择入手，让用户理解关键词对于信息获取的重要性。在信息检索过程中，用户需避免使用过于宽泛的词汇，注重关键词的精准度，以提升信息检索效率。培训还要涵盖逻辑符号的使用方法，让用户掌握“与”“或”等逻辑运算符的运用。例如，用户可以通过运用“与”限定检索范围，也可以通过“或”扩大检索领域，以此灵活调整检索条件，精准筛选所需内容，从而在资源的广度和深度上实现最佳平衡，使得信息检索更加有效。

（三）信息评估与引用

信息评估与引用培训旨在帮助用户掌握识别、评估和有效引用信息的技能。信息评估包括判断信息来源的权威性、内容的科学性以及信息的时效性等，这方面的培训能够帮助用户有效地筛选出高质量的信息资源，确保在学术研究和实际应用中引用的信息准确可靠。用户在进行学术研究、论文撰写或报告准备时往往需要引用多种信息来源，不当的信息引用可能导致误导性结果，甚至影响用户的专业形象。因此，用户培训还要涵盖规范的信息引用方式，指导用户掌握不同学术风格的引用格式，特别是学术写作中常用的 APA、MLA 等格式。

（四）个性化服务使用

数字图书馆为满足用户的个性化需求，提供了多样化的服务。个性化服务使用培训的核心在于帮助用户理解并掌握这些个性化工具的使用方法，从而根据自身需求制定信息获取策略。个性化服务还包括定制化的学习空间和阅读习惯设置，用户可以根据自己的需求设置个人收藏夹、管理阅读笔记、创建书签等，使数字图书馆的使用更具个性化。个性化服务的使用使得信息资源的获取更加高效和精确，用户能够实现自主、高效的信息获取，提升整体使用效率。

四、数字图书馆用户培训的方法

在数字图书馆用户培训领域，多样化的教学方法可以显著提升用户的学习效率和体验。以下是一系列针对用户培训的方法，每种方法都考虑了不同的用户需求和学习环境，旨在最大限度地提高用户对数字图书馆资源的掌握能力和使用效率（图 7－17）。

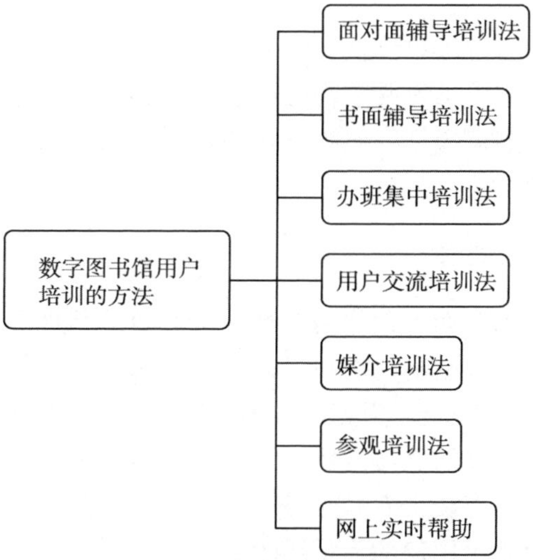

图 7－17　数字图书馆用户培训的方法

（一）面对面辅导培训法

面对面辅导培训法强调数字图书馆的馆员在接受用户询问时，应结合当时情况当面给用户讲解有关的知识、使用方法和技巧，举一反三，让用户得到服务和信息的同时，也掌握一定的使用方法。它是一种直接有效的培训方式，适用于解决用户的即时查询需求，需要馆员运用专业知识，在用户访问数字图书馆时提供个性化的指导和建议，帮助用户解决问题，帮助他们学会独立处理类似情况。面对面辅导培训法是一种互动性很强的用户培训方法，具有很强的灵活性，可以个别辅导，也可以集体辅导，培训内容也可以根据用户的实际需求进行调整。

（二）书面辅导培训法

书面辅导培训法是以印刷单、手册和教学资料的形式为用户提供学习资源，用户通过自学来熟悉数字图书馆的各项资源和服务的一种培训方法。这种用户培训方法适合有一定自学能力的用户，在学习资源的使用过程中用户可以随时参考相关资料，从而提高操作的准确性。书面辅导培训法在学习资源，内容设计上应简洁清晰，包含数字资源使用的基础操作、检索技巧、资源分类等实用内容，帮助用户独立掌握资源的使用方法。学习资源在内容上还应包含一些常见问题的解答及操作流程的详细说明，确保用户能够按照书面指南逐步掌握资源使用的流程。

（三）办班集中培训法

办班集中培训法通常以集体授课的方式进行，通过系统的教学安排，使用户能够在较短时间内集中学习并掌握必要的知识和技能。办班集中培训能够快速提升用户对数字图书馆操作的熟练度，特别适用于新用户或需要深入了解特定资源的研究人员。

（四）用户交流培训法

用户之间的交流和互动可以作为一种非常有效的培训手段。通过组织用户经验的分享会、研讨会等活动，用户可以相互学习，分享使用数字图书馆的心得和技巧。用户交流培训法能够激发用户的学习兴趣，并通过实际用户的经验教训，提供更加贴近实际的学习内容，用户通过这种交流能够学习到新的技巧和资源使用经验。这种方法也有利于数字图书馆收集用户反馈，及时调整和改进培训内容，更好地满足用户的学习需求。

（五）媒介培训法

媒介培训法利用视频、音频、图像等多媒体资源对用户进行教育性宣传，它可以覆盖广泛的用户群体，在推广新服务或教育公众如何有效利用数字资源方面特别有效。媒介培训法通过各种视觉和听觉材料生动形象地展示资源的使用流程，帮助用户增强对信息的吸收和记忆，尤其适合讲解复杂的操作和难以用文字描述的使用技巧。例如，通过制作信息检索视频教程，用户能够直观地看到信息检索步骤，并在实际操作中模仿练习。媒介培训法可以结合虚拟现实技术模拟实际操作环境，为用户提供身临其境的学习体验，多媒体教学内容还可以随时更新，使用户能够第一时间接触到新的操作方法和系统功能，不断提升用户的技能水平。

（六）参观培训法

参观培训法以实地参观的形式让用户亲身体验数字图书馆的操作环境，了解资源分布和服务功能，用户可以在馆员的带领下熟悉馆内各个功能区域及资源管理流程，更好地理解信息资源的获取和使用方式。这种方式能够增进用户对数字图书馆的认知，有效提升用户的信息资源使用效率。

（七）网上实时帮助

网上实时帮助是通过在线平台为用户提供即时指导的培训方法，适合用户在使用过程中遇到具体问题时获得实时的支持。数字图书馆可在官方网站或在线平台上开通实时客服业务，用户可以通过即时通信工具与馆员互动，获得操作指导。这种方法能够快速解决用户的问题，减少因信息不畅而带来的使用障碍。网上实时帮助还能够记录用户的提问，为数字图书馆的培训服务提供数据支持，以便进一步完善培训内容。

第八章　数字图书馆的信息服务创新

第一节　数字图书馆知识服务创新

一、知识服务的概念

知识服务作为知识经济时代信息化、网络化环境下的产物，是图书情报界在探索改进服务方法中提出的新概念。目前，对于知识服务的理论探讨和实践探索仍然处于初步阶段，学界对知识服务还没有统一的定义。知识服务要求图书馆等文献信息机构运用先进的技术手段以及丰富的资源与设备，从用户的实际问题出发进行信息和知识的搜集、分析和组织，提供更高知识含量、更具针对性、更加专业化和个性化的服务，帮助用户找到解决问题的答案，支持知识的应用与创新。知识服务在数字图书馆中的应用是通过多层次信息资源的整合与深度服务，向用户提供智能化的知识支持来实现的。知识服务注重信息的收集和展示，强调知识内容的筛选、组织和关联，是助力用户实现知识增值的关键路径。

具体来说，知识服务包括信息服务的扩展，从原有的静态资源推送转向主动的知识支持。其根本在于理解用户需求的多样性，依据用户的个性化特点和关注领域为用户提供更具深度、广度和实用价值的知识。数字图书馆在提供知识服务时需要围绕知识的“有效传递”与“知识价值最大化”进行，不但要考虑如何获取资源，更重要的是还要考虑如何对资源进行高效利用，使知识在被用户吸收、应用的过程中不断产生新的价值。知识服务理念还涉及将服务内容与用户活动紧密结合，通过知识组织和展示帮助用户系统性地掌握和应用知识内容。知识服务对知识的细致分类、智能化关联和创新性输出都有严格要求，通过对信息资源进行甄选、分类和系统化关联，方便用户从中获取关键性见解。

二、数字图书馆知识服务的特征

数字图书馆的知识服务注重文献的深层次开发，为用户提供经过加工创造后实现知识增值的新知识，它具有与众不同的特征（图 8-1）。

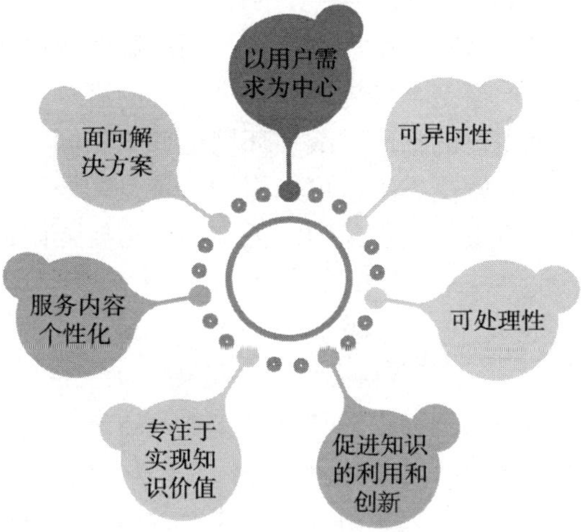

图 8-1　数字图书馆知识服务的特征

（一）以用户需求为中心

以用户需求为中心是数字图书馆知识服务的重要特征，它强调深入理解并满足用户的知识需求，通过信息资源的精确收集和选择，帮助用户解决信息分散带来的检索难题，提供指导和索引。知识服务的价值在于其能够直接参与用户的问题解决过程，通过提供必要的知识支持帮助用户应对他们独立难以解决的问题，创造出显著的价值。知识服务的目的是全面满足用户的知识需求，它要求服务提供者不断了解和研究用户需求的变化，通过提供全面、准确和有效的知识信息提升其针对性和效果，确保用户能够迅速而高效地利用这些知识解决实际问题。

（二）面向解决方案

数字图书馆的知识服务团队能够为用户提供持续的知识支持，一切活动都围绕帮助用户找到或构建解决方案而展开。知识服务不同于简单的信息提供，而是参与到用户从需求产生到知识应用的整个信息活动过程，协助用户进行知识的筛选、应用和转化。用户的信息需求和信息应用过程受到多种因素的影响，可能随着外部条件的变化而变化，知识服务通过深入用户的问题处理过程，能够更有效地针对用户需求收集和筛选信息。从知识服务开始到结束，数字图书馆的知识服务团队需持续调整和优化信息供给，确保能够满足用户解决问题的知识需求，真正实现在用户的决策和实际行动中提供持续的支持和服务。

（三）服务内容个性化

知识服务的内容具有显著的个性化特征，知识服务通过构建基于用户特定需求和偏好的个性化需求模型，实施适合各个用户的服务策略。知识服务的用户群体需求多样，每个用户面临的挑战和环境也各不相同，即便是遇到相似的问题，每个用户的需求和解决方案也可能因个人特点和外部条件的不同而有所区别。因此，每个解决方案都应该是独一无二的，需要专门针对每个用户的具体情况设计。

（四）专注于实现知识价值

知识服务专注于知识内容的提炼和价值实现，通过对用户问题和环境的深入分析，从大数据中筛选出有助于解决用户问题的信息。数字图书馆的知识服务团队通过对这些信息进行分类、组织和描述，分析各种数据结构之间的潜在联系，识别出与用户需求相关的知识。然后，通过科学的方法将这些知识转化为实用的解决方案，确保在适当的时间将正确的知识传递给需要的人。在知识的分析、筛选、重组过程中，知识服务通过其独特的方法增加了知识的应用价值，确保知识在解决用户问题的过程中发挥最大的作用。

知识服务既增强了知识的实用性，也提高了服务过程的价值，它不只是信息的检索和分析，更涵盖了对信息的深入加工和管理，最终形成能够直接应用于用户需求的知识产品。在这一过程中，数字图书馆的知识，服务团队将自身的知识和专业能力融入服务，为原有知识增值，同时提高用户在知识应用和创新方面的效率，实现知识与服务的双重价值。

（五）促进知识的利用和创新

知识服务的核心价值在于其能够解决用户的实际问题，同时促进知识的利用和创新。在具体实施过程中，数字图书馆的知识服务团队通过收集和整合各种信息资源，运用先进的信息技术将这些信息资源进行筛选和重组，创造出新的知识。用户在应用这些经过优化和重组的知识后，能够将其转化为更高层次的生产力，实现更广泛的知识创新。知识服务除了启发用户产生新的思维，促进新知识的生成，还能够通过持续的信息收集和分析，使得固化的知识得以活化，提升知识的应用价值和创新潜力。

（六）可处理性

知识服务具有可处理性，数字图书馆的知识服务团队能够对知识服务过程中的数据和信息流进行有效的跟踪和管理，保证服务质量的稳定和高效。

可处理性为知识服务的优化提供了基础，数字图书馆的知识服务团队可以通过分析用户的反馈、服务数据等，精准地发现服务中的问题并及时改进。可处理性使得知识服务能够根据不同用户的需求特点，动态地调整和更新服务内容。对用户来说，可处理性也提高了知识获取的便利程度，确保他们在使用知识服务时能够体验到高效、连续的服务过程。通过建立可处理的知识服务机制，数字图书馆可以提高自身的服务能力，同时可以提高用户的满意度和依赖度。

（七）可异时性

知识服务的可异时性，即知识的传送和接收可以不受时间和空间的限制，知识服务的提供者可以随时将知识内容上传到知识平台，用户也可以在任何时间从平台获取所需知识。这一特征使知识服务变得更具弹性和适应性，能够应对不同用户在不同场景下的知识需求。随着移动互联网技术的普及，可异时性使得用户可以利用各种智能设备随时接入数字图书馆的知识资源，满足用户在碎片化时间的学习和知识需求，实现了全天候知识服务，使用户能够在最合适的时间获得最需要的知识，进一步提升了知识服务的价值与效率。知识服务的这一特征使其特别适合在线学习环境，由于知识的提供和获取不需要在同一时间或空间进行，极大地增强了知识服务的可访问性和便利性，有效地提高了知识的使用率和服务的覆盖范围。

三、数字图书馆知识服务的形式

数字图书馆的知识服务主要包括知识咨询服务、特色专题服务、知识导航服务、知识评价服务等不同的形式（图 8－2）。

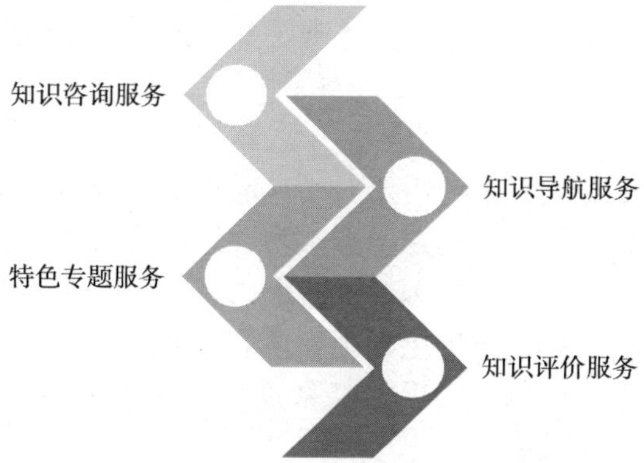

图 8－2　数字图书馆知识服务的形式

（一）知识咨询服务

知识咨询服务为用户提供基于知识资源的专业解答和指导，通过对用户需求进行深入分析，结合馆藏资源和外部信息，提供精准、及时的知识支持。知识咨询服务通过面对面、电话、书信、电子邮件、在线留言表单、论坛以及各种即时通信工具等，使得数字图书馆的知识服务团队能够与用户进行即时或非即时的互动，解决用户在搜寻文献及其他相关信息时遭遇的问题。知识咨询服务能够帮助用户更有效地利用数字图书馆的资源，促进对信息的获取和对知识的深入理解。

数字图书馆的知识服务团队通常需要利用专业背景和信息素养，整合资源，提出切实可行的方案，提高用户的信息获取效率。知识咨询服务能够促进用户更好地理解和应用所获得的信息，对他们的学习和研究活动起到积极的推动作用，为用户提供一般信息获取之外的深度支持，提升数字图书馆的服务价值。

（二）特色专题服务

特色专题服务是数字图书馆的知识服务团队在认识到用户对某些学科领域、热点问题或广受关注的主题具有浓厚兴趣后，对这些方面的知识进行深入挖掘和精心整合的过程。它从大量的数字资源中精选信息，经过聚合、重组和创新，提供能够深入反映主题新见解的知识内容。特色专题服务的历史可追溯到传统图书馆的剪报服务，然而与早期的剪报服务相比，现代的特色专题服务更注重利用数字技术和数字图书馆知识服务团队的专业知识进行信息的重构和创新解读。数字图书馆通过提供特色专题服务，能够将知识服务团队的隐性知识与数字化信息资源相结合，开发出内容丰富、结构系统、参考价值高的专题知识产品。特色专题服务是展现数字图书馆知识服务能力的一个重要窗口，满足了用户对深层次信息需求的追求，体现了数字图书馆在信息组织和知识创新方面的专业水平。

专题内容涵盖了社会科学、自然科学、新兴学科等广泛的领域，数字图书馆在提供特色专题服务过程中，需要对用户需求进行全面了解，围绕一个或多个主题选取并整合相关资料，构建内容丰富、结构清晰的特色专题数据库。特色专题服务会定期更新和补充资源，以确保内容的时效性和准确性。它为客户快速获取某一领域的最新信息提供了很大便利，通过深入的专题分析来帮助用户获得对主题的更全面理解，实现了资源的集中展示和高效利用，也在一定程度上提高了资源的使用效率。

（三）知识导航服务

知识导航服务以满足用户的多样化阅读和信息需求为基础，为用户提供量身定制的知识和信息。知识导航服务能在海量的网络资源里帮用户快速、高效地找到其所需要的资料，节省用户的时间。它将馆员转变成了知识的导航员，在复杂的网络环境中为用户保驾护航并提供引导咨询和主动的个性化服务，数字图书馆的知识导航库是在馆员对网络上的庞杂信息资源进行筛选、组织和智慧注入的基础上建立的，这个过程不仅包含了对信息的基本处理，更加入了馆员的专业判断和个人智慧，使得提供的内容既准确又具有针对性。

知识导航服务中，数字图书馆通常会依据学科分类、主题关联等将信息资源组织为有序的知识网络，以便用户在浏览时能够快速进入感兴趣的领域。专业的知识导航服务还可依据用户的个性化需求，提供不同层次的知识内容，满足初学者、专业研究者等用户的不同需求。知识导航服务通常会设置知识导航目录，使用户能够通过逐层深入的方式逐步了解并掌握相关领域的核心知识，为用户的学习和研究提供清晰的方向。数字图书馆的馆员在知识导航服务中扮演着知识教员、提供者、创造者、组织者和交流者等多个角色，帮助用户在信息泛滥的网络世界中找到真正有价值的数据，促进知识的有序流动和利用。随着自动分类和自动文摘等自动技术的应用，数字图书馆的知识导航服务已经从传统的书目导航和参考咨询导航发展到更深层次、更系统化的知识导航，使用户在复杂的信息环境中能够更有效地进行信息检索和知识获取。

（四）知识评价服务

数字图书馆的知识评价服务已经成为一项至关重要的服务。随着网络信息逐渐庞大和多样化发展，如何精确地筛选、处理、整理并进行有效的价值评估，是数字图书馆的馆员必须面对的挑战。知识评价涉及对信息资源的质量、实用性及其应用效果的系统评估，它是知识服务增值过程中的核心部分。数字图书馆借助数据分析、人工智能工具等现代信息技术，能够基于统计数据对知识进行定量评价。馆员通过对文献的引用率、借阅频次及其在学术和实践中的影响力进行评估，能够为用户提供直观的文献价值指标。结合评估结果，数字图书馆能够向用户推荐具有高价值和高相关性的资料，大大节约了用户筛选信息的时间，提升用户的决策效率。对于那些寻求深入了解特定领域知识的用户，数字图书馆可以提供经过层级划分的文献，帮助用户根据自身的知识水平和需求选择最合适的资源。

知识评价服务提升了数字图书馆提供的信息资源的透明度和可信度，增强了用户对数字图书馆知识服务的信赖感和满意度。数字图书馆通过这种服务形式成为用户学术研究和知识探索的有力助手，帮助用户精准获取信息的同时，也推动了知识的持续创新和深入应用。

四、数字图书馆知识服务的实施

数字图书馆实施知识服务需要系统谋划从多方面着手，才能够真正开展起来并实现预期的目标（图 8－3）。

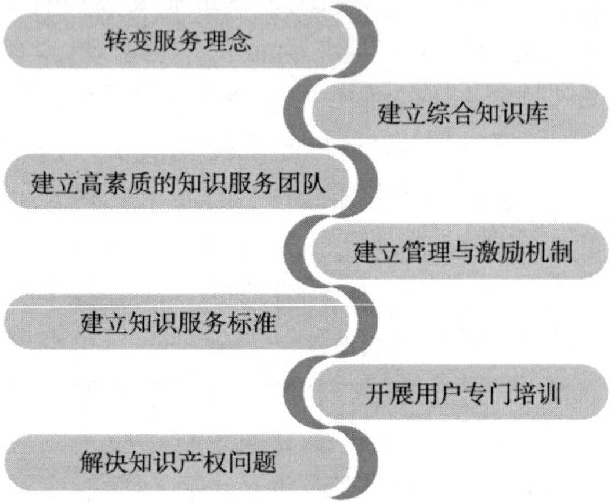

图 8－3　数字图书馆知识服务的实施

（一）转变服务理念

数字化和信息化迅速发展的当今时代，用户更加关注如何从庞大且复杂的知识信息资源中快速有效地获取解决方案，传统以收藏和管理为核心的服务模式已不足以应对用户的需求。数字图书馆必须强化“以用户需求为中心”的服务理念，将满足用户多样化的知识需求置于工作的核心位置。服务理念的转变要求馆员更新观念，通过实际行动将这一理念融入日常工作，确保所有服务活动都围绕深入了解和满足用户需求展开。

数字图书馆要鼓励知识服务团队主动深入理解用户的信息行为和偏好，通过用户数据分析获取服务的实际导向，提供以用户需求为核心的知识支持。随着知识经济的发展，数字图书馆的服务理念要扩展至对“信息增值”的关注。通过对信息资源进行加工、整合和增值，使其转化为用户可以直接应用的知识。数字图书馆需要逐步引入信息整合工具，将复杂的学术资源转化为用户易于吸收和利用的知识内容，为这些学术资源创造出更深层次的学习价值。

（二）建立综合知识库

综合数据库能够整合多种来源的知识资源，并按照一定的知识体系精心组织，为用户提供快速准确的信息检索、问题解答等知识支持。现代的综合知识库建设依托先进的数据仓库技术、元数据技术，并通过网络技术和群件技术实现资源的共享和优化，方便用户访问和利用库中的知识，馆员在回答咨询时也能避免重复劳动，提高工作效率。

综合知识库的构建要求数字图书馆结合不同学科资源的特点，实现知识资源的科学分类、精确定位和高效检索。综合知识库包含文本资源、多媒体资源、数据资源等多种信息资源，以最大化信息承载和信息呈现的多样性为用户带来丰富的资源体验。随着信息量的持续增长，保持综合知识库内容的准确性和更新频率尤为重要。通过引入自动更新机制，数字图书馆可以实现资源的快速检索和动态更新，可以确保资源的时效性和可靠性；通过引入学科标签和关键词关系链，可以为不同领域的资源建立联系，使得用户能够顺畅地从一个知识点延伸到相关领域。数字图书馆在综合知识库的搭建过程中，关注自身馆藏资源整合的同时，还应引入其他图书馆、数据库和科研机构的资源，构建更全面的知识环境，实现资源共享和信息整合，为用户提供覆盖面更广的知识内容。

（三）建立高素质的知识服务团队

数字图书馆知识服务的质量在很大程度上依赖知识服务团队的专业能力和服务质量。因此，组建一支具有丰富经验、快速应变能力和专业知识的知识服务团队至关重要。团队成员既可以全职也可以兼职，除了吸纳图书馆的员工加入，还要广泛引入社会各界具备相关知识和技能的专业人士。团队成员要具备深厚的学科背景和信息管理技能，能够将复杂的信息资源转化为用户易于理解和使用的知识内容。除此之外，团队成员还要掌握数据分析、用户行为研究等新型技能，以适应数字信息环境下的服务模式。数字图书馆知识服务需求的多样化要求团队能够灵活应对信息需求的变化，熟练使用人工智能、大数据等技术手段，提升知识服务的智能化和个性化。知识服务团队还要保持对新兴技术的敏锐度，及时引入并掌握这些技术，以便在提供知识服务中更有效地处理海量信息，满足用户需求。

为了确保团队的高效运作，数字图书馆还要定期组织团队成员进行知识服务的理念、流程和必备技能等多个方面的培训，使每位成员都能够在实际工作中灵活运用各种技能和工具，为用户提供高质量的知识服务。

（四）建立管理与激励机制

高效的管理机制可以确保知识服务流程的科学化、规范化，而完善的激励机制则能够提高服务人员的积极性，增强知识服务团队的凝聚力，激发团队创新活力。数字图书馆环境中，知识服务的特点要求管理机制具有灵活性和适应性，以满足信息技术更新迅速、用户需求多样的服务环境。建立高效的管理机制应从提高服务效率、保障资源利用以及提升用户体验出发，采用扁平化的管理方式来缩短信息传递路径，加快服务响应速度，确保服务内容能紧跟技术发展步伐。

激励机制的有效运用能够提高知识服务团队成员的工作积极性，使他们在服务过程中不仅注重完成服务任务，更注重服务的创新与质量提升。对于数字图书馆的知识服务团队来说，绩效评估机制是激励机制的核心部分。数字图书馆需要根据团队成员的服务质量、用户满意度、创新服务开发等方面的实际工作贡献设定灵活的绩效评估标准，综合评估团队成员在资源整理、用户辅导等环节中的表现，并依据评估结果实施相应的奖励措施，形成正向激励。完善的激励机制能够增强知识服务团队成员的责任感，有助于激发他们的创造力，推动知识服务的进一步优化和发展。

（五）建立知识服务标准

对于数字图书馆来说，建立一套明确的知识服务标准是十分必要的，能够促进服务质量的提升和服务行为的规范，确保用户接收到持续而高效的知识服务。数字图书馆知识服务标准的制定涉及用户需求分析、知识资源的组织和管理、知识内容的提供、反馈机制的建立等知识服务流程的方方面面，每个环节都应根据服务质量、服务效率、用户满意度等关键指标来设立具体标准。为有效保证知识服务标准的实施效果，还需建立相应的监督反馈机制。通过定期评估用户满意度、收集用户建议和反馈，有效发现知识服务中的薄弱环节并有针对性地进行改进，为进一步优化知识服务标准提供宝贵的数据支持。

（六）开展用户专门培训

用户专门培训能够确保数字图书馆资源利用的最大化，能够帮助用户有效利用馆内的知识资源，使这些资源充分发挥价值。数字图书馆的信息资源多样，知识服务涉及的内容比较复杂，用户在使用过程中难免会遇到困难。系统的用户专门培训能够提升用户信息素养，帮助其掌握信息检索、资源评估等技能，使其更加便捷、高效地获取所需知识。

用户专门培训的内容应当涵盖广泛，从基本的资源检索技巧到复杂的信息评估、引用规范等均需包含在内。尤其是研究人员、专业领域人员等专业用户，培训内容应包括数据分析、跨库检索等高级技巧，使其能够充分利用馆藏资源，为其研究工作提供全面的知识支持。培训模式也需多样化，可以通过面对面讲座、在线课程、互动式学习等多种方式进行，以适应用户不同的学习需求。培训内容主要分为实用性培训和知识性培训两大类。实用性培训着重介绍如何检索、下载和引用数字资源，以及如何利用数字图书馆的知识管理工具等各种知识服务及其使用方法。知识性培训多依据用户的具体需求而设计，通常以讲座、研讨会等形式进行，知识性培训的目的在于扩展用户的知识视野，提供最新的研究成果和学术趋势，促进用户对特定领域知识的理解和应用。

（七）解决知识产权问题

知识产权的管理是数字图书馆建设中的一个复杂而敏感的问题。随着技术的进步和数字资源的普及，如何在不侵犯知识产权的情况下提供丰富、合法的知识服务成为一个亟待解决的问题。尤其是在知识服务过程中，如何处理知识产权受到保护的文献和其他知识产品，对数字图书馆的政策制定和服务范围有着直接影响。为了妥善处理知识产权问题，数字图书馆必须深入理解并遵守《中华人民共和国公共图书馆法》《中华人民共和国著作权法》等相关的法律法规，确保在提供数字资源、开展参考咨询服务时不触犯法律法规。数字图书馆要组织员工、用户定期举办有关知识产权的培训，帮助他们树立良好的知识产权意识，为资源的合理使用提供保障。

第二节　数字图书馆信息获取服务创新

一、数字图书馆信息获取服务创新的意义

数字图书馆信息获取服务的创新具有多项意义，具体如下（图 8-4）。

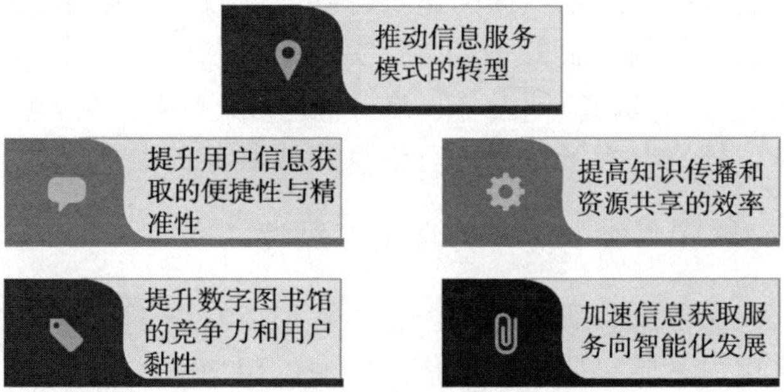

图 8-4　数字图书馆信息获取服务创新的意义

（一）推动信息服务模式的转型

数字图书馆信息获取服务的创新能够推动信息服务模式的转型，使信息资源获取变得更加精准和高效。传统图书馆的信息服务模式多以“存储—借阅”为核心，局限于被动的信息管理。数字信息背景下，数字图书馆采用智能化手段使匹配的资源更加符合用户需求，提升了信息获取服务的访问便捷性。这种转变使图书馆不再局限于信息存储与管理，成为用户知识探索和获取的有力支撑平台，进一步提升了服务效率，也为用户提供了更具深度的信息获取体验。

（二）提升用户信息获取的便捷性与精准性

数字图书馆通过信息获取服务创新，能够让用户借助智能化推荐、个性化服务等更快速地获取符合其需求的信息资源，大大提升了信息获取的便捷性与精准性。无论是传统馆藏资源，还是各类电子信息资源、开放数据库、多媒体资源等，信息获取服务的创新都能够使用户轻松获取所需信息，无需依赖烦琐的查找流程，这种便捷性与精准性的提升在一定程度上增强了数字图书馆的吸引力。借助数据分析、用户行为分析等先进技术，数字图书馆可以在用户进行信息检索过程中智能匹配符合用户兴趣偏好的资源，缩短用户的检索时间，提高信息资源的利用效率。尤其是对于学术用户而言，精准推荐能够帮助其更快找到相关领域的权威资源，形成良好的知识积累和研究基础。

（三）提高知识传播和资源共享的效率

通过创新的信息获取手段，图书馆可以建立起多方资源的交互通道，扩大资源覆盖面，优化资源共享。图书馆之间的合作机制也因此得到了强化，使馆藏资源的利用突破了地域限制，实现了馆际互通。例如，不同图书馆的资源可以通过一体化的访问系统进行共享，用户在一个平台上便可以检索到多家图书馆的资源。信息获取服务的创新提高了资源的流通效率，避免了信息资源的重复建设，极大地提升了信息服务质量。资源共享机制增强了数字图书馆与科研机构、高校和企业等单位的协同合作，数字图书馆获得了更丰富的信息资源，还能依托这些单位的研究力量持续进行信息获取服务的优化。

（四）提升数字图书馆的竞争力和用户黏性

数字图书馆通过信息获取服务的创新能够形成有别于其他信息平台的服务优势，吸引更多用户尤其是依赖学术信息资源的用户群体。个性化推荐、智能检索、移动端信息服务等能够使用户在不同场景下随时随地获取所需的知识资源，增强了用户的依赖性，进一步提升了用户黏性。

信息获取服务的创新使数字图书馆的服务形式更加丰富，满足了不同用户的个性化需求。数字图书馆能够根据用户需求不断更新和拓展信息获取服务。对用户需求的深度了解和及时响应，形成了信息获取服务的良性循环，吸引用户频繁使用数字图书馆的资源，进而增加用户对数字图书馆的长期依赖。

（五）加速信息获取服务向智能化发展

依托智能检索、自然语言处理和机器学习等技术，数字图书馆得以构建高度智能化的信息检索平台，帮助用户快速找到满足需求的内容。智能化服务的加入打破了以往信息获取过程中的障碍，使用户体验更加顺畅，使信息获取服务更加贴合用户实际需求。智能化的服务在提升信息获取效率的同时也进一步优化了数字图书馆信息获取服务的流程。用户不再需要依赖传统的查询方式就可以在个性化推荐和智能检索的帮助下轻松获取感兴趣的资源，提高了数字图书馆的运行效率，也符合当今用户的使用习惯。智能化发展路径的拓展让数字图书馆在信息获取服务领域占据了更为重要的地位，有助于数字图书馆在未来继续保持竞争力。

二、数字图书馆信息获取服务创新的原则

数字图书馆信息获取服务的创新需要遵循用户需求导向原则、技术驱动与人文关怀结合原则、资源共享与合作开放原则、持续改进原则等原则，优化资源管理并提高服务效率（图 8-5）。

图 8-5　数字图书馆信息获取服务创新的原则

（一）用户需求导向原则

数字图书馆的根本目标在于服务用户，满足用户的各种信息需求，用户需求导向原则能够指导数字图书馆在提供信息获取服务时根据用户需求进行动态优化。不同的用户在信息需求、信息素养、检索偏好等方面差异显著，数字图书馆需要敏锐地捕捉用户需求的变化，定制化地提供信息获取服务。例如，通过分析用户访问行为、检索历史、阅读偏好等数据，数字图书馆能够洞察用户的真实需求，增强信息获取服务的有效性，使用户体验更为个性化并贴近用户实际需求。为了进一步深化需求导向，数字图书馆可以借助用户反馈机制主动收集用户的建议与评价，作为改进服务的重要依据。通过周期性评估和反馈分析数字图书馆能够更为精准地了解用户的需求变化趋势，在内容推荐、资源更新、平台设计等方面做出相应调整，使其更符合用户需求。

（二）技术驱动与人文关怀结合原则

技术驱动是推动数字图书馆信息获取服务创新的强大引擎，但是单纯依赖技术难以保证用户体验的友好性与服务的易用性，因此要遵循技术驱动与人文关怀结合原则。信息获取服务的创新在注重技术手段优化的同时，还要注重对用户体验的全方位提升，通过技术驱动与人文关怀的结合，数字图书馆能够更好地符合用户的心理预期和情感需求，使服务更具温度。智能化的同时重视用户友好性，可以使技术更具亲和力，用户能够在体验便捷服务的同时感受到被尊重和理解。数字图书馆可以提供面向特定群体的服务设计，例如，向视障用户或老年用户提供更为简洁的界面和更易操作的功能，能够充分体现数字图书馆在技术创新背后的人性化思考和服务的包容性，突出人文关怀与技术融合的价值。

（三）资源共享与合作开放原则

资源共享与合作开放原则强调在图书馆、学校、科研机构之间建立资源共享平台，形成更广泛的信息资源覆盖面。数字图书馆通过遵循资源共享与合作开放原则，能够打破单一图书馆资源的限制，为用户提供更多样的资源选择，最大限度地满足其信息需求。资源共享原则能够提升数字图书馆的服务能力，实现多种资源的互通有无，从而提升信息获取服务的覆盖深度与广度。合作开放原则主张数字图书馆加强与学术数据库、开放获取平台、行业门户等的合作，增强资源的丰富性，拓宽信息获取的渠道。资源共享与合作开放是数字图书馆适应信息化发展的趋势要求，为知识资源的广泛传播创造了有利条件。通过建立国际的资源共享机制，用户可以在本地图书馆访问到更多国际资源，为全球范围的知识交流与资源共享提供可能。数字图书馆还可以通过合作获得更多领域的专业资源，从而建立跨领域知识库，为用户的多元化需求提供支持。

（四）持续改进原则

持续改进是数字图书馆信息获取服务创新的内在动力，它强调在信息获取服务创新的过程中要不断进行改进与优化，以适应用户需求和技术发展的变化。信息获取服务需求的复杂性和多样性、技术更新的迅速性等决定了数字图书馆的创新必须是持续的，而非一成不变的。数字图书馆信息获取服务的持续改进包括技术升级、用户需求分析、服务模式调整、资源优化配置等多个层面。数字图书馆在技术和用户体验方面要始终保持敏锐的创新意识，通过定期引入人工智能、大数据、物联网等先进技术，使信息获取服务始终保持在技术前沿。

三、数字图书馆信息获取服务创新的路径

数字图书馆信息获取服务创新的路径可以从多方面展开，以满足用户在数字信息时代的多元需求（图 8-6）。

图 8-6　数字图书馆信息获取服务创新的路径

（一）智能检索与推荐系统

用户信息需求不断变化的背景下，智能检索系统需要具备强大的索引能力和极快的响应速度，才能够识别用户需求并提供个性化的推荐服务。借助人工

智能和机器学习技术，智能检索系统能够对用户的检索历史、访问频率、偏好等数据进行分析，精准识别用户需求，进而优化信息检索效率并提升用户体验。智能推荐系统基于用户的行为数据和偏好标签，能够在用户不明确表达自身需求的情况下主动向其推送可能感兴趣的内容。比如，一个用户在检索历史上表现出偏好某一学科的资源，智能推荐系统就能够识别出这一偏好并根据相关资源的更新情况进行内容推荐，使用户在无需频繁检索的情况下仍然能够及时获取所需信息。

传统的推荐系统仅基于固定算法，如今的智能推荐系统则可以根据用户的反馈不断调整推荐内容，实现动态适应，从而极大提升用户满意度，增强数字图书馆信息获取服务的效果。

（二）移动端信息服务

随着移动设备的普及，数字图书馆提供的服务需要适应移动端需求，将信息获取服务搬上移动端平台，方便用户便捷地接触到数字图书馆的资源，随时随地获取信息。为满足移动端用户的需求，数字图书馆需要开发响应迅速、界面简洁的移动应用，并确保信息内容在各种屏幕尺寸的移动设备上清晰展示。移动端的创新还可以延伸至实时咨询、快速借阅请求、资源推送等更多功能，用户能够得到及时的服务反馈，提升信息获取服务的响应性和及时性。在移动端信息获取服务创新过程中，用户定位、个性化推荐等基于位置的服务也逐渐被引入。例如，根据用户的地理位置，移动端可以推荐相关资源或图书馆活动信息，增强服务的针对性，进一步缩小用户与资源之间的距离，提升用户的参与感和获得感。

（三）数字驱动的资源管理与优化

数字化技术的应用使数字图书馆在信息资源的收集、整理、存储和分配方面更加高效，能够更加准确地满足用户需求。通过引入大数据和人工智能分析，数字图书馆可以对资源的使用情况、访问频率、用户反馈等进行深入分析，从而实现资源配置的优化。在资源管理中，数字化技术的创新体现在智能分类与标引系统上。不同类型的资源可以基于内容、来源、使用场景等进行智能分类，形成更加细致的标签体系，使用户在检索资源时能够快速定位需要的内容。智能标引系统能够节省人工标引的时间，提高标引的准确性，为用户提供更高效的检索体验。资源管理与优化可以实时监控与动态调整。通过数据监控，对各类资源的访问情况进行动态跟踪，分析出哪些资源受到用户青睐，哪些资源需要更新或补充，方便数字图书馆根据用户需求的变化及时调整资源结构，使信息获取服务更加灵活。

(四) 多渠道信息获取服务

多渠道信息获取服务旨在丰富用户获取信息的方式和途径，使用户可以通过多种渠道访问数字图书馆的资源。随着数字信息的传播渠道愈加多样，单一的信息获取方式已无法满足用户需求。数字图书馆的官方网站和移动应用、社交媒体、第三方信息平台、学术合作网站等多种渠道都能够提供信息获取服务，多渠道信息获取服务可以通过整合各种资源接口，使用户能够在不同平台上便捷地访问所需信息。比如，用户可以在社交媒体平台上接收到数字图书馆的推送内容；在学术合作网站上查看相关文献；在第三方信息平台上借助知识图谱找到关联资源。多渠道信息获取服务极大提升了用户获取信息的便捷性，扩展了数字图书馆的服务范围。多渠道信息获取服务还可以通过整合信息流，使得用户在一个平台上可以访问到多个来源的信息，提高资源的利用率并扩大资源的覆盖范围。

第三节　数字图书馆网络信息资源导航服务创新

数字信息时代，信息资源的庞大规模和多样性为数字图书馆的发展带来了前所未有的机遇和挑战，信息资源的获取与管理需要精准、智能的导航服务，以帮助用户高效地找到所需信息。

一、数字图书馆网络信息资源导航服务创新的必要性

数字图书馆网络信息资源导航服务创新的必要性主要体现在以下方面（图 8－7）。

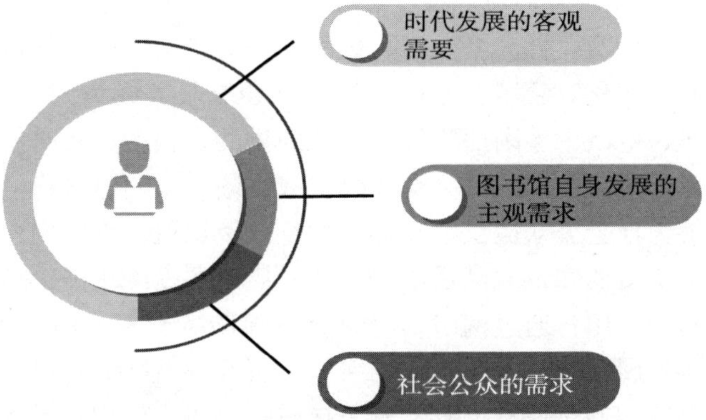

图 8－7　数字图书馆网络信息资源导航服务创新的必要性

（一）时代发展的客观需要

随着全球信息资源的指数级增长，各类信息资源在数量和种类上的激增带来了筛选与选择的难题。用户在面对如此庞大的信息量时往往会感到迷茫，难以从中找到有价值的内容。网络信息资源导航服务的创新使数字图书馆在满足用户多元需求的同时提供智能化的信息资源指引，帮助用户精准获取所需信息。创新的网络信息资源导航服务通过多层筛选机制大大提升了信息获取的效率，避免了用户在信息筛选过程中可能遇到的重复性、低质量信息的干扰。此类服务显著优化了用户的信息获取体验，使信息资源的浏览过程更为顺畅，尤其是智能导航服务的加入进一步提升了信息资源的实用性与可获得性。

（二）图书馆自身发展的主观需求

图书馆历史长期以来一直以收藏纸质文献为核心，追求馆藏的广度和完整性。随着信息技术的飞速发展，图书馆文献的主要载体已经从纸张转向了电子和网络，这意味着图书馆必须从以储存为主向以利用为主转变，从封闭式收藏向开放式服务转变，做到更高效地利用数字资源满足用户需求。数字图书馆作为知识管理与信息传播的核心机构，需不断优化自身服务体系，跟上信息技术飞速发展的节奏，创新的网络信息资源导航服务可利用用户的行为数据与偏好特征，结合智能推荐与个性化筛选，使得资源的组织与分配更具精准性。这一过程在提升用户体验的同时，也显著提高了资源利用率，为数字图书馆提升资源管理水平和服务效果带来了新的可能，增强了数字图书馆在信息资源管理与应用中的主观调控能力，满足了数字图书馆自我发展的内部需求。

（三）社会公众的需求

随着互联网的普及，社会公众对高效便捷的信息服务需求日益增长，特别是在学术、科研、文化等领域，专业化的信息导航服务成为人们关注的重点。社会公众在工作、生活中逐渐面临信息过载的挑战，精准、实时的网络信息资源导航服务成为公众获取信息的关键手段。数字图书馆通过网络信息资源导航服务的创新能够为社会公众提供个性化的信息获取渠道，确保用户从海量信息中高效提取出有价值的知识，满足不同年龄层与不同领域用户的需求。例如，在学术研究过程中，用户通过网络信息资源导航服务能够及时获得最新文献、研究数据和学科发展动态。定制化的网络信息资源导航服务可以为用户提供深度的知识获取渠道，通过信息推荐、资源导航等手段，使用户无缝衔接所需的各种学术资源，提升社会公众的知识水平、信息素养，推动社会知识传播与知识共享。

二、数字图书馆网络信息资源导航服务创新的核心内容

网络信息资源导航服务的创新是提升用户体验的关键，也是实现知识高效传递的核心环节，随着用户需求的多样化和信息资源的复杂化，数字图书馆传统导航服务方式已难以满足用户的精确检索需求。通过确定精细化的学术信息资源导航范围、构建综合信息资源导航数据库、引入个性化推荐系统，数字图书馆能够更灵活地响应用户需求。

（一）确定精细化的学术信息资源导航范围

数字图书馆在网络信息资源导航服务创新过程中，首先要建立精细化的学术信息资源导航范围，这一过程本质上是对网络信息资源的编目。网络信息资源海量且复杂，不可能为每一条都设置导航，因此需基于用户的实际需求进行选择。资源的选择应以学术价值为导向，囊括前沿研究成果、经典文献、学术期刊、会议记录、论文数据库、专业网站等不同类别的学术资源。不同于一般的资源导航系统，学术信息资源导航系统需具备精确的分类标准，以便用户在信息资源获取过程中能快速定位所需资料。在设计导航系统时应对资源进行精细的层级分类，利用主题分类、关键词索引等方法提供易于理解的导航结构，引导用户通过学科领域、研究主题、文献类型等维度精准定位信息，提升用户在学术资源查找上的效率。还应考虑资源的更新速度，确保学术内容的时效性和真实性，推动用户知识的动态更新。

（二）构建综合信息资源导航数据库

在数字图书馆网络信息资源导航服务中，综合信息资源导航数据库是核心组成部分，负责系统化地组织、存储、管理信息资源，保证网络信息资源导航服务的稳定性与可操作性。综合信息资源导航数据库应具备高容量、灵活性和可扩展性，满足海量信息的实时存储与检索需求，设计上应尽可能集成文本、图像、视频、音频等多种资源形式，以适应用户多样化的信息需求。数据库中的信息标签、元数据等也需精细划分，从而增强导航的灵活性与准确性。为了提高信息资源的访问效率，数据库应使用分布式存储与高速检索技术，以缩短用户查找信息资源的时间。数据库需要在内容质量和数据处理速度之间达到平衡，确保数据的质量和安全性。此外，数据库还应具备智能分析功能，能够识别用户访问频率、资源使用情况，为信息资源优化提供数据支撑。综合信息资源导航数据库构建的具体步骤如下。

第一步，源信息重组。搜集的信息文献按照原有结构进行分类和存储，不改变其内在结构，而是按照各课题或专题的主题进行有序化处理，以数据库形式存储。

第二步，信息单元重组。对于特定课题或专题，将搜集的信息文献解构到更细的信息单元级别，提取有用信息并重新组织，形成高质量的重组数据库，更精确地满足用户需求。

第三步，链接点归集与介绍。自行通过网络检索相关网站、电子出版物、检索工具、数据库链接点等，并对这些链接点的信息内容和特点进行简要介绍，包括核心期刊的最新目录等，使用户能够方便地获取最新学术资源。

第四步，超媒体链接结构。将重组的信息通过超文本和超媒体链接的形式在网页上有机地编织成网状结构，使用户可以从多个不同的节点轻松浏览和查询信息。

通过以上步骤，数字图书馆可以有效地整理和提供海量的网络信息资源，以满足学者和研究人员的专业需求，优化用户的信息检索体验，并大大提高信息资源的可访问性和使用效率。

（三）引入个性化推荐系统

个性化服务需求日益增长的背景下，构建个性化推荐系统能够有效提升用户体验。个性化推荐系统通过分析用户的兴趣、检索习惯、资源使用记录等，提供有针对性的导航服务，缩短用户获取信息的路径。个性化推荐系统基于大数据和机器学习技术自动分析用户的行为数据，进行资源匹配和个性化推荐。例如，通过对用户历史访问数据的分析，个性化推荐系统可以推测用户偏好的主题和文献类型，主动推荐符合用户需求的资源。个性化推荐系统还可实现资源的自动更新，根据用户需求变化及时调整推荐内容。对于专注在学术研究和知识探索的用户，个性化推荐系统通过推荐最新的科研成果、相关主题的深度资源，满足其对知识的个性化需求，提升用户体验的同时，促进数字图书馆资源的充分利用。

三、数字图书馆网络信息资源导航服务的智能化探索

智能化在数字图书馆网络信息资源导航服务中的应用是提升资源获取能力和用户体验的关键所在。通过引入智能化系统，数字图书馆能够实现更加精准的信息分发和资源导航，推动知识共享效率的提升（图 8－8）。

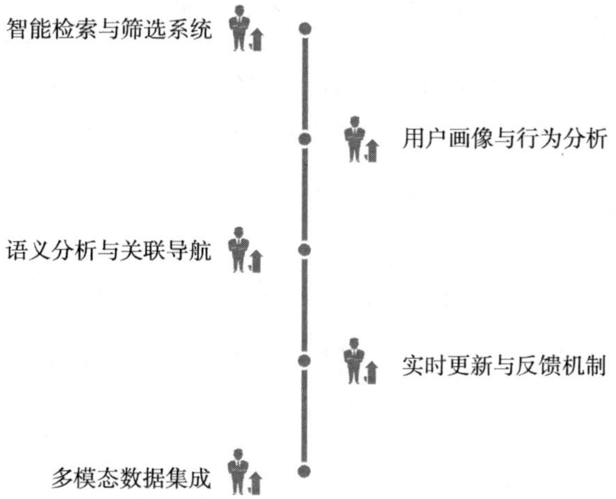

图 8-8 数字图书馆网络信息资源导航服务的智能化探索

（一）智能检索与筛选系统

智能检索与筛选系统是数字图书馆实现信息资源精确导航的核心技术，通过采用自然语言处理和机器学习算法，该系统能够有效理解用户的查询意图，并将复杂的检索请求转化为易于解析的参数，继而生成高匹配度的检索结果。智能检索与筛选系统除了能提升用户检索的便捷性，还能通过数据挖掘和行为分析等技术逐渐学习用户偏好，在后续的检索中提供更加个性化的建议。此类系统还能在信息量庞大的文献资源库中自动筛选出符合用户特定要求的文献，减少用户在检索中的时间消耗，为用户提供一站式解决方案。

（二）用户画像与行为分析

通过收集用户的兴趣偏好、检索习惯、访问记录等信息，系统可以构建清晰的用户画像，为用户提供个性化的导航体验。行为分析则通过对用户行为进行深度挖掘，识别出用户潜在的资源需求，并为其推荐相应的资源内容。结合大数据分析技术，用户画像可以指导网络信息资源导航服务的设计，帮助数字图书馆深入理解用户需求变化，进而动态调整资源推送策略，满足用户的深层次需求。

（三）语义分析与关联导航

语义分析通过对用户所查询内容的语义进行解析，能够理解用户的实际意图，从而匹配更精准的资源内容。传统的关键字匹配往往难以满足复杂查询的需求，而语义分析可以从句子结构、上下文等多层面分析用户需求，使得网络信息资源导航服务更加智能化和人性化。关联导航方面，语义分析技术可以自动识别出与用户需求相关的其他内容，并将这些内容关联呈现给用户，从而拓展用户的知识获取路径。关联导航能够极大提升用户的体验，使用户在获取目标信息的同时发现更多可能感兴趣的内容，加深用户对主题的全面理解。

（四）实时更新与反馈机制

数字图书馆通过实时更新资源库，能够确保提供的资源是最新、最权威的，避免用户获取过时资源的情况发生。反馈机制使系统可以根据用户的评价和反馈不断优化推荐内容，实现动态的服务改进，帮助资源库内容保持与时俱进，在服务过程中更好地满足用户需求。

（五）多模态数据集成

数字图书馆汇集了多种形式的资源，通过多模态数据集成，系统能够跨越不同数据类型，向用户提供更为全面的知识服务。多模态数据集成拓宽了用户获取知识的渠道，使系统能够根据不同用户的喜好进行内容推荐，增强了网络信息资源导航服务的适应性。多模态数据集成也使得资源管理更加高效，为用户提供多元化的资源获取路径，确保用户能够在短时间内找到最适配的资源。

第九章　数字图书馆人力资源管理及其创新

第一节　数字图书馆人力资源管理概述

一、人力资源与人力资源管理的概念

人力资源是指在一个组织或机构中，能够直接或间接地推动其运作和发展的人的集合。对于数字图书馆这一以知识服务为核心的机构来说，人力资源更是其最宝贵的资源，决定了数字图书馆的发展水平与服务质量，管理和开发好人力资源，是数字图书馆运营成功的关键所在。

人力资源管理是指通过科学的策略和手段，对组织或机构内部的人力资源进行规划、组织、领导和控制，以达到提升效率、推动员工成长的目标的一系列活动。人力资源管理的过程涉及员工的招聘、培训和绩效考核，包括他们的职业发展规划、工作环境的优化以及文化的塑造等方面。有效的人力资源管理可以促使员工的潜力得到最大化的发挥，促进组织或机构目标的实现。在人力资源管理中，规划是其中的核心环节，数字图书馆必须根据其长远发展规划和短期业务目标合理配置人力资源，确保每个岗位都具备合适的人才。数字图书馆保持高效运营，离不开一支具有高度专业知识和服务意识的员工队伍，这意味着数字图书馆在人力资源管理过程中需要通过培训与开发，不断提高员工的能力和素养，以应对数字信息环境下面临的新需求和新挑战。除了对员工的管理，数字图书馆还要关注工作环境的优化，包括为员工提供一个安全、舒适、充满活力的工作场所。

二、数字图书馆人力资源管理的必要性

有效的人力资源管理是数字图书馆实现高效运作和可持续发展的重要保障，有利于其适应不断发展的信息技术环境（图 9－1）。

图 9-1 数字图书馆人力资源管理的必要性

（一）有效的人力资源管理是数字图书馆生存与发展的生命线

数字图书馆的生存与发展主要依赖物力资源（包括馆舍、设备、信息资源等）、财力资源和人力资源 3 类核心资源。这 3 类核心资源中，人力资源是最为关键的资源，因为它直接管理和运用其他两类资源，代表着数字图书馆的核心竞争力。数字图书馆的运作涉及信息检索、数字资源管理、用户服务以及技术创新等多个复杂领域，要求员工必须具备跨学科的知识和灵活应变的能力。而这些能力的充分发挥依赖系统的人力资源管理。人力资源管理通过优化员工的工作环境、配置合适的人才来确保各项服务得以顺利提供。管理者需要通过合理的招聘、培训和激励机制确保每个员工都能在其岗位上发挥最大作用。有效的人力资源管理能够帮助数字图书馆更好地适应技术的快速发展，确保其在全球信息化浪潮中始终保持竞争力。

（二）有效的人力资源管理是数字图书馆留住人才的有效手段

数字图书馆的馆员既是信息和知识的传递者，也是推动数字图书馆发展的关键力量，优秀的馆员是数字图书馆最宝贵的资产。随着技术的不断进步和数字图书馆对专业人才的需求日益增加，如何留住高素质人才成为数字图书馆人力资源管理的核心问题。有效的人力资源管理可以通过创造吸引人的工作环境、提供有竞争力的薪酬待遇以及形成清晰的职业发展路径，确保优秀的员工愿意长期为数字图书馆服务。

一个具有竞争力的人力资源管理系统可以为员工提供职业规划、培训机会以及晋升通道，能够提高员工的忠诚度，激发他们的创造力和工作热情。相应的，良好的人力资源管理能够促使数字图书馆建立起一种学习型组织文化，使员工能够在持续的学习和进步中提升自身价值，并愿意为数字图书馆的长期发展做出贡献。数字图书馆馆员的知识与技能直接影响到其服务质量与创新能力。通过有效的人力资源管理激励并留住那些在技术和服务创新上有贡献的员工，是确保数字图书馆长远发展的关键。人才是数字图书馆的无形资产，拥有并留住优秀人才是保持数字图书馆竞争力的重要因素。有效的人力资源管理要创造出富有挑战性和成长空间的工作环境，给予员工持续学习与发展的机会。

（三）有效的人力资源管理是提高数字图书馆办馆效益的关键

数字图书馆只有通过有效的人力资源管理，才能使技术、资金和其他资源发挥最大的效益，实现资源配置的优化和运营效率的提高，提升整体管理效益。通过科学的人力资源管理，数字图书馆可以激励员工在工作中发挥主观能动性，并通过定期的绩效考核，确保每个员工都能为数字图书馆的运营目标做出最大贡献。合理的薪酬和福利体系也能够提升员工的工作满意度，进而为提高数字图书馆的管理效益提供强有力的支持。有效的人力资源管理还能够有力促进跨部门的协作，减少内耗，提升整个团队的工作效率。数字图书馆的服务涉及多个技术与业务领域的协作，只有通过合理的人力资源调配与管理，才能确保各部门之间的高效配合和信息共享，为数字图书馆的发展创造新的机遇和创新空间。

（四）有效的人力资源管理是确保数字图书馆其他资源合理利用的重要前提

数字图书馆拥有文献、资金、设备、人力、技术等多种资源，其中人力资源是其他资源能否被合理运用的关键，它是数字图书馆中最活跃的生产要素，资金的分配、技术的应用等都依赖人力资源的管理和应用。数字信息时代，人力资源管理的优化能带动技术等资源的最大化利用，确保数字图书馆能持续适应日益变化的信息服务需求，为社会和学术界提供更高质量的服务，提升自身的竞争力，促进自身长远的可持续发展。

三、数字图书馆人力资源管理的特点

数字图书馆在进行人力资源管理的过程中，主要呈现出以下特点（图 9－2）。

（一）管理模式人性化

数字图书馆在运行过程中除了强调自身的基本职能，向社会提供优质的服务和信息产品，还有很重要的一个方面就是在内部管理中实行以员工为导向的管理模式，强调员工个性的展现及其与社会和用户需求的融合，这是现代数字图书馆人性化管理模式的体现。管理模式人性化将人置于人力资源管理的核

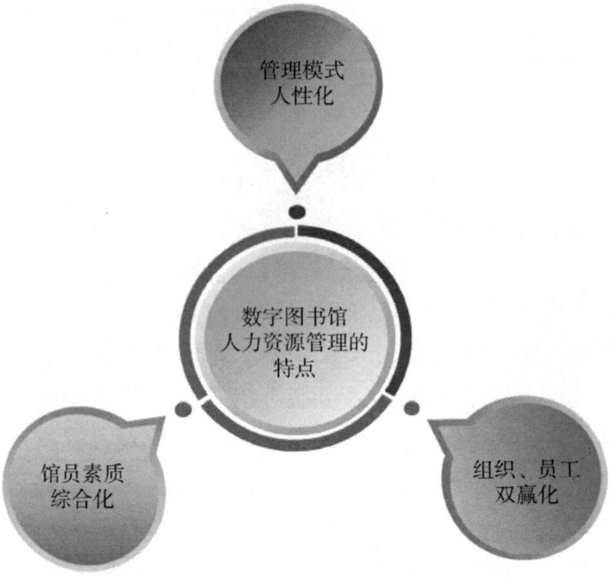

图 9-2　数字图书馆人力资源管理的特点

心，利用信息技术提升员工的创造力，鼓励员工形成创新意识，并内化为自我提升的动力。

数字图书馆与传统图书馆相比，管理环境已经发生了很大变化，这就要求其人力资源管理模式更具有灵活性和韧性，管理过程要多关注员工的个人发展和需求，理解和尊重员工的个性和工作习惯，为他们提供更多自主权和创新空间。通过人性化管理，数字图书馆能够更好地平衡工作压力与工作灵活性，提升员工的工作满意度与参与感，为员工创造良好的工作环境和职业发展空间，使员工在工作中感到被重视和被支持，从而激发他们的潜能，推动数字图书馆整体效益的提升。人性化的管理模式还意味着数字图书馆管理者需要具备更强的沟通和协调能力，能够通过有效的沟通及时了解员工的需求与困难，为他们提供适当的支持和帮助，提升员工的归属感和忠诚度，为数字图书馆的长远发展奠定坚实的基础。

（二）馆员素质综合化

数字图书馆要求馆员必须具备综合化的素质和能力，馆员不仅是藏书与设施的管理者，还是先进技术的应用者、用户需求的响应者以及数字图书馆创新发展的推动者。数字图书馆更多地以其提供的高质量特色服务为评价标准，而这些服务的优劣直接取决于馆员的综合素质和能力。这要求馆员不但要掌握信息检索和资源管理等专业技能，还必须具备一定的技术能力，能够应对数字信息环境中的各种技术挑战。馆员需要具备快速学习和适应新技术的能力，能够根据技术发展趋势及时调整工作方法和技能，确保数字图书馆能够持续为用户提供优质的服务。馆员还需要具备较强的创新能力，能够在数字信息环境中发现问题并提出解决方案，通过跨部门合作推动数字图书馆服务和资源管理的创新。

（三）组织、员工双赢化

双赢化管理的核心在于实现员工个人发展与数字图书馆目标的统一，既要确保员工在工作中获得个人成长与职业发展的机会，又要保证数字图书馆的目标和任务能够顺利完成。

数字图书馆在人力资源管理方面要致力于开发全体员工的潜能，提高工作效率，让每位员工都能感受到其职业的责任感、使命感和尊严。在员工的职业发展规划中，数字图书馆要关注其个人兴趣和技能特点，为其提供适合的岗位和发展机会。通过提供多样化的培训与学习平台来帮助员工不断提升自身素质和能力，激发员工的工作积极性和创新意识，为数字图书馆培养一支高素质的核心团队，推动组织目标的实现。数字图书馆通过建立合理的激励机制，能够有效激发员工的工作热情，使他们愿意在工作中付出更多努力。组织目标的实现也为员工提供了更多展示自己能力的机会，从而增强了员工的归属感、促进了员工工作效率的提升，使得员工在数字图书馆工作过程中更有成就感，实现组织与员工的双赢局面。

四、数字图书馆人力资源管理的实施路径

数字信息时代背景下，数字图书馆需要形成科学合理的人力资源管理实施路径，确保人才资源得到充分的开发和利用，推动数字图书馆的持续创新性发展（图 9－3）。

（一）树立人才资源新理念

人才资源是数字图书馆发展的核心竞争力，特别是数字信息环境下树立与时俱进的人才资源理念至关重要。人才资源理念关注人才数量的增加，更强调人才质量的提升和人才个性化需求的满足。传统的人力资源管理往往侧重于短期的人才引进，容易忽略人才长期的培养与发展。

数字图书馆需要从战略层面树立人才资源新理念，注重人才的持续学习和创新能力的培养，确保数字图书馆在数字信息时代的快速发展中始终保持竞争

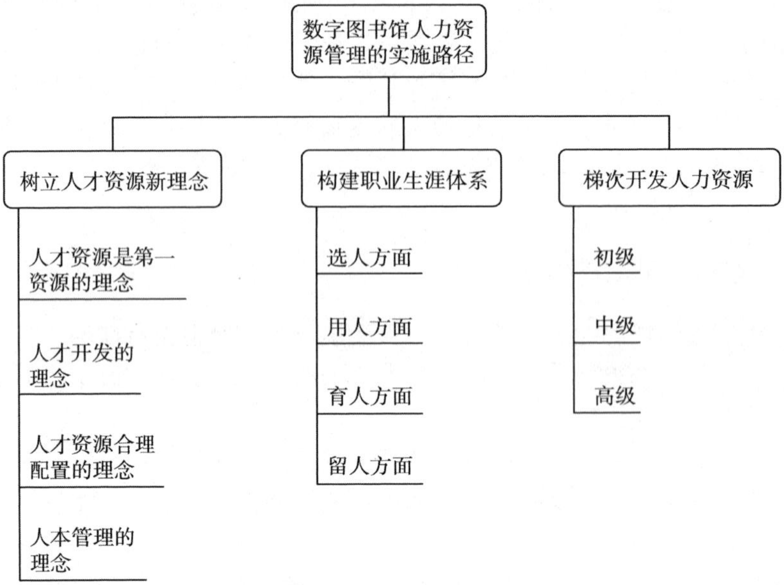

图 9-3　数字图书馆人力资源管理的实施路径

力。树立人才资源新理念主要包含以下方面的核心内容。

1. 人才资源是第一资源的理念

人才在知识经济时代不但是知识的承载者，也是推动创新性发展的关键动力。随着社会对知识和技能需求的不断增加，人才的价值和作用日益凸显。数字图书馆需要树立“人才资源是第一资源”的理念，确保人才优先的策略贯穿数字图书馆的每项管理决策和实践活动。不同学科背景和专业领域的人才可以为数字图书馆带来新的视角和创新动力，促进数字图书馆信息资源的整合与服务方式的改进，要采取开放态度鼓励人才引进。

2. 人才开发的理念

对于现有人才，数字图书馆要加强持续开发，通过培训和激励充分激发他们的潜力，促进其专业成长和技能提升，转化现有人力资源为数字图书馆的核心竞争力。人才资源的核心价值是知识和创新力，数字图书馆要重视员工的知识更新和技术能力提升，通过内部培训和外部交流保持员工的活力和创造力。还要强调长期的战略规划，注重员工的职业发展路径，为其提供充足的学习资源和成长空间。

3. 人才资源合理配置的理念

数字图书馆中存在多样化的人才组合，为了最大化发挥这些人才的潜能，必须建立一个公平竞争的环境，进行合理的人才资源配置。要将每个员工放置在最适合其技能和兴趣的岗位上，充分发挥个人最大的潜能，提升团队的整体效能。数字图书馆管理者应具备广阔的视野，发现和培养人才，创造使人才能力得以充分发挥的工作环境，实现人才资源的有效管理和合理配置。

4. 人本管理的理念

数字图书馆在人力资源管理过程中要善于借鉴现代企业的管理策略，强调“以人为本”的管理理念，创建一个尊重知识、尊重人才和尊重个性的工作环境，激发员工的创造力和参与感。通过实施人本管理能够促进员工的个人成长，增强他们对数字图书馆使命的认同感和责任感。

（二）构建职业生涯体系

数字图书馆需要构建科学的职业生涯体系，为员工提供清晰的职业发展路径和机会，为其未来职业发展提供战略性规划。具体可归纳为选人、用人、育人和留人4个方面。

1. 选人方面

数字图书馆要引入竞争机制并建立合理的人员流动机制。招聘时采取公开透明的原则，公开岗位信息和录用程序以确保公平竞争。选聘人才要综合考虑人才的学历、知识层次、年龄以及业务能力，促进人力资源的多样性和平衡。特别是应当重视那些既熟悉数字图书馆业务又具备现代信息技术能力的复合型人才，优化人力资源配置。

2. 用人方面

合理的人才使用要将人才放置在合适的岗位，充分激发每个人的潜力和创造力。数字图书馆在人力资源管理过程中应根据个人能力和数字图书馆的需求安排合适的工作岗位，并根据需要调整职业发展路径。在工作实践中，学习和能力开发要具有持续性，确保员工能不断提升自己的知识和技能水平。还要依据员工的专业背景、兴趣、发展方向等设计明确的职业发展路径，最大化地挖掘和利用每位员工的个人才能。通过实施竞争上岗和择优聘任制度，进行严格的考核，对于表现突出的优秀员工要给予精神激励和物质奖励，树立榜样的力量，促进所有员工的自我提升和发展。

3. 育人方面

数字图书馆要加强对员工的培训，使其具备广博的知识和技能，以有效管理和筛选庞大的信息资源。对员工的培训除了包括计算机操作、网络基础、数据库管理等基础技能培训，还要包括员工解决实际工作问题的能力培训。还要多鼓励高级技术人员参加高层次的研讨会和学术会议，以不断提升其创新能力和专业知识水平。

4. 留人方面

竞争激烈的人才市场中，数字图书馆需具有吸引和留住人才的相关策略，通过提高薪酬和福利待遇、改善工作环境、提供职业发展机会、持续教育等方法来留住人才。还应当为员工创造展示才华的平台，建立公正的考核和评价体系，让员工在公平竞争的环境中实现个人价值，促进其与数字图书馆的共同发展。

（三）梯次开发人力资源

数字图书馆的人力资源梯次开发是一种有计划、有步骤的人才培养和管理方式，旨在根据数字图书馆不同的发展阶段和需求合理配置和开发人力资源。梯次开发的核心是将人才按照其经验、能力和潜力分层次进行管理和培养，确保在不同层级上都具备相应的高素质人才，以适应数字图书馆的长期发展需求。

数字图书馆在人力资源梯次开发过程中，需要根据员工的经验、能力等将其划分为初级、中级和高级 3 个层次，并为每个层次的员工制订相应的培养计划。

初级员工主要是新入职的馆员，他们需要掌握基本的数字图书馆操作技能和信息管理技术。针对这一层次的员工，数字图书馆应提供系统的入职培训，帮助他们尽快融入工作环境，并为其设定明确的职业发展目标。

中级员工往往已经具备一定的工作经验，需要在专业技能和管理能力等方面有进一步提升。针对中级员工，数字图书馆可以通过岗位轮换、外部学习和内部晋升等方式为其提供多样化的成长机会，帮助他们积累更多的工作经验和管理能力。

高级员工是数字图书馆的核心人才，他们通常具备丰富的工作经验和较高的专业素质，是数字图书馆管理和决策的重要参与者。对于高级员工，数字图书馆应注重其领导力和创新能力的培养，鼓励他们参与数字图书馆的战略规划和决策，并为他们提供更多的资源和平台，支持其个人的发展和创新能力的发挥。

数字图书馆应通过梯次开发的方式，确保在任何一个岗位上都有合适的人才储备，以应对人员流动和岗位变动的需求。继任计划的制订可以帮助数字图书馆在管理层出现人员变动时，及时选拔和培养新的领导者，确保管理工作能够顺利衔接。通过梯次开发，数字图书馆可以建立起一个层次分明、各司其职的人才队伍，有效提高了数字图书馆的整体运作效率，增强了员工的职业安全感和归属感，使他们在工作中能够获得更多的成长机会和职业发展空间。

第二节　数字图书馆人力资源管理的内容

数字信息时代的背景下，数字图书馆作为知识与信息的汇聚地，其人力资源管理的内容包括多个方面。随着技术的不断进步，数字图书馆的人力资源管理亦需要与时俱进，以适应新时代的发展需求，引领行业前行。

数字图书馆人力资源管理的内容涵盖了从资源规划到员工职业生涯管理的

多个方面，通过系统的资源配置和人才培养，能够确保满足多样化用户的需求（图9-4）。

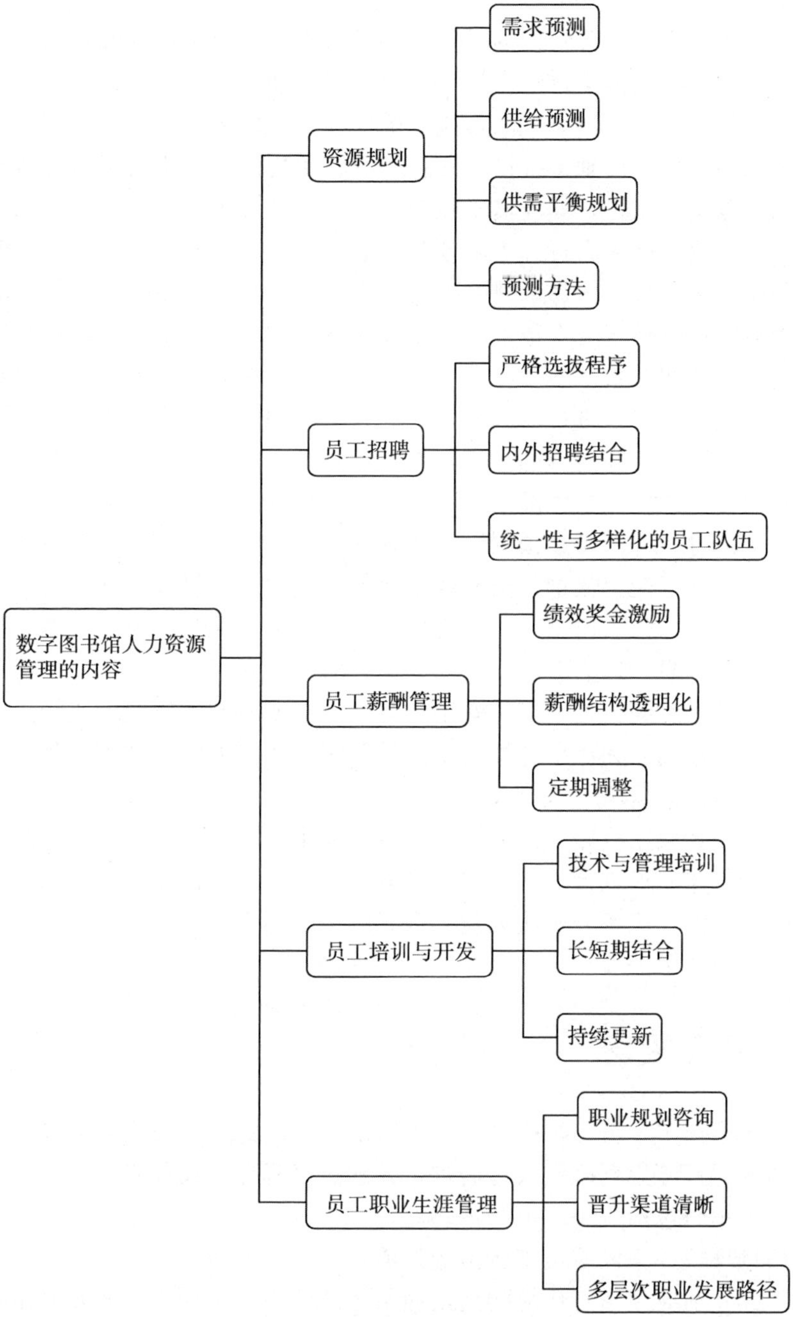

图9-4　数字图书馆人力资源管理的内容

一、资源规划

数字图书馆人力资源管理的首要任务是科学合理地进行资源规划，确保各类岗位的需求得到满足。资源规划不仅包括对当前员工的数量、素质和技能的评估，还涉及对未来人员需求的预测，确保在不断发展的数字信息环境中，数字图书馆的服务能力得到持续提升。合理的资源规划能够为员工提供清晰的晋升渠道和职业发展路径，促使员工在数字化工作环境中保持积极性和稳定性。

第一，需要进行人力资源需求预测，包括评估数字图书馆在未来一定时期内可能需要哪些新技能或减少哪些岗位。这一过程对数字图书馆来说至关重要，因为数字信息环境要求数字图书馆在业务流程和组织结构上进行适应性调整。通过需求预测，数字图书馆能够提前准备，确保人力资源能够支撑业务改进和技术升级。第二，进行内部和外部的人力资源供给预测。内部供给预测涉及对现有员工的能力和潜力的分析，包括考察员工的职务变动、晋升或降职情况以及其动向。此外，与各部门负责人交流即将到来的人事变动，也是内部供给预测的一部分。外部供给预测则需要评估影响数字图书馆人力资源供给能力的相关专业大学毕业生数量、国家就业政策、行业人才供需状况以及行业薪酬水平等外部情况。第三，供需平衡规划。基于以上预测，制定在人力资源供给过剩时采取的解雇、提前退休或工作分享策略；或在供不应求时，采用招聘新员工、延长工作时间或提高工作效率的策略。第四，预测方法。实施人力资源规划时，经验预测法和比率分析法是两种关键的预测方法。经验预测法依据过往经验来预测未来需求，可以采用自上而下或自下而上的方式：自上而下的方式由高层管理者根据战略目标估计人力资源需求，而自下而上的方式则由各部门基于实际工作需求进行预测，这两种方式的结合可以优化预测结果，避免单一方式的局限性。比率分析法则基于现有的员工与设备、员工与用户等比例关系来预测人力资源需求。

二、员工招聘

数字图书馆中，员工招聘是一个关键的人力资源管理过程，涉及根据数字图书馆的人力资源规划确定人员需求，并通过多样化的途径吸引和录用合适的人才。员工招聘包括从外部市场招聘新员工以及内部晋升，是数字图书馆拥有适应新信息环境的高素质员工队伍的保障。

为了建立适应新信息环境的高素质员工队伍，数字图书馆必须制定严格的招聘制度和科学的招聘程序。数字信息环境中，图书馆员工面临的业务技能要求较高，而且社会各行各业的人员流动性加大，数字图书馆的招聘策略因此需要特别关注应聘者的技术能力以及忠诚度、主动性、适应组织文化的能力和未来发展潜能等特质。严格的选拔过程是确保找到与数字图书馆特征匹配的人才的关键，通过综合评估应聘者的专业技能、个人特质和潜在能力，数字图书馆可以建立长期的聘用关系，并为人力资源的有效投入和利用奠定坚实基础。除此之外还应注重内外招聘结合。

数字信息环境下，数字图书馆的员工队伍应具备“统一性”与“多样化”两大特征。一方面，需要强调员工对数字图书馆的认同感和匹配性，即员工应与数字图书馆的共同理念和行为特征相符合。另一方面，由于数字图书馆的服务涵盖广泛的学科知识领域，并且各项工作的性质与方式截然不同，因此从个体独特性和专业能力角度考虑，一个多样化的员工结构将更有利于激发员工的创新能力并提升工作绩效。

三、员工薪酬管理

员工薪酬管理在数字图书馆的人力资源管理体系中占据着至关重要的地位。它不仅是对员工在数字图书馆中所做贡献的认可和回报，也是满足员工基本生活需求以及员工实现个人价值的重要手段。人力资源管理中，科学和公正的薪酬策略对于吸引、激励和留住有价值的员工至关重要，也是强化员工责任感、鼓励他们全身心投入工作的关键。数字图书馆的薪酬体系通常由有形薪酬和无形薪酬两部分构成。有形薪酬主要包括工资、津贴和奖金等直接的经济补偿；无形薪酬则包括工作带来的满足感、成就感和责任感等，通常与职业发展和工作环境有关。薪酬在数字图书馆中发挥多重功能。首先是满足基本需求，薪酬为员工提供生存的基本条件，同时反映了员工在数字图书馆中的角色和地位。其次是激励功能，合理的薪酬体系不仅能吸引和留住人才，还能极大地激发员工的工作热情，提高其工作效率和服务质量，直接影响数字图书馆的整体表现。

一个透明、具有激励性的薪酬体系能够鼓励员工持续提升个人技能和工作表现。数字图书馆在薪酬体系设计中应综合考虑员工的岗位、经验、工作成果等因素，以构建公正合理的薪酬体系，建立有效的激励机制。员工薪酬管理还应包含带薪休假、培训津贴等福利政策，确保员工的福利待遇得到保障。在薪酬激励的实施过程中，数字图书馆可以采用绩效奖金制度，根据员工的工作表现给予相应奖励，进一步激发员工的工作积极性。员工薪酬管理还应具备灵活性，能够适时根据市场行情和数字图书馆自身发展的需求调整薪酬标准，确保员工薪酬具有市场竞争力，从而提升数字图书馆在人才吸引和保留方面的竞争力。

四、员工培训与开发

数字图书馆的人力资源管理体系中，员工培训与开发是提升员工适应性、增强其职业技能、促进其职业发展的重要策略。面对数字信息时代快速变化的技术和管理需求，数字图书馆必须确保其员工队伍能够高效适应这些变化，以保证自身服务的质量和效率。

快速发展的信息技术环境中，员工培训成为数字图书馆提升服务质量和创新能力的关键。系统化的员工培训可以帮助员工掌握最新的技术技能和专业知识，确保其能够应对数字图书馆日益增长的信息管理需求。培训内容可以涵盖信息检索、数据分析、数字资源管理等方面，以适应数字图书馆的实际工作要求。员工培训可以采取岗位培训、技术讲座、工作坊等多种多样的形式，以满足不同员工的学习需求。针对技术岗位的员工，数字图书馆可以提供数据库管理、信息系统维护等领域专业技术技能的培训；对于管理岗位则可以开展领导力和管理能力的培训。通过构建并运行全面的培训体系，员工能够在技能上得到提升，为数字图书馆的信息服务创新提供更强大的支持。员工开发更侧重于通过正规教育、在职经验、人际交流以及个性和能力的测评等手段，帮助员工获得未来职业生涯所需的高级知识和技能。员工开发重视的是员工的潜力挖掘与长远发展，能够促进员工个人的职业成长，也为数字图书馆储备了关键人才，能够支撑数字图书馆的长期发展。

随着知识更新速度的加快，培训与开发的界限逐渐模糊。数字图书馆管理领域将它们视为一个连续的发展过程，旨在全面提升员工的工作能力和适应性，既关注员工短期的能力提升，也关注其长期的职业规划和个人成长。

五、员工职业生涯管理

职业生涯管理旨在帮助员工明确职业目标，实现自我发展和职业成长。数字图书馆在员工职业生涯管理方面可以通过提供职业规划咨询、定期评估并提供职业晋升渠道，为员工的长期发展提供支持。数字图书馆还要注重员工在不同职业阶段的需求，设立多层次的职业发展路径，以帮助员工保持职业成长的动力。员工职业生涯管理还包括提供轮岗机会和跨部门合作项目，帮助员工在多岗位之间积累经验和技能。合理的职业生涯管理能够提升员工对工作的满意度和忠诚度，实现员工个人发展与数字图书馆整体发展之间的良好匹配，有效降低人员流失率，形成稳定、高效的数字图书馆工作团队。

第三节　数字图书馆人力资源管理的创新策略

数字图书馆在人力资源管理过程中，创新策略的采用是为了适应数字信息时代的需求，提升自身的服务质量并保持竞争力（图 9-5）。

图 9-5　数字图书馆人力资源管理的创新策略

一、引入灵活的用人机制

数字化快速发展的背景下，数字图书馆需要一种更具灵活性和适应性的用人机制，以更好地应对不确定因素和新的技术需求。灵活的用人机制包含了项目制聘用、兼职岗位、远程工作和人才租赁等多样化的人才招聘和雇佣形式，允许数字图书馆在高峰工作时期临时增加人手，而在用人需求下降时缩减人员，实现人力资源的合理配置和使用效率的最大化。

灵活用人机制的引入需要数字图书馆在工作流程上进行相应调整，通过精细化管理确保项目的进度和质量。实施这一策略可以吸引不同背景和技能的专家，以补足团队内的技能短板。例如，通过合作项目或短期合同聘请专业领域的专家，来解决某些高难度的技术性问题。这一策略也能够推动数字图书馆与其他组织、企业或学术机构的人才互动，建立起良好的跨机构合作关系。

二、强化人本管理

人本管理基于对员工个性和需求的尊重，通过营造支持性的工作环境，提升员工的工作积极性和满意度。数字图书馆作为信息服务领域的重要机构，服务对象的需求和期望不断变化，员工的工作压力较大，人本管理的推行尤为重要。通过给予员工信任、支持和认可，鼓励他们在工作中展现个人的创新潜力，进而激发出更高的工作积极性，在人本管理的实施过程中，数字图书馆可以鼓励开放式沟通，让员工能够坦诚表达工作中的困难并提出建议。定期的员工反馈调查不仅可以了解员工的实际需求，还能够为数字图书馆制定更合适的管理方案提供依据。让员工在工作和生活之间找到平衡点也是人本管理的关键之一，可以为员工提供灵活的工作时间或远程办公选择，适应员工不同的生活状态。有效的人本管理不仅能够提升员工的归属感，还能够增强其对工作的投入度，最终实现数字图书馆管理效率和员工工作满意度的同步提升。

三、促进人员结构优化与岗位流动

数字图书馆在资源分配和服务提供方面的挑战不断增多，适应性强的人员结构十分必要。在此背景下，促进人员结构优化与岗位流动可以有效提升员工的适应力和知识储备，实现人力资源的灵活配置。数字图书馆内部实行岗位轮换和跨部门合作既能够打破员工的岗位局限，提升其综合能力，也可以增进各部门之间的理解和协作，提高团队整体的运作效率。人员结构优化需要根据数字图书馆的发展方向和需求变化进行合理的动态调整，通过招聘具有不同专业背景的人才，或通过岗位轮换机制帮助现有员工拓展技能范围，进而达到岗位结构的多样化。比如，技术岗位和服务岗位之间的人员流动，能够帮助员工更全面地理解数字图书馆的工作流程，为数字图书馆培养一批具备跨学科能力的复合型人才，有利于应对未来的技术变革，促进馆内知识和经验的传承与共享，提升整体业务水平。

四、建立核心人才继任机制

核心人才继任机制的建立旨在为关键岗位提供可靠的后备力量，确保数字图书馆在核心人才流失时能够快速补位，避免人才断层对服务的负面影响。在快速发展的数字信息服务领域，核心人才的培养和储备尤为重要。数字图书馆可以通过制订系统的继任计划，逐步建立一支拥有充足技能储备的核心人才队伍。核心人才的培养需要注重员工的潜力发掘和职业发展路径设计。数字图书馆可以通过导师制、岗位轮换、外部培训等方式，帮助员工积累管理经验和技术能力。还可以通过内部选拔、定期评估等措施识别出具有高潜力的员工，给予其更多的成长机会和资源支持。数字图书馆要积极推动“关键人才计划”，选拔适合未来发展的员工纳入该计划，进行更系统化的培养，以满足数字化管理的高标准要求，为数字图书馆的长远发展奠定人才基础。

五、推动团队协作创新

数字图书馆服务的多样化和复杂化要求团队之间进行更高效的合作，通过推动团队协作创新，能够形成更具创新力和执行力的工作团队。团队协作能够促进不同部门之间的协作创新，尤其是在跨学科信息资源管理和用户服务领域，能够突破信息壁垒，加速信息流动与共享，提高数字图书馆整体运作效率和用户服务水平。团队协作创新的实现离不开有效的沟通和管理机制，数字图书馆可以通过设立跨部门项目小组，鼓励不同专业背景的员工一起解决问题，激发团队的创新思维。合理的奖励机制还能够进一步激励员工参与创新活动。通过团队内部和团队间的密切协作，数字图书馆能够整合不同专业的优势，形成合力，推动创新成果的落地。

第四节 数字图书馆的团队管理

数字信息技术迅速发展的时代，数字图书馆的资源管理和服务要实现创新，需要强大团队管理体系的支持。团队管理在数字图书馆日常运营中扮演着重要角色，它能优化内部人力资源配置，还能推动管理方式的不断创新。团队管理的核心在于建立一个有凝聚力的协作环境，使每位成员在实现自我价值的同时，推动数字图书馆整体发展。

一、数字图书馆团队管理的意义

数字图书馆在运营过程中，团队管理的引入显得尤为关键，因为它直接关联到数字图书馆能否高效运用人才资源，从而促进管理创新和增强学习能力。团队管理不仅有利于实现人才资源的最优化整合，还有利于促进数字图书馆的管理创新，最终为员工自我价值的实现提供广阔的平台。

（一）有利于实现人才资源的最优化整合

团队管理的核心价值在于实现人才资源的高效配置和优势互补，进而提升组织的整体运作效率。数字图书馆作为信息资源管理和服务的枢纽，其高效运作依赖专业多样、技能互补的团队体系。数字图书馆通过团队管理可以有效地将员工的不同专长进行整合，使得专业技术、管理经验和服务能力形成合力。各部门员工不再孤立于个人岗位职责之中，而是被纳入系统化的团队协作模式，推动团队内部成员之间以及不同团队之间的资源共享与知识传递。在团队管理的框架下，数字图书馆的管理层可以更清晰地掌握每位员工的技能结构和特长，为他们分配适当的岗位和职责，使得人力资源的配置更具针对性和有效性。通过定期组织团队成员之间的技能交流与互助活动，数字图书馆可以构建一个充满活力的知识共享网络，推动团队的整体发展。团队管理鼓励员工在团队中发挥个人的创造性和责任感，使各类专业人才在团队协作中不断提升自身的专业水平，进一步推动数字图书馆服务能力的提升。

（二）有利于促进数字图书馆的管理创新

数字图书馆在信息技术的驱动下需要不断进行管理创新，而团队管理则为创新提供了坚实的组织保障。创新往往源于团队中不同成员的观点碰撞，通过团队管理，数字图书馆可以将员工的多样化知识和经验整合到一起，激发新的思维和想法。团队管理推动了数字图书馆内部的协作和跨部门合作，帮助数字图书馆从不同角度分析问题，探索新颖的解决方案。团队管理还能够通过设立不同的创新小组或项目团队来推动数字图书馆管理流程和服务模式的优化。数字图书馆可以专门组织跨学科的技术研发团队，推动智能检索、个性化推荐系统等技术的研发和应用。团队管理为员工提供了一个开放的沟通平台，使得技术、服务和用户需求之间的反馈链条更加清晰，帮助数字图书馆在资源有限的情况下，灵活调整管理策略和创新方向，提升用户的体验和满意度。

（三）有利于员工自我价值的实现

在团队管理中，员工的个人价值能够得到更充分地发挥，提升他们对工作的归属感和成就感。通过参与团队管理，员工可以在特定的工作范围内贡献自己的专长，还能通过跨部门合作和协作项目提升自己的专业技能，获得更多的成长机会。团队合作的工作方式为员工提供了一个展示和提升自我的平台，使他们在团队目标的实现中实现自我价值。团队管理也为员工之间的学习提供了良好的环境，通过团队合作，员工可以相互学习，分享知识和经验，有效促进了员工个人技能的提升，增强了他们的协作能力，有效习得了沟通技巧。更重要的是，通过实现个人目标与团队目标的有机结合，员工可以感受到自己的贡献和价值，提升工作积极性和责任感。

二、数字图书馆团队的特点

数字图书馆的团队作为现代信息技术与文化资源深度融合的产物，其特点体现在多个维度（图 9－6）。

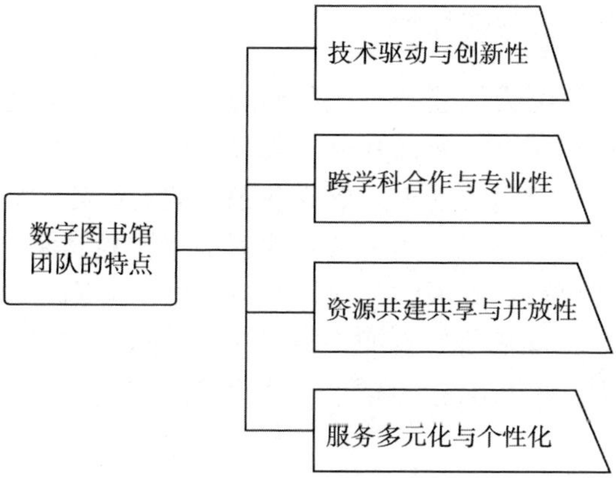

图 9-6　数字图书馆团队的特点

（一）技术驱动与创新性

随着数字信息技术的飞速发展，尤其是大数据、云计算、人工智能、区块链等新兴技术的兴起，数字图书馆的团队不断探索将这些先进技术应用于图书资源的数字化、存储、检索、分析及服务中，以实现更高效、更智能、更个性化的信息服务。数字图书馆的团队利用高分辨率扫描、OCR、语音识别等数字信息技术，能够将传统纸质文献转化为数字格式的文件，便于网络传播和远程访问；大数据技术能够帮助数字图书馆处理海量图书数据、分析用户行为、优化资源配置；云计算技术则为数字图书馆提供了弹性可扩展的存储和计算能力，降低了运维成本，提高了服务效率；人工智能技术的应用，如智能推荐系统、语义检索、自动摘要生成等，极大地提升了用户体验，使信息服务更加精准、个性化。

（二）跨学科合作与专业性

数字图书馆的团队通常由图书馆学、信息技术、用户体验设计、数据管理等多个领域的专家组成，团队成员各自的专业背景相互补充，共同推动数字图书馆在技术、内容、服务等方面的持续优化。

图书馆学专家主要负责图书的分类、编目、版权管理等传统图书馆业务，确保数字资源的规范性和合法性；信息技术专家专注于系统开发、网络安全、数据处理等技术层面的工作，保障数字图书馆的技术基础和运行稳定；用户体验设计师关注用户需求和交互体验，设计直观易用的界面和操作流程，提升用户满意度；数据分析师利用数据分析工具，深入挖掘用户行为数据，为数字图书馆的决策提供支持，优化服务策略。

（三）资源共建共享与开放性

数字图书馆的团队致力构建开放、共享的资源环境，促进知识的广泛传播和有效利用。这体现在 4 个方面。其一，资源共建。鼓励学者、机构、普遍个人用户等多方参与数字资源的创建，形成众包式的资源建设模式。其二，资源共享。通过标准化接口和协议，实现与其他图书馆、数据库、出版商等的资源的互联互通，扩大资源覆盖范围。其三，开放获取。遵循开放获取原则，提供免费或低成本的资源访问服务，降低知识获取门槛，促进教育公平和社会进步。其四，国际合作。参与国际数字图书馆项目，促进全球文化交流和知识共享。

（四）服务多元化与个性化

数字图书馆的团队不断创新服务模式，以满足不同用户群体的多样化需求。数字图书馆提供电子书阅读、在线课程、虚拟展览、学术研究支持等多种服务，覆盖了教育、科研、娱乐等多个领域，能够满足用户的多元化需求。通过对用户行为数据和偏好设置的分析，数字图书馆能够提供个性化的资源推荐和定制服务，增强用户黏性。

三、数字图书馆团队管理的原则

数字图书馆在团队管理过程中，遵循一定的原则是实现团队高效协作和目标达成的基础。团队管理层应关注到每位成员的专业能力、兴趣和独特视角，构建一个资源共享、合作互信的团队环境。以下是团队管理中至关重要的 5 条原则（图 9－7）。

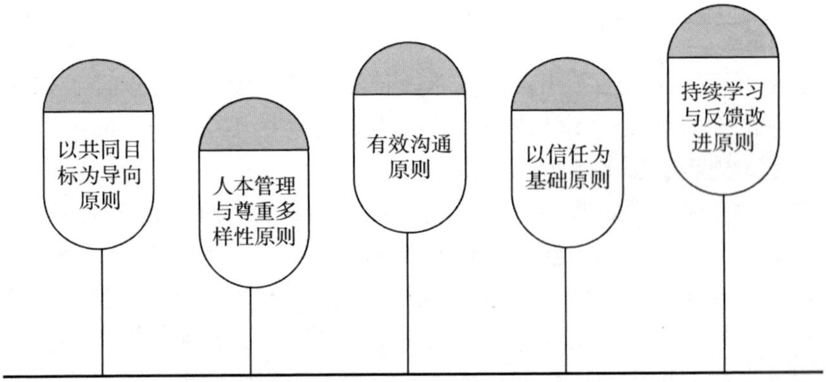

图 9－7　数字图书馆团队管理的原则

（一）以共同目标为导向原则

共同的目标是团队工作的核心，使得成员之间的合作有了明确的方向。数字图书馆的团队需要围绕提升信息服务质量、满足用户需求、推动资源数字化等明确目标展开各项工作。团队管理层应确保成员对这些目标有深入理解，管理层可以通过定期的会议、反馈和激励等手段来加强团队的凝聚力，保证所有成员都朝着同一方向努力。通过这样的目标导向，团队成员能够在工作中有更清晰的行动方向，减少因目标不明确带来的资源浪费和协作障碍。

（二）人本管理与尊重多样性原则

团队管理中必须关注到个体的多样性，尤其是个人的专业背景、技能和经验。团队管理层要尊重并包容团队成员的差异，通过提供开放的沟通平台鼓励成员提出多元化的见解。在数字图书馆中，团队成员多具备信息技术和信息服务的专业背景，人本管理可以营造出互相支持的工作环境，让每位成员感受到自身的价值和团队的接纳度。对于团队管理层而言，要在关注团队绩效的同时充分考虑团队成员的职业成长与职业发展需求，确保团队成员在贡献之余获得个人成长空间。

（三）有效沟通原则

有效沟通是团队管理中的核心要素，决定了团队成员之间的理解与协作水平。透明的沟通机制能够减少误解和矛盾，提升团队的信任水平。团队管理层可以通过定期汇报、团队会议和开放的沟通渠道来确保信息在团队内的顺畅流动。数字图书馆的团队在信息资源管理、服务创新和技术支持方面需要密切配合，沟通的透明度直接关系到工作效率与协作质量，顺畅的沟通使团队成员可以更迅速地反馈工作进展和需求，提高解决问题的效率。实现有效沟通，需注重以下方面。

其一，鼓励团队成员之间的开放、坦诚交流，无论是工作进展、遇到的困难还是创新想法，都应及时分享与讨论。团队管理层应作为沟通的典范，主动倾听成员意见，营造积极向上的工作氛围。其二，利用现代信息技术，如即时通信工具、项目管理软件等，建立多渠道的沟通平台，确保信息的快速传递与反馈。还要定期举行面对面会议，加深团队成员之间的情感联系。其三，建立有效的反馈机制，包括正向激励与建设性批评，确保团队成员能够及时了解自己的工作表现，并根据反馈进行调整与改进。

（四）以信任为基础原则

信任是团队管理中不可或缺的要素，能够有效激励团队成员发挥出更大的潜力。当团队成员相互信任、感受到来自团队管理层的信任时，他们更愿意积极承担工作，甚至愿意主动为团队目标付出额外的努力。信任需要通过长期的合作与共事建立，团队管理层可以通过明确的责任分工和授权制度，赋予团队成员更多的决策权，鼓励他们发挥创造性和独立性。信任不仅能够提升团队成员之间合作的效率，还能有效提升团队成员的主人翁意识，使之在日常工作中更加负责。

（五）持续学习与反馈改进原则

团队管理应注重构建一个鼓励学习与改进的环境，使团队能够在不断变化的数字信息服务需求中保持适应性。持续学习的文化可以帮助团队及时掌握新技术、新的服务模式和新的管理方法，在竞争中保持优势。团队管理层要鼓励团队成员主动参加培训，接受新知识和新技能的挑战。在团队的工作流程中，及时的反馈机制也必不可少，它使成员可以了解自己的工作成效，并在接到反馈后进行调整和改进。

四、数字图书馆团队管理的具体措施

为有效应对市场经济的挑战，数字图书馆必须通过团队的协作和共同行动来促进个人目标与数字图书馆整体目标的协调一致。团队管理的有效实施可以极大提升数字图书馆的组织适应性和创新能力（图 9－8）。

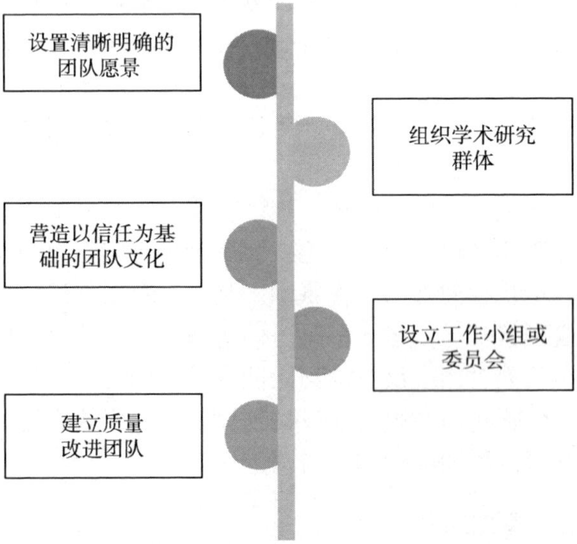

图 9－8　数字图书馆团队管理的具体措施

（一）设置清晰明确的团队愿景

团队愿景是团队管理的核心动力，能够指导团队方向，帮助团队成员理解团队整体目标和自身在团队管理中的角色。数字图书馆的团队若没有明确的团队愿景，各部门可能会在工作中迷失方向，影响整体发展。数字图书馆的团队在设定愿景时，需要考虑资源的充分利用和信息服务的优化等具体目标。愿景不仅指向实现某个成果，更重要的是体现出数字图书馆的团队在信息资源管理和学术服务创新上的贡献，以此吸引团队成员积极参与。一个好的愿景可以激励团队成员产生长期工作的动力，团队管理层可以通过愿景的引导与沟通激励，使得团队成员在日常工作中感受到团队目标的明确性和自身工作的意义。为此，团队管理层应对愿景进行公开讨论，确保团队中每个成员都能认同和理解，将其作为个人努力与团队工作的动力源泉。

（二）组织学术研究群体

组织学术研究群体能提升团队的专业素养，促进团队成员之间的知识交流和资源共享。数字图书馆作为一个知识密集型的机构，其团队成员需要不断提升学术水平，以应对信息服务领域的不断变化。通过组织学术研究群体，数字图书馆能够更好地把握前沿动态，将新的学术成果和研究成果应用于实际工作，进一步优化信息服务质量。

学术研究群体还可以通过组织开展专题讲座、学术研讨和研究交流等形式，增进成员间的互动与合作，促进团队成员在特定学术领域的发展。团队管理层还可以通过学术研究群体中的合作项目，观察和了解团队成员的工作方法和创新能力，为团队成员提供更合适的资源和发展机会。组织学术研究群体能够提升团队成员的专业能力，在团队中形成浓厚的学术氛围，推动数字图书馆整体的知识创新和服务创新。

（三）营造以信任为基础的团队文化

数字图书馆在团队文化建设过程中，信任起着核心作用，它能消除团队成员间的隔阂，使得团队成员更愿意交流观点和经验。通过营造以信任为基础的团队文化，团队成员可以在工作中互相信任和支持，有助于团队内的合作和工作效率的提升。构建信任文化的关键在于团队管理层的支持与引导，团队管理层应树立榜样，带头建立坦诚的沟通方式，鼓励团队成员表达自己的想法和疑问，并给予积极的反馈。以信任为基础的团队文化有利于增进团队成员间的相互理解，在潜移默化中增强团队成员的自信心，让团队成员在遇到问题时能够主动寻求帮助，提高解决问题的效率。通过这样的信任营造，团队成员的归属感将会增强，有助于推动数字图书馆各项工作的顺利开展。

（四）设立工作小组或委员会

数字图书馆的团队管理中，设立专门的工作小组或委员会有助于推进具体项目的实施，提升团队的管理效率。工作小组或委员会可以针对资源管理、服务创新、技术支持等不同的工作领域，集合相关领域的成员共同工作，确保每一项任务都能有效推进。工作小组或委员会的设置需要合理分工，确保每一位成员都能够充分发挥自己的特长。通过明确的分工和具体的任务安排，工作小组或委员会成员之间可以紧密配合，形成专业化的合作模式。工作小组或委员会要定期举行会议，促进成员之间的信息交流，确保任务进展的透明度，提高工作效率。管理层可以根据项目需求，适时调整工作小组或委员会成员的结构，确保灵活性和适应性。

（五）建立质量改进团队

质量改进团队在数字图书馆的团队管理中扮演着重要角色，通过开展持续的质量改进工作，确保服务和资源的高标准。数字图书馆需要不断提升服务质量，以满足用户不断变化的需求，而质量改进团队的作用就是定期评估和优化服务内容和流程，确保服务质量的持续提升。质量改进团队的工作重点在于发现工作中的问题，并提出改进方案。该团队通过收集用户反馈、分析工作数据等方式，发现并解决潜在的问题，优化服务流程。质量改进团队通过行业调研、案例分析等方式，借鉴其他数字图书馆的成功经验，提升本馆的服务水平。质量改进团队的工作需要持续性和深入性，其目标是建立一种良好的工作反馈机制，通过不断优化，推动数字图书馆整体服务质量的提升。

第五节　数字图书馆人力资源管理评价创新

在管理过程中，人力资源管理的有效评价是提升数字图书馆整体运营质量的关键环节。系统化的评价机制能够为人力资源的配置、培训、激励等各方面提供数据支持，也为创新策略的实施奠定基础。随着管理目标的不断丰富和用户需求的多样化，单一的评价主体和评价方法已难以全面反映出人力资源管理的实际效果，需要通过多元化的评价主体、多样化的评价方法和对评价结果的灵活运用，构建科学的人力资源管理评价体系，为数字图书馆的长远发展提供持续的动力支持。

一、评价主体的多元化

数字图书馆在当代信息资源管理和服务中，已逐渐发展成为知识服务的重要支柱。人力资源作为数字图书馆核心竞争力的决定因素，对它的管理评价也逐渐从单一的内部评价向多主体、多角度的评价模式转变。评价主体的多元化有助于更全面客观地反映人力资源管理效果，推动数字图书馆管理层更积极地关注外界反馈，合理地进行资源配置并优化管理。数字图书馆人力资源管理的主要评价主体如下（图 9－9）。

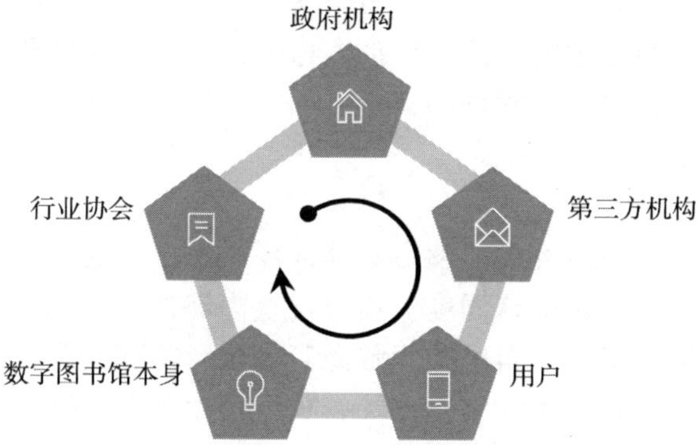

图 9－9　数字图书馆人力资源管理的评价主体

（一）政府机构

政府机构作为社会管理的主体以及数字图书馆的重要支持者和监管者，其评价具有强制性和政策指导意义，能够确保数字图书馆保持正确的发展方向。在数字图书馆人力资源管理评价中，政府机构通常关注的是数字图书馆人力资源的总体配置、服务质量的公平性和公共文化资源的普及程度。政府机构的评价通过法规监督、绩效考核等形式开展，比如对数字图书馆是否达到人均服务标准、数字图书馆服务内容的适用性、数字图书馆员工数量的合理性等进行审核。此外，还会从人才政策的实施效果出发，审视数字图书馆在专业人才的吸引和培养上的成效，确保其在公共文化服务中不断提升人力资源的素质。

政府机构在数字图书馆人力资源管理评价中有助于引导馆方合理配置人才，保障数字图书馆的公益性和有效履行社会责任。通过定期的专项检查和综合考评，政府机构能够为数字图书馆的自我调整提供政策支持与方向指导，保障其在人力资源管理中的有效性，有效引导数字图书馆的人力资源管理更具社会责任感，提升其公共文化服务水平。

（二）行业协会

行业协会作为桥梁和纽带汇聚了众多数字图书馆的资源和经验，能够从行业视角出发为人力资源管理的创新和规范提供支持。行业协会能够提供行业标准，帮助各数字图书馆在发展过程中遵循统一的规范，还可以定期组织培训和专业会议，帮助数字图书馆吸取最新管理理念和人才管理的创新实践。在评价过程中，行业协会可以根据会员反馈的需求，开展定期的行业调研并发布研究报告，使数字图书馆在人力资源配置、激励机制、职业发展等方面与行业的整体情况进行对比。通过行业协会的评价，数字图书馆能够更好地提升在行业中的综合竞争力，促进人力资源管理的透明化和规范化。行业协会还能够帮助数字图书馆确定其在行业中的定位，推动人力资源管理达到行业标准，激励其提升竞争力，使其在人力资源管理的多个方面实现创新与优化。

（三）数字图书馆本身

相比外部评价，自我评价能够更具体地反映出员工的工作适应情况、岗位绩效以及对馆内发展目标的认同度。通过设置内部考评指标和反馈机制，数字图书馆可以更精准地了解到自身人力资源管理中的实际问题，为后续改进提供数据依据。自我评价可以由数字图书馆管理层根据内部的管理目标、服务水平和资源需求等进行评估，分析和判断当前人力资源的配置是否合理。具体实施中，自我评价可以通过定期的工作总结、员工满意度调查、绩效评估等形式展开，帮助员工参与管理，使之为数字图书馆的管理决策提供有力支持。自我评价能够更加灵活地适应不同阶段的资源需求，确保人力资源管理与数字图书馆发展目标进行深度融合。自我评价还可以涵盖员工的职业发展需求，通过关注员工的成长路径和职业满意度，促使数字图书馆的人力资源管理更具激励性。

（四）用户

用户作为数字图书馆服务的直接对象，其评价视角能够真实、直接地反映数字图书馆的人力资源管理对用户体验的影响。用户评价通常从服务的专业性、响应速度、态度等方面入手。比如，用户可能会通过反馈问卷、服务满意度打分等方式，对员工的服务水平进行评价，帮助数字图书馆及时发现人力资源管理的服务短板，让数字图书馆的管理层关注员工的服务水平与用户需求之间的匹配度。

用户评价可以通过网络平台、用户调查、日常反馈等方式收集。数字图书馆应将用户评价纳入人力资源管理的考核体系，通过分析用户的反馈数据，准确把握用户需求，进行必要的人才培训和服务改进。用户评价还能够激励员工在服务过程中不断提升自我，以便在职业成长中获得认可。通过对用户评价的定期分析，数字图书馆可以更精准地把握用户需求，在服务细节上进行调整和优化，使人力资源管理更具针对性，从而提升用户满意度。

（五）第三方机构

第三方机构在数字图书馆人力资源管理评价中具备高度的独立性和专业性，其评价结果能够提供较为客观的参考。第三方机构可以从人力资源配置、人才培养计划、岗位绩效等角度提供数据分析和综合评价报告，通过科学的数据分析方法，可以避免因数字图书馆馆内主观因素而导致的偏差，帮助数字图书馆在资源调配上更加客观。第三方机构的评价还能够帮助数字图书馆通过外部视角审视内部人力资源管理的效率，并从综合评价报告中提取出更符合市场需求的管理要点。第三方机构的评价结果在公众中具备更高的可信度，有助于数字图书馆在人力资源管理中努力提升其社会公信力。通过第三方机构的反馈，数字图书馆可以更全面地了解自身在管理机制、人才配置等方面的实际情况，在后续的管理规划中做出更具科学性的决策。

二、评价方法的多样化

在数字图书馆人力资源管理中，评价方法的多样化为人力资源配置和管理水平的提升提供了更加精细和综合的视角。多样化的评价方法能够更好地契合数字图书馆不同方面的需求，使得评价结果既具有科学性和客观性，也具有适应性（图 9－10）。

图 9－10　数字图书馆人力资源管理的评价方法

(一) 专家评价法

专家评价法作为传统评价方法之一，在数字图书馆人力资源管理中具备特殊的优势。专家评价法通过资深专业人士的分析和建议，对人力资源管理中的关键要素进行评估。专家的专业背景和丰富的实践经验提升了评价的科学性和专业性，能够对数字图书馆在人员素质、管理策略、组织架构等方面进行深入分析，并提出具有针对性的改进意见。数字图书馆实施专家评价时通常邀请图书馆学、管理学等领域的专家组成评价小组，设计详细的评价标准和评价指标，借助系统的评价框架对人力资源管理的各个方面进行评价。专家评价法能够为数字图书馆提供客观的评价报告，通过专家的深度分析，揭示数字图书馆在人才引进、管理模式等方面的潜在问题。专家评价法在为数字图书馆提出改进建议方面起到了重要的指导作用，通过专家的指导，数字图书馆能够将先进的管理理念和操作流程引入实际工作，优化人力资源管理的效果。

专家评价法的突出优势在于其权威性。由于专家具备丰富的学术背景和实践经验，其评价结果往往具备较高的可信度。专家评价法还能够通过深入的个案分析和细致的指标考察，为数字图书馆的管理决策提供科学依据，有助于数字图书馆管理层在人才招聘、岗位设定、资源配置等方面做出合理的调整。

(二) 用户评价法

用户评价法是数字图书馆人力资源管理评价中的重要方法，通过收集用户对数字图书馆服务的反馈，以了解员工的服务水平和用户的实际需求。用户评价法是评价数字图书馆人力资源管理有效性的重要途径，直接反映了人力资源管理的效果在用户端的表现，能反映出服务过程中存在的问题，为后续的服务改进提供数据支撑。

用户评价法在实施过程中可以通过线上问卷调查、服务满意度评分、用户反馈平台等多种形式收集用户对员工服务的反馈。用户评价法通过关注用户的真实需求，促使数字图书馆不断改进服务质量，提升员工的服务意识。通过分析用户的评价数据，数字图书馆能够识别出员工在服务过程中的优劣势，在培训、考核等方面做出更具针对性的改进。用户评价法还在一定程度上推动了数字图书馆服务的透明化。用户的反馈不仅能够直接反映服务质量，还能为员工的工作表现提供数据支撑。通过用户评价，数字图书馆能够更清晰地了解用户对服务的需求和期待，从而对人力资源管理政策进行相应的调整。用户评价还为数字图书馆管理层提供了有效的决策支持，使其在提升用户满意度的同时，也提升了数字图书馆的整体服务水平。

（三）平衡积分卡

平衡积分卡（balanced scorecard）是一种综合评价方法，广泛应用于数字图书馆人力资源管理中。平衡积分卡通过从财务、用户、内部流程、学习与成长四个维度，全面评估人力资源管理的效果，注重定量指标分析的同时关注定性的管理目标，为数字图书馆提供了全局的管理视角。平衡积分卡在数字图书馆人力资源管理评价中可以通过设定关键绩效指标，对员工的服务水平、工作效率、专业能力提升等方面进行评价。例如，从用户角度出发，可以关注用户对服务的满意度；从内部流程来看，可以考察员工在工作流程中的执行效率和创新能力；从学习与成长的角度，则可以分析员工的技能提升和职业发展情况。平衡积分卡能够帮助数字图书馆的管理层在多个维度发现数字图书馆人力资源管理的瓶颈，找出影响服务效率和质量的关键因素。

平衡积分卡的优势在于其系统性和可操作性。其评价指标经过量化和分层设计，既能够全面反映人力资源管理的效果，又能够明确各项指标之间的联系。通过对每个维度进行综合分析，数字图书馆能够在绩效管理、员工培训、资源优化等方面获得数据支撑，制定更为科学的管理策略。平衡积分卡的应用使数字图书馆的管理从单一的财务指标或运营指标转向综合评价，使人力资源管理更具有前瞻性和可持续性。

（四）数据驱动评价法

数据驱动评价法通过对数字图书馆各类业务数据的收集、分析，实现对人力资源管理的全方位监控。数据驱动评价法能够通过挖掘大量的工作数据和服务数据，构建以数据为依据的评价模型，为人力资源管理决策提供科学支持。数字图书馆可以通过大数据平台收集包括用户访问频次、员工响应速度、服务质量等在内的数据，结合数据挖掘和机器学习等技术手段进行多维度的数据分析。通过数据分析，数字图书馆能够全面了解人力资源管理的实际情况，评估员工的工作效率和服务效果。数据驱动评价法还能够对未来发展趋势进行预测，使得数字图书馆在人才招聘、人才培养、服务模式优化等方面做出前瞻性决策。

数据驱动评价法具有实时性和精准性，相比于传统的评价方法，能够通过实时的数据反馈为数字图书馆管理提供动态的调整依据，帮助管理层及时发现管理过程中的问题并进行调整。数据驱动评价法还能够通过数据的可视化展示，使得人力资源管理的评价过程更加透明，评价结果也更加直观和易于理解。数据驱动评价法在实践中推动了人力资源管理的创新，使得数字图书馆在服务质量、管理效率等方面能够通过科学的数据手段进行提升。这一方法不仅能够为员工的绩效考核提供数据支持，还能够通过数据的积累与分析为数字图书馆制定长期的人才发展计划奠定基础。

三、评价结果的灵活运用

在人力资源管理中，评价结果是推动策略优化和资源分配的核心驱动力。通过对评价数据的分析与反馈，数字图书馆能够根据实际情况，通过改进管理策略、调整人力资源培训方向、调整激励与绩效机制、优化资源配置等，实现数字图书馆的可持续发展。

（一）改进管理策略

评价结果为数字图书馆的人力资源管理提供了具体的数据依据，促使管理层在决策时更加精准和灵活。管理策略的改进包含对现有岗位、人才流动性、招聘需求等方面的优化，通过分析员工的绩效、工作满意度以及能力水平，数字图书馆能够识别并调整不合理的管理环节。评价数据可以显示员工在特定岗位上是否能充分发挥专业能力，或者某些部门是否存在资源过剩或不足的现象，据此可以调整岗位设计或职责划分。评价结果能够帮助数字图书馆发现管理体系中隐含的问题，并引入新的管理模式。评价反馈如员工的工作压力、团队合作效率、技能需求等方面的数据可以促使管理层在工作安排、激励机制、管理流程上做出调整，形成更加符合员工需求的管理环境。评价结果作为管理优化的参考能够减少因信息不对称带来的管理误判，使得人力资源管理更加科学有效。

（二）调整人力资源培训方向

通过评价结果分析员工的知识水平和技能差距，数字图书馆能够更有针对性地规划培训课程，提升人力资源培训的效率和效果。评价过程中收集的员工的业务熟练度、服务质量、用户反馈等数据，能够直接揭示员工在服务过程中的技能短板。基于这些数据，数字图书馆可以调整培训内容，将资源集中在员工亟待提升的领域，确保培训资源得到最大程度的有效利用。评价结果为数字图书馆制定个性化的培训方案提供了数据支持，避免“一刀切”的培训模式。不同员工在知识、经验和技能上的差异，使得他们对培训的需求各异。评价结果反映出员工的实际情况，能够使培训更具针对性，满足员工的多层次发展需求。通过实施个性化的培训方案能够提升员工的工作能力，增强员工的归属感与成长满足感，进而促使其在工作中更积极投入。

评价结果对于数字图书馆长远的发展也有着重要意义。随着信息技术的不断发展，数字图书馆面临着新的机遇和挑战，培训需求也在不断变化。通过对评价结果的持续跟踪，数字图书馆可以随时调整人力资源培训方向，将新技术、新理念引入人力资源培训体系中，以确保员工的知识体系与技能水平始终与时代发展同步，从而提升数字图书馆在信息服务中的竞争力。

（三）调整激励与绩效机制

绩效考核作为人力资源管理的重要组成部分，通过对员工工作成果进行评价，为奖励和晋升等决策提供依据。数字图书馆依据评价结果对员工的绩效进行调整，使得考核结果更为公平公正。通过对员工绩效的客观分析，管理层能够更有效地辨别高绩效员工，并给予相应的激励，营造出鼓励进取、重视贡献的工作氛围。在激励机制的调整方面，评价结果为数字图书馆制定更具针对性的奖励措施提供了数据支持。通过对员工在工作表现、工作态度、创新贡献等方面的数据进行分析，管理层能够更精准地设计激励措施。评价结果揭示了员工的优势和潜力，使得管理层可以设计个性化的激励方案，例如，提供培训机会、职业发展支持，或是物质奖励，进一步增强员工的工作积极性与敬业精神。评价结果还能够帮助数字图书馆识别出绩效提升的障碍因素，进而在激励机制上做出调整。例如，如果评价结果显示某些员工的绩效因工作环境、团队合作等外部因素而受到影响，数字图书馆可以在激励措施中引入团队激励或环境优化的方式，以更好地支持员工的工作。通过不断调整绩效管理策略，数字图书馆能够实现对员工的持续激励，使员工始终保持高昂的工作热情与创新动力。

（四）优化资源配置

评价结果对于数字图书馆资源的合理配置具有重要参考价值，通过评价分析员工的技能结构、岗位匹配度以及工作绩效等数据，数字图书馆能够合理分配人力资源，使得人才在最适合的位置上发挥作用。评价揭示了各个岗位的实际需求以及员工的能力结构，使得管理层可以更加科学地进行资源配置，避免人力资源的浪费和低效利用。

岗位调配方面，评价结果能够为员工的流动和晋升提供依据。通过对员工在不同岗位上的工作表现和适应度进行评价，管理层能够将合适的人才安排到最需要的岗位上。例如，某些员工在特定岗位上表现出较强的创新能力或协调能力，可以将其调配至创新型岗位或团队管理岗位，使其能够充分发挥优势。评价结果也可以帮助数字图书馆发现人才的培养潜力，将具备发展潜力的员工纳入长期培养计划，为数字图书馆的长远发展储备核心人才。评价结果还能够在数字图书馆资源的使用效率提升方面起到重要作用。通过对评价结果进行分析，数字图书馆可以识别出资源利用的瓶颈，并在资源分配上进行优化。例如，通过对员工工作效率进行分析，数字图书馆可以发现哪些岗位或流程需要增加人力资源投入，哪些方面可以适当精简，从而提高整体资源的利用效率。资源的合理配置能够提升数字图书馆的管理效能，还能提升员工的工作满意度，使得人力资源管理更加高效。

参考文献

鲍静，2022. 数字图书馆信息化建设与应用［M］. 合肥：中国科学技术大学出版社.

毕翔，2022. 媒体融合背景下的数字图书馆知识服务研究［J］. 图书馆（6）：48－54.

卜冬菊，王露壮，沈毅，2016. 云时代的图书馆新理论与新技术［M］. 长春：吉林人民出版社：133.

蔡瑜婉，2023. 数字图书馆个性化服务行为信息挖掘系统的设计［J］. 信息记录材料，24（9）：208－211.

曹晓雅，2021. 数字图书馆知识管理探究［J］. 河北画报（8）：96－97.

陈丽，2020. 虚拟现实技术在数字图书馆的管理应用［J］. 经济管理文摘（2）：189－190.

陈懋，2023. 虚拟存储技术在数字图书馆中的应用［J］. 数字技术与应用，41（6）：124－126.

陈星，2016. 数字图书馆管理对传统图书馆管理的继承与创新［J］. 产业与科技论坛，15（24）：272－273.

谌爱容，2017. 网络环境下图书馆的用户研究与信息服务［M］. 芜湖：安徽师范大学出版社：87.

达永红，2021. 公共图书馆移动数字图书馆建设及推广［J］. 卷宗，11（13）：199.

董娅丽，2021. 推进数字图书馆信息服务深入发展对策研究［J］. 现代职业教育（32）：216－217.

方晓红，等，2014. 数字图书馆研究［M］. 天津：天津科学技术出版社：101.

奉春梅，2021. 云计算下的数字图书馆服务浅谈［J］. 卷宗（17）：184－185.

高丽华，2011. 基于 Net 框架数字图书馆的管理［J］. 科学之友（8）：107－108.

高群，2017. 大数据技术在数字图书馆管理与服务中的应用［J］. 兰台世界（4）：81－84.

郭美芳，王泽蓓，孙川，2021. 档案信息化建设与管理［M］. 长春：吉林人民出版社：13.

胡播，2023. 数字图书馆管理与创新［M］. 长春：吉林摄影出版社.

胡昊，2018. 新形势下数字图书馆管理创新研究［J］. 数码世界（3）：103.

胡建平，严永康，2021. 数字图书馆大数据知识服务体系的协同设计［J］. 文化创新比较研究，5（24）：160－163.

胡琦，2021. 基于人工智能的数字图书馆信息服务［J］. 江苏科技信息，38（12）：12－15.

皇甫娟，2022. 数字图书馆知识管理研究［M］. 北京：中国书籍出版社：123.

黄维宁，2023. 数字图书馆构建技术与应用实践研究［M］. 北京：中国财富出版社有限公司：1.

黄小莉，2021. 数字图书馆管理中内容管理技术的价值及具体应用研究［J］. 智库时代（8）：196－197.

黄绣坤，2021. 基于大数据的数字图书馆个性化服务发展研究［J］. 科技创新导报，18（8）：154－157.
黄勇，2020. 人工智能应用及关键技术分析［J］. 信息与电脑（理论版），32（13）：108－110.
贾宏，逯爱英，2011. 数字图书馆技术应用研究［M］. 沈阳：白山出版社：61.
姜明艳，2021. 数字图书馆建设的原则与服务模式创新［J］. 卷宗，11（20）：187.
姜媛媛，2023. 数字图书馆个性化定制服务研究［J］. 产业与科技论坛，22（10）：281－282.
蒋燕，2023. 基于大数据时代的图书情报管理与服务研究［M］. 北京：中国民主法制出版社：155.
焦方，2016. 浅析数字图书馆的管理研究［J］. 现代职业教育（18）：78－79.
柯青青，2022. 泛在知识环境下数字图书馆服务创新的思考［J］. 文化学刊（8）：192－195.
冷星，2021. 数字图书馆服务社会能力研究［J］. 大众标准化（15）：94－96.
李冬梅，2022. 基于机器学习的数字图书馆情境感知推荐服务研究［J］. 江苏科技信息，39（13）：54－56.
李菲菲，2021. 区块链技术驱动的数字图书馆管理模式创新研究［J］. 图书馆学刊，43（9）：90－94.
李红，2023. 数字图书馆标准规范与实现技术应用研究［J］. 大众标准化（6）：7－9.
李威，2021. 试论数字图书馆内涵及我国数字图书馆建设［J］. 智库时代（6）：13－14.
李伟超，王晓静，王浩龙，等，2023. 数字图书馆用户信用管理体系研究［J］. 管理工程师，28（1）：29－34.
李玮，2023. 数字图书馆建设路径与服务模式创新研究［M］. 长春：吉林出版集团股份有限公司：102，107，116－117.
李向宁，2023. 虚拟现实技术在数字图书馆的应用［J］. 现代农村科技（1）：86－87.
李玉珑，2023. 共享经济模式下数字图书馆的转型探索［J］. 盐城工学院学报（社会科学版），36（4）：74－77.
李子臣，2023. 数字图书馆个性化信息服务研究［J］. 文化产业（10）：109－111.
梁林安，2021. 数字图书馆信息资源管理的探索［J］. 科学咨询（29）：163.
林团娇，2019. 数字图书馆资源建设研究［M］. 延吉：延边大学出版社.
刘荻，陈长英，刘勤，2017. 现代图书馆资源管理与推广［M］. 北京：光明日报出版社：96.
刘方方，赵晓丹，2020. 图书馆管理与开发利用研究［M］. 天津：天津科学技术出版社：215.
刘敬辉，2022. 数字图书馆建设发展研究［M］. 哈尔滨：北方文艺出版社.
刘坤显，2019. 试论数字图书馆管理和服务模式的继承与创新［J］. 中文信息（4）：53.
刘玲玲，2020. 数字图书馆移动服务模式研究［J］. 河南图书馆学刊，40（12）：115－116，119.
刘鹏强，2023. 智慧图书馆建设视域下的阅读推广研究［M］. 沈阳：辽宁大学出版社：64.

刘淑玲，2022. 图书馆管理与资源开发建设［M］. 长春：吉林出版集团股份有限公司：61.
刘雅心，2021. 数字图书馆信息资源管理的探索［J］. 内江科技，42（5）：6－7，69.
刘莹，2023. 基于数字图书馆的用户行为分析与应用［J］. 河南图书馆学刊，43（11）：113－115.
罗明，2023. 数字图书馆服务与管理探析［M］. 哈尔滨：哈尔滨出版社.
罗颖，2022. 图书馆管理与数字化建设研究［M］. 长春：吉林出版集团股份有限公司：48.
马川，2019. 数字图书馆的读者服务模式［J］. 中文信息（2）：18.
马建宇，黎敏，2022. 新时代科技创新管理与发展探索 第2卷［M］. 北京：光明日报出版社：1122.
马铭，2020. 数字图书馆远程服务新模式［J］. 卷宗，10（17）：181.
马西群，2020. 数字图书馆的资源建设与服务创新［J］. 中文信息（5）：66.
马亚玲，2023. 数字图书馆知识服务媒体矩阵的建设困境与对策［J］. 传媒（20）：79－81.
马占民，董菲菲，2023. 我国图书馆学文化体系构建和文化精神发展研究［M］. 北京：中国经济出版社：47.
孟旭，2023. 基于开放获取的数字图书馆转型思考［J］. 数字技术与应用，41（10）：98－100.
庞余良，董恩娜，温颖，2021. 数字化图书馆建设与阅读服务创新［M］. 长春：吉林人民出版社：33.
彭春恒，2024. 数字图书馆的用户信息行为研究［J］. 科技风（17）：171－172.
彭湃，2024. 数字图书馆的网络数据安全问题及防护策略研究［J］. 信息记录材料，25（6）：67－69，73.
秦红军，2022. 大数据与数字图书馆的智慧服务模式分析［J］. 办公室业务（8）：175－176.
盛小平，2023. 信息资源建设教程［M］. 武汉：武汉大学出版社：121.
史全斌，张铁钢，2023. 数字图书馆发展模式研究［M］. 哈尔滨：哈尔滨工程大学出版社.
宋巍，李妍，2021. 物联网技术发展及创新应用研究［M］. 长春：吉林科学技术出版社：168.
孙美婷，2023. 公共图书馆数字图书馆建设思路探索［J］. 华东纸业，53（2）：29－32.
王春红，2023. 云计算环境下数字图书馆信息安全策略研究［J］. 内蒙古科技与经济（3）：133－135.
王咏梅，2005. 人本管理：数字图书馆管理的新理念［J］. 哈尔滨市委党校学报（6）：83－84.
望宇，2024. 数字图书馆网络安全防护策略［J］. 辽宁师专学报（自然科学版），26（3）：31－34.
吴军，2015. 数字图书馆的管理方法研究［J］. 科技风（11）：235－236.
吴倩，2021. 数字图书馆信息服务研究［M］. 兰州：敦煌文艺出版社：70.
伍向真，2013. 数字图书馆管理模式创新研究［J］. 图书馆界（5）：11－13.
肖琼，2014. 信息资源检索与利用［M］. 北京：北京邮电大学出版社：26.

晏苏燕，2021. 数字图书馆管理和服务模式的继承与创新思考分析［J］. 中文信息（11）：35 - 36.
杨亚非，2024. 数字图书馆知识服务能力评价中 D&M 模型的应用研究［J］. 内蒙古科技与经济（11）：136 - 141.
尹达，郑建明，2011. 数字图书馆管理机制构建研究［J］. 图书馆杂志，30（7）：47 - 49.
于芳，2021. 基于云计算的数字图书馆建设与实现［J］. 电子设计工程，29（6）：34 - 38.
于丽波，2007. 数字图书馆的管理对象［J］. 经济技术协作信息（36）：50.
曾建勋，2019. 构建数字图书馆的信用体系［J］. 数字图书馆论坛，4（9）：1.
翟雯，2023. 大数据与数字图书馆的智慧服务模式探讨［J］. 中文信息（4）：28 - 30.
詹黎锋，2019. 数字时代图书馆信息资源建设的新发展探究［M］. 北京：中国纺织出版社有限公司：182.
张丽，2021. 数字图书馆知识服务的情境影响因素研究［J］. 河南图书馆学刊，41（11）：106 - 107，114.
张丽华，2015. 知识管理是数字图书馆管理的核心［J］. 黑龙江史志（11）：285.
张睿丽，2019. 数字图书馆资源管理与建设［M］. 长春：吉林人民出版社.
张小燕，2023. 大数据背景下的数字图书馆建设策略［J］. 数字通信世界（10）：169 - 171.
赵研科，邹艺，2021. 数字图书馆环境中的知识管理策略［J］. 内蒙古科技与经济（7）：143 - 144.
中国科学技术协会，2021. 大数据学科与技术路线图［M］. 北京：中国科学技术出版社：17.
周娜，2020. 高校智慧图书馆知识服务研究［M］. 北京：中国国际广播出版社：66.
周运丽，2019. 数字图书馆创新与发展研究［M］. 长春：吉林出版集团股份有限公司.
朱红梅，2023. 大数据时代下高校数字图书馆服务创新研究［J］. 湖北科技学院学报，43（3）：105 - 107.
朱叶，2023. 基于智能化人机交互技术的数字图书馆研究［J］. 无线互联科技，20（3）：22 - 24.
朱玉来，2023. 大数据时代数字图书馆建设的策略分析［J］. 信息记录材料，24（9）：50 - 52.